やわらかアカデミズム・〈わかる〉シリーズ

よくわかる
青年心理学
第2版

白井利明 編

ミネルヴァ書房

はじめに

■よくわかる青年心理学［第2版］

　青年心理学は，青年期の心理を理解することで，青年がよりよく生きたり，青年と大人がかかわるきっかけをつかむためのものです。

　青年期にはいろいろな悩みがあります。その多くは誰にでもあるのです。たとえば，親から何か言われると無性にいらいらしたり，他人と自分のズレで悩んだりします。あるいは，すぐに人に頼ったり，感情が表に出たりするように思われたり，自信がなく，自己主張できない自分が嫌でたまらなかったりします。こうしたことが青年期特有の心理と関係しています。青年なら誰でも経験することがわかれば，それだけでも安心できますし，対処もできます。

　青年心理学は青年期の悩みをたちどころに解決するテクニックを教えるものではありません。私たちは，悩むことは悪いことではないと考えています。それどころか，青年期ではいろいろなことに悩むことを避けないでほしいのです。

　こうした見方は青年心理学の基本的な理解と関係します。青年期は青年が自分の内に関心を持つ時期であるだけでなく，自分の力で自分の発達と人生を開いていこうとする時期だからです。もちろん，1人でするわけではありません。両親や友人，そして親以外の大人との出会いのなかで達成されるのです。

　念のために書きますと，「青年期は悩まないといけないのだ」と思う人もいるかもしれません。「何々をしないといけない」といった発想のしかたには落とし穴があります。無理に悩む必要もないのです。

　本書は，はじめて青年心理学を学ぶひとのために作りました。青年心理学を学習する際に必要な基本的な事項を中心に編集しました。みなさんが関心をもちそうなテーマを多く取り上げました。それに青年心理学の最先端のトピックスも盛り込みました。しかも，青年心理学で卒論を書きたいというひとのヒントになるようにも工夫しました。さらに，教師や実践家となるひとのために，ポイントも整理しました。社会に出てからも本書を活用してほしいからです。

　今回の第2版の刊行にあたっては，主に以下のような修正を行いました。
- より新しい統計データに基づき，本文や図表を改めた。
- DSMの改訂等，社会的・学問的状況の変化に基づき，本文や図表を改めた。
- より新しい研究例や文献を引用・紹介した。

　この本を手に取られたみなさんが青年心理学のおもしろさとその神髄を知るきっかけになれば嬉しく思います。

2015年2月

白井利明

もくじ

■よくわかる青年心理学［第2版］

はじめに

I　青年期と青年心理学

1　青年心理学とは何か ……… 2
2　青年期はいつか ……… 4
3　青年期の歴史的誕生 ……… 6
4　日本の青年期の歴史 ……… 8
5　戦後日本の青年問題 ……… 10
6　青年心理学の歴史 ……… 12
7　青年期の理論 ……… 14
8　青年心理学の方法 ……… 16
9　データの収集と分析 ……… 18
10　青年心理学と実践 ……… 20

II　青年期の思考と感情

1　青年期の思考の特徴 ……… 22
2　道徳性 ……… 24
3　共感性 ……… 26
4　視点取得 ……… 28
5　時間的展望 ……… 30
6　自尊感情 ……… 32
7　怒りと感情制御 ……… 34
8　罪悪感と恥 ……… 36
9　生きがい ……… 38
10　価値観と人生観 ……… 40

III　身体とジェンダー

1　思春期のからだとこころ ……… 42
2　ボディ・イメージ ……… 44
3　ジェンダー・アイデンティティ ……… 46
4　性役割 ……… 48
5　恋　愛 ……… 50
6　性行動 ……… 52
7　性別分業意識 ……… 54
8　青年期のジェンダー教育のポイント ……… 56

IV　自己とアイデンティティ

1　青年期の自我と自己 ……… 58
2　理想自己と現実自己 ……… 60
3　自己受容 ……… 62
4　自己愛 ……… 64
5　アイデンティティ ……… 66
6　甘　え ……… 68
7　対話的自己 ……… 70
8　独立的自己と相互協調的自己 ……… 72

V 家族と友人

- 9 青年期の自己形成支援のポイント …74
- 1 青年期の親子関係の特徴 …………76
- 2 現代青年の親子関係は変わったか …78
- 3 親の養育態度と青年の育ち ………80
- 4 家族システムとコミュニケーション …………………………………82
- 5 青年期の友人関係の特徴 …………84
- 6 現代青年の友人関係は変わったか …86
- 7 自己開示 ……………………………88
- 8 孤独感 ………………………………90
- 9 青年期の社会的スキル指導のポイント …………………………………92
- 10 青年期の集団づくりのポイント …94

VI 学校と学習

- 1 なぜ学校に行くのか ………………96
- 2 なぜ勉強するのか …………………98
- 3 学校移行 ……………………………100
- 4 学業的自己疎外感 …………………102
- 5 進学競争 ……………………………104
- 6 教師・生徒関係 ……………………106
- 7 学校ストレスと対処 ………………108
- 8 青年期の学習指導のポイント ……110
- 9 青年期の生徒指導のポイント ……112

VII 進路と職業

- 1 青年期のキャリア発達の特徴 …114
- 2 意思決定 ……………………………116
- 3 アルバイトとインターンシップ 118
- 4 就職活動 ……………………………120
- 5 進路未決定 …………………………122
- 6 学校から職場への移行 ……………124
- 7 フリーター …………………………126
- 8 職業観と労働観 ……………………128
- 9 青年期の進路指導のポイント …130

VIII 社会と政治

- 1 流行とファッション ………………132
- 2 電子メールと携帯電話 ……………134
- 3 ボランティア活動 …………………136
- 4 異文化体験 …………………………138
- 5 疎外感 ………………………………140
- 6 居場所 ………………………………142
- 7 社会意識 ……………………………144
- 8 政治行動 ……………………………146
- 9 青年期の社会参加をうながすポイント ……………………………148

IX 障害と臨床

- 1 不登校 ………………………………150

もくじ

2　いじめ ………………… 152
3　非　行 ………………… 154
4　リスク行動（飲酒・喫煙・家出）…156
5　摂食障害 ……………… 158
6　ひきこもり …………… 160
7　無気力 ………………… 162
8　被虐待児の青年期 …… 164
9　神経発達障害群と青年期 …166
10　青年期のカウンセリングのポイント
　　………………………… 168

X　大人になること

1　大人になるには ……… 170
2　青年期の延長 ………… 172
3　結　婚 ………………… 174
4　親になること ………… 176
5　世代間関係 …………… 178
6　シティズンシップ …… 180
7　青年の社会的支援のポイント …182

さくいん ………………… 184
執筆者紹介 ……………… 190

やわらかアカデミズム・〈わかる〉シリーズ

よくわかる
青 年 心 理 学
第 2 版

I　青年期と青年心理学

　青年心理学とは何か

　青年心理学の対象

　青年心理学とは何でしょうか。青年を対象とした心理学でしょうか。そうなのですが，青年に対する研究の全てが入るわけではありません。たとえば，記憶の実験で大学生に実施した研究がありますが，単に成人一般の代表として選ばれているだけでは，青年心理学ではありません。

　それではどんな条件が必要なのでしょうか。個々の研究の成果が青年期の課題と関連づけられていることが必要です。青年期の課題とは，たとえば自己形成の主体となっていくことですが，そのことに個々の研究で明らかになった知見を関連づけ，その意味を明らかにしていくことが青年心理学の役目です。ただし，図1に示されるように，青年心理学の研究にはさまざまな水準があります。青年心理学をあまり狭くとらえないほうがよいのです。

　青年心理学の目的

　青年心理学は，青年の心理と行動を記述し，説明し，予測する学問です。歴史的には青年問題の解決のために誕生しました。

　青年心理学の目的は，第1に，青年を理解するための知識や方法，技術を提供することです。特に，青年が自分自身を理解することは青年心理学にとって重要な課題です。青年期は自己を探求しはじめますが，それが特に大切になる時期だからです。青年心理学を学んだことで，悩んでいるのは自分だけではないと知り，悩みを友人に打ち明けるきっかけにしていただけたら幸いです。

　第2に，世代間の理解と交流を促すための知識や方法を提供することです。家庭・学校・職場・地域で，多くの先行世代が青年とかかわっていますが，こうした人たちが青年とかかわるための見通しを提供します。たとえば，親に対する青年の「反抗」にしても，青年に反抗の意図が無くても大人の指示どおりにしないときは大人には「反抗」に見えることがあることや，青年の「反抗」には自分の行動への自律の要求の高まりとそれに対するサポートへの渇望があり，それらが得られないときに「反抗」として現れるといった発達的な意味があることを示します。

　第3に，青年を対象とする学問分野や実践領域のあいだで対話や交流を促進するための枠組みを提供します。青年心理学は発達心理学だけでなく，社会心

▷1　西平直喜は，青年心理学は青年の全生活空間のなかでもつ発達史的・力動的な意味を根本的に問題化しなければならないという。西平直喜　1993　青年心理学方法論　有斐閣．なお，大野久によれば，全生活空間をとらえるとは，青年のことをすべて記述することではなく，青年の行動や心理の背後にある，個人にとっての一貫し整合した意味をとらえることであり，従来，アイデンティティ，ライフスタイル，志向性，統一的な価値などと呼ばれてきたとされている．大野久　2002　質的研究の方法──松嶋秀明氏論文へのコメント　青年心理学研究，14, 67-72.

理学や臨床心理学, 認知心理学などからのアプローチがあります。青年を対象にした学問分野には, 医学・社会学・教育学・歴史学・経済学など多分野に渡ります。青年を対象にした実践領域にも, 教育・福祉・臨床など多くの領域があります。こうした異なるアプローチや学問分野, 実践領域の共同を促す枠組みを心理学の立場から提供します。

③ 青年心理学の課題

第1に, 青年のリアリティの回復が課題です。実際の青年が生き生きと捉えられていることです。具体性を失わずに本質的に理解することとも言い換えられます。そのためには, 青年の生活現実から出発して, 文脈の中で青年を理解することが必要です。その際, 文化による違いだけでなく, 時代による影響も見ておきます。環境には歴史性もあるからです。その際, 青年自身が歴史を作っていることも見ます。さらには, 青年の意味づけをとらえ, それを青年の状況と行動とをつきあわせていくことが求められます。こうしたことが青年のとらえかたにリアリティをもたせるのです。

第2に, 青年を対象にした個別の研究の知見を統合し, 青年心理学の理論化を進めることです。多くの研究がなされていながらも, 青年の全体はとらえきれていません。個々の知見を関連づけて, それぞれの側面が全体のなかでどのような意味があるのかが解明されていないからです。そして, 十分に研究されていない問題もあります。たとえば, 青年期の認知発達や青年の社会的行動, セックスといった問題は, 青年心理学の立場からはあまり取り上げられていません。また, 青年の実態を明らかにする点では青年心理学はサンプリング（標本の抽出）に弱さをもっていました。それに, 外国から青年心理学の知見を学ぶことはあっても, 外国に発信することもあまりありません。そこで, 青年心理学の視点から, それなりの規模のデータを独自に収集し, 青年を理解する全体的な理論を提示し, さらなる研究によってその理論を検証し, そうした結果を外国にも積極的に発信し, 外国と双方向の研究交流をしていくことが課題です。

第3に, 青年にかかわる実践への貢献です。ここでいう実践は専門家によるものだけでなく, 青年自身も含めて, 青年にかかわる全ての人たちに対する貢献をいいます。これまでの研究では, 青年心理学者が直接, 青年とかかわり, 彼らの変容を促すことが中心でした。これからは, それだけでなく, 青年の生活や発達にかかわる実践主体となる人たちと共同研究を進めることが求められます。また, 他の学問分野との学際的な研究も必要です。そうした知見に基づき, 政策に対して提言していくことも求められます。青年が幸せになることに対して青年心理学の知見が生かされてほしいと願うからです。　　　　（白井利明）

図1　青年研究の水準

▷2　たとえば, 中川作一 1967 青年心理学 法政大学出版局. 中川作一 1999 自己像と平和――民主主義とファシズムのちがい 心理科学研究会（編）新かたりあう青年心理学 青木書店 217-275.

▷3　たとえば, 田畑治・生越達美・池田博和・伊藤義美・間宮正幸 1977 臨床青年心理学序説 名古屋大学教育学部紀要（教育心理学科）, 24, 85-106.

参考文献
白井利明 2014 青年心理学研究の課題 後藤宗理・二宮克美・髙木秀明・大野久・白井利明・平石賢二・佐藤有耕・若松養亮（編）新・青年心理学ハンドブック 福村出版 14-25.

I　青年期と青年心理学

 青年期はいつか

1　青年期はいつからいつまでか

○青年期の始まり

　青年期（adolescence）の始まりには，性が芽生え，**自律**の欲求が高まります。小学校高学年くらいになると，自分の服は自分で選びたくなったり，友達や門限を親から厳しくいわれると腹が立ったりするのは，子どもなりの目的意識をもって生活するようになるからです。自分の行動や思考を自覚的に考えられるようになると，「人生の意味は何か」という実存的な問題にも直面し，自分の人生を真剣に考え，自分で選び取ろうとし始めます。

○青年期の終わり

　親からの自立が青年期の終わりです。これは親に全く頼らないということではなく，親をひとりの大人として見ることができ，かつ自分の生活と人生に責任をもとうとすることです。仕事や家庭など社会的な役割を取得したり，自分の責任を果たしはじめることは成人期の始まりです。

　日本の法律では，民法第3条によれば，20歳から成人です。選挙権は，公職選挙法第9条により，20歳以降に認められます。欧米では18歳で選挙権が与えられるので，18歳が成人期の始まりと考えられています。

2　青年期の特質

○子どもでも大人でもない

　青年期は「もう子どもではないが，まだ大人でもない」という時期です。レヴィン（Lewin, K.）は，青年は子どもの集団に属することを望まず，大人の集団にも属さないことから，境界人（marginal man）と名づけました。アーネット（Arnett, J. J.）がアメリカで「子どもか，大人か，どちらでもないか」と聞いたところ，20代前半まで「大人でも子どもでもない」のほうが多く，「自分は大人だ」のほうが多くなるのは，20代後半からでした。成人感をもつのは20代後半からだと思われます。

　図2は，大学生が「子どもではないと思うきっかけ」「大人だと思うきっかけ」をあげたものです。「大人料金になる」といった社会的な地位の変化や「ひとり暮らしをする」といった生活経験が成人感をもたらします。他方で，「子どもじみた行動ができなくなる」というように，子どもの世界には戻れな

▷1　**自律**
自律（autonomy）と自立（independence）を区別しておく。自律とは，ただ単に親が決めた規則に従うのでなく，自分なりの基準で意思決定をすることをいう。自立とは，自分なりの見通しをもって，人生を自分で切り開いていくことをいう。一般には，両方を合わせて，自立という。

▷2　レヴィン，K. 猪股佐登留（訳）1979　社会科学における場の理論［増補版］ 誠信書房

▷3　Arnett, J. J. 2000 Emerging adulthood: A theory of development from the late teens through the twenties. *American Psychologist*, **55**, 469-480.

▷4　獲得と喪失については，バルテス，P. B. 鈴木忠（訳）1993　生涯発達心理学を構成する理論的諸観点──成長と衰退のダイナミックスについて　東洋・柏木惠子・高橋惠子（編集・監訳）生涯発達の心理学1巻　新曜社　173-204.

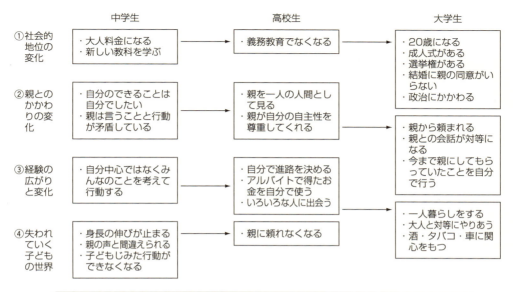

図2 大学生が報告した「子どもでなくなったきっかけ」と「大人になったきっかけ」

いこともあります。**発達は，大人の特徴の獲得だけでなく，子どもの世界の喪失も体験するのです**。なお，図2を見ると，性に関する記述はあがっていません。意外にも，青年には二次性徴の始まりが大人になったしるしとはとらえられていないという結果でした。

○ 青年期の区分

青年期の区分の目安として，精神科医の笠原嘉が，好発する青年期精神病理像の年齢変化から，10歳，14歳，17歳の節目を提案しています。10歳は抽象的思考や性が芽ばえる時期です。14歳は，大人になりつつある自分の身体と出会い，進路を現実的に考えはじめ，親子や親密な友人関係のなかでの自律が課題となります。17歳は，それなりの現実が見えて社会との妥協的なかかわりができはじめ，この世界のなかでいかに生きるのかを模索する時期です。30歳になると，長かった苦悩から解放され，楽に社会参加できるようになります。広い意味での青年期的心性の終わりが30歳です。

青年期の区分は，図3のように示されます。区分の名称は，あくまでも青年期を中心とした呼称です。前青年期（pre-adolescence）とは，「青年期以前」という意味ですが，発達全体からすれば児童期の一部にあたります。念のためにいえば，思春期（puberty）はもともとは生物学用語で「成人になる年齢」を意味しますが，前青年期と重なります。ヤングアダルト期（young adulthood）は成人期前期（early adulthood）の一部で，後青年期あるいは脱青年期（post-adolescence の訳です）とも呼ばれます。親から経済的に自立するまでの時期です。こうした区分は一つの例であり，定まったものではありません。また，節となる年齢には個人差があることも付け加えておきます。（白井利明）

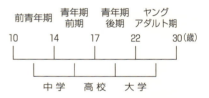

図3 日本における青年期の区分

出所：笠原，1976を一部修正した

▷5 笠原嘉 1976 今日の青年期精神病理像 笠原嘉・清水将之・伊藤克彦（編）青年の精神病理 1 弘文堂 3-27.

参考文献
佐藤有耕 2014 青年期への発達心理学的接近 後藤宗理・二宮克美・高木秀明・大野久・白井利明・平石賢二・佐藤有耕・若松養亮（編）新・青年心理学ハンドブック 福村出版 49-61.

I 青年期と青年心理学

3 青年期の歴史的誕生

▷1 ギリス, J. R. 北本正章（訳） 1985 〈若者〉の社会史——ヨーロッパにおける家族と年齢集団の変貌 新曜社

▷2 家父長制
家長権をもつ男子が家族を統制し支配する家族の形態のことをいう。日本でも1960年代くらいまでは、長男が家の財産を相続し、親を養うといった考え方が大きな力をもっていた。

▷3 堀尾輝久 1986 子どもの権利とはなにか——人権思想の発展のために 岩波ブックレット No. 72 岩波書店

▷4 白井利明 2003 大人へのなりかた——青年心理学の視点から 新日本出版社

▷5 小さな大人
アリエス（Ariès, P.）は、服装は社会的身分を示すものであるとして、かつては子どもは大人と同じ服装を着せられていたが、16世紀になって子ども固有の服装が出てきたとしたことを、かつては「小さな大人」だったが「子どもが発見された」ことの証拠の一つとしている。アリエス, P. 杉山光信・杉山恵美子（訳）1980 〈子供〉の誕生——アンシャン・レジウム期の子供と家庭生活 みすず書房

1 中世の若者期

青年期は昔からあったのではありません。イギリスの社会史研究者のギリス（Gillis, J. R.）によれば、ヨーロッパにおける青年期の発見は、1870年から1900年までのあいだでした。20世紀になって、ようやく青年期が成立したのです。

ヨーロッパの中世でも、若者はいました。家を出る7, 8歳くらいから、結婚し財産を相続する20代半ばないし20代後半までの人たちです。年齢はそれほど重要ではありませんでした。たとえば、アイルランドの農民のあいだでは、年齢に関係なく、未婚で財産をもたない男性はboysと呼ばれていました。boysは、従属する地位や役割を意味したのであって、40代の人でもboysと呼ばれることがありました。このように、**家父長制**のもとでは、結婚とそれによる相続が社会的な境界線をつくる上でもっとも重要なことでした。

当時の若者は、遍歴時代といって、親から離れ、徒弟制度のもとで職人になる訓練を受けていました。徒弟制度とは職人の親方の家に住み込んで職業訓練を受けることをいいます。封建制下の農村では、身分や出身によって職業が決まっており、今日のように職業選択を考える余地はありませんでした。

2 青年期の誕生

○ 産業革命の役割

青年期の誕生に重要な役割を果たしたのは、産業革命です。イギリスの産業革命は1770年に始まります。産業革命は、封建制で土地にしばりつけていた人々を解き放ち、都市へと流入させました。生産力の向上により、人々の生存率が高まり、人々は産児制限をするようになりました。機械化にともない、未熟練労働が可能となり、2, 3歳といった低年齢のときから工場労働に従事するようになりました。遍歴時代の徒弟制もかたちばかりになり、親方は技術を教えて育てるというより、無権利状態にある住込みの労働力を安価に酷使するだけに変わりました。

○ 国民教育の役割

このころ、下層社会の治安の維持や必要な労働力の確保のために、国民教育制度が整備されました。宗教的教義を中心とする道徳教育、一定の読・書・算の基礎知識の教授など、選挙権をもった民衆が支配層に無害なものとして行使

するように導く教育でした。青年期は，工業化社会において，国家が主体となって教育を実施し，人材を養成し，配分するための時期としても生み出されたのです。

○社会福祉の役割

資本による利潤追求や親権の乱用のなかで，児童労働を規制する必要も生まれました。19世紀末になっても絶えることのない捨て子の救済と保護のために，社会福祉的施策がとられるようになりました。フランスでは，1904年の法律で児童救済制度が大きく発展し，イギリスでは1906年に子ども法が成立し，アメリカでは1909年に児童保護のための第1回ホワイトハウス会議が開かれました。こうしたなかで，労働の義務が猶予され，将来の職業や人生を選ぶための教育と訓練の期間としての青年期が誕生しました。青年期は子どもの権利の保障のなかで生まれたのです。

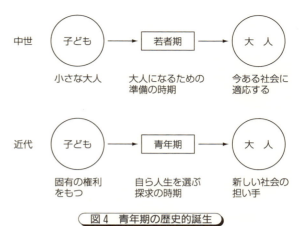

図4 青年期の歴史的誕生

出所：白井，2003

3 青年期の新しい可能性と困難さ

○新しい可能性

以上をまとめてみますと，図4に示されるように，中世では，今日いわれるような青年期はありませんでした。子どもか大人かのどちらかでした。若者期は，大人になるための準備をする時期でした。子どもは「小さな大人」であって，子どもの権利も認められていませんでした。若者は今ある社会の体制に適応していくことが求められました。

近代は，図4下段に示されるように，子ども時代は固有の意味と権利をもち，青年期は人生を自ら選んでいくための探求の時期となりました。青年期の意義は役割実験です。自分なりの試行錯誤を行う時期です。18世紀のフランスの哲学者，ジャン・ジャック・ルソー（Rousseau, J. J.）は，子どもや青年の未熟さのなかに，古い世代を乗り越えて発達する可能性を見出しました。大人になるとは，新しい社会を建設する担い手となることです。青年期の誕生により，個人が自分らしい生き方を探求し，そのことが新しい社会をつくることにつながるという新しい可能性を手に入れたのです。

○新しい困難さ

近世までの若者が社会のなかで自律性をもち，多様な大人と結びついていたのに対して，近代以降の青年は，就労する大人の男性によって扶養される従属的な位置に置かれ，しかも国民教育のための学校によって囲い込まれて，地域や他の大人からも切り離され，社会へのかかわりが減退させられました。それが青年であり，大人になることの困難さを生み出しています。　（白井利明）

▷6 封建社会から資本主義社会に移行し，青年は，職業選択の自由，結婚・家族選択の自由，居住地域選択の自由を獲得した。大村惠 2002 教育学からの青年論——若者と青年との間 日本の科学者，37, 484-489.

参考文献
ギリス，J. R. 北本正章（訳）1985 〈若者〉の社会史——ヨーロッパにおける家族と年齢集団の変貌 新曜社
河合隼雄 1996 大人になることのむずかしさ［新装版］ 岩波書店

I 青年期と青年心理学

 # 日本の青年期の歴史

1 若者の歴史

○古代から中世の通過儀礼

かつては子どもでなければ大人であり，成人になる**通過儀礼**が元服式でした。元服式は，髪を整え冠をいただく儀式です。冠は社会的な地位を示していましたので，冠をいただくことは子どもから成人としての地位に変わることを意味しました。女子の場合は，髪上などの髪型で成女のしるしとしました。奈良時代から宮廷を中心に行われていたものが，中世になると武家社会に伝わり，その後，庶民に広まりました。成人年齢は古来，唐令をまねて，男子15歳，女子13歳と定められていました。武家社会になってからは，源実朝は12歳，武田信玄は16歳で元服したというように，年齢は一定ではありませんでした。

○近世における若者の登場

江戸時代の幕藩体制の確立とともに，若者が村落を中心に集団を形成するようになりました。それは**若者組**と呼ばれます。元服をあげる15歳前後で加入し，結婚によって抜けていきました。この集団は，村の消防や警備，祭りといった自治機能の一部を担うと同時に，仕事や男女の交際のしかたを習ったり，互いに相談相手になったりしました。若者宿をもつこともありました。若者宿とは，自宅で夕食をとった後，親ではない大人の家に集まって明け方まで一緒に寝る場所です。女子は娘組と娘宿と呼ばれました。

○嫁盗みとヨバイ

若者は仲間内で嫁盗みやヨバイなどの私的活動も行いました。嫁盗みとは，結婚の決まった娘を隠し，自分たちの仲間との結婚を娘の親に許可させることです。必ずしも娘の同意を得てから行うわけではありませんでした。ヨバイとは，若者が祭りや夜に娘の家に忍び込んで行う性行為をいいます。ヨバイは婚前交渉と同じではありません。その後に結婚していたわけではないからです。当時の結婚は親によって一方的に決められており，娘は相手の顔も知らないままに嫁いでいました。

2 青年期の誕生と発展

○国家主導による近代化

明治末期から大正時代にかけて，国家によって若者組は青年団（当初は青

▷1 通過儀礼
通過儀礼とは，個人をある位置から他の位置へと移行させるための儀礼である。これはもとの位置にある自分が死滅して，別の位置で新しい自分として生まれ変わって統合されることから，「死と再生」の象徴としてもとらえられる。

▷2 若者組
若者組とは学術用語であって当時そのように呼ばれているわけではない。「若い衆」（わかいしゅ・わけぇしゅ）などと呼ばれていた。
平山和彦 1978 青年集団史研究序説 上巻 新泉社

▷3 「青年」は1880年，小崎弘道が young men を訳すときに，『唐詩選』から星雲の志を抱く者が青年であるとして作られた。これが通説だが，「青年」という言葉自体は幕末から存在した。加藤隆勝・森下由美 1989 「青年」ということばの由来をめぐって 筑波大学心理学研究, 11, 57-94.

年会）へと再編成されま
した。日露戦争後，富国
強兵という国家の目的に
従属させることが目的で
した。大正デモクラシー
の影響により自治的集団
への発展の模索もありま
したが，国家主義の台頭

表1 わが国の就学率の推移

	1875 (明8)	1895 (明28)	1915 (大4)	1935 (昭10)	1955 (昭30)	1975 (昭50)	1995 (平7)	2012 (平24)
初等教育	35.2	61.2	98.5	99.6	99.8	99.9	99.9	99.9
中等教育	0.7	1.1	19.9	39.7	78.0	95.3	97.1	96.7
高等教育	0.4	0.3	1.0	3.0	8.8	30.3	45.9	68.5

出所：文部省 1989 *Education in Japan: A graphic presentation 1989*. ぎょうせい. 1995年は文部科学省 2001 我が国の教育統計——明治・大正・昭和・平成 財務省印刷局，2012年は「文部科学統計要覧」「教育指標の国際比較」などに基づき計算した。分類の基準は完全には一致していない。たとえば，文部科学省 2001 では，中等教育の就学率は 1955 年で 52.6％，1975 年で 92.2％となる。

の中で抑圧されました。第二次世界大戦後は，若者の都市へのいっそうの流出と進学率の上昇による若者の不在化，地域共同体の弱体化により若者組の活動は停滞しました。

● 教育期間の拡大

表1に示されるように，大正時代に入って立身出世主義により中等教育の進学率が急激に上昇しました。立身出世主義とは，国家から要請される人材となることで個人とその家族が成功するという考え方をいいます。東京帝国大学を頂点とした**官学**に進学し官僚になることが目指されました。激しい進学競争を勝ち抜いて入学した旧制高校を中心とした青年層はエリートとして将来を約束され，在学期間は自由に青春を謳歌することができました。青年期は一部の恵まれた人たちだけが享受できました。

● 二つの青年期

戦後，恵まれた青年層と生計を立てるために就職しなければならず短い青年期しか持たない青年層との「**二つの青年期**」という二重構造ができました。学校内では生徒の分裂や教師への不信が生じ，それは自殺や非行化，学習意欲や学力のゆがみといったかたちで現れました。働く青年の学習への要求は国には十分に受けとめられず，民間で自主的な学習活動が組織されました。

● 青年期の大衆化

多くの人たちが文字どおりの青年期を享受することができるようになるのは，高校進学率が7，8割を越える1970年代まで待たねばなりませんでした。しかしながら，それは同時に，わが国では青年の全体が，1960年代から国家の政策として打ち出された能力主義による進学競争に巻き込まれることを意味していました。能力主義とは，社会的諸価値（収入，地位など）の配分が各個人の能力や業績に応じてなされるべきであるとの考え方をいいます。近代以前の身分制度が生まれながらの不平等を生み出していたことに比べると，平等の実現に近づいた考え方です。しかし，個人の能力の発達の可能性が所属する階層によって規定されている事実から考えると，階層からくる不平等を個人の能力や努力の差異によって正当化するという不合理な側面をもちます。能力主義を超えた社会システムが必要です。

（白井利明）

▷4 官学
国公立大学を，私学に対して官学という。

▷5 二つの青年期
フランスの青年心理学者ドベスは，早くから生計を立てるために働かざるをえず青年になる余裕がない働く青年の短い青年期と，かえって長すぎて小児期の生活様式に近い学生の青年期の2つに分裂していることが現代の青年問題であるとした。ドベス, M. 吉倉範光（訳）1951 青年期 白水社

(研究例)
集団就職した青年のかかえた問題とその克服を面接調査で明らかにした研究がある。大村恵子・都筑学 1986 東海地方に九州から流入してきた若年労働者の青年期について（4）――ケーススタディにみる人格発達の危機とその克服の諸様相 心理科学, 9（2），1-15.

(参考文献)
天野武 1996 子どもの歳時記――祭りと儀礼［増補版］ 岩田書院
岩田重則 1996 ムラの若者・くにの若者――民族と国民統合 未来社
乾彰夫 2010 〈学校から仕事へ〉の変容と若者たち――個人化・アイデンティティ・コミュニティ 青木書店

I　青年期と青年心理学

戦後日本の青年問題

45年〜50年代

　戦争中に死ぬことばかりが教えられ，生きることを教えられなかった青年たちは，敗戦後に，どう生きたらよいのかわからなくなっていました。戦後民主主義を体験するなかで，ようやく生きることについて希望をもつようになりました。アプレ・ゲールという流行語は，青年の一部に現れた虚無的あるいは退廃的な生き方や生態をジャーナリスティックに評したものです。深刻な食糧難と貧困から，学校の長欠児が増加したり，生活のための非行が横行しました。農村から都市への人口集中や耐久消費財の普及がはじまります。

60年代

　50年代から都市に出て故郷を喪失し，人間関係が希薄な都市で「根無し草」状態となり，労働では人間が生産工程の一部となる疎外現象が深刻化し，人々の生きがい感が喪失しました。これを背景に，60年代は，権力や管理，社会格差に対する**青年の異議申し立て**が，行動あるいは暴力となって現れました。一

▶1　社会心理学者の中川作一から聞いた話。戦争中に希望を奪われていた青年が敗戦後，希望を獲得する姿を西平直喜が描いている。西平直喜　2005　うず潮──ある青春と敗戦前夜の軍隊　山梨ふるさと文庫

▶2　ケニストン，K.　高田昭彦・髙田素子・草津攻（訳）　1977　青年の異議申し立て　東京創元社

表2　戦後日本の青年問題の変遷

45年〜50年代：敗戦後の混乱から高度経済成長へ アプレ・ゲール，「きけわだつみのこえ」，貧困による長欠児，太陽族，カミナリ族，集団就職
60年代：高度経済成長の矛盾の露呈と世代の断絶 睡眠薬遊び，耐久消費財ブーム，女子学生亡国論，みゆき族，学生運動，受験戦争，三無主義，シンナー遊び
70年代：大衆的青年期の成立と挫折 乱塾時代，未婚の母，やさしさ世代，モラトリアム人間，大量留年，「遊び」型非行，暴走族，共通一次試験
80年代：高度消費社会の進行と教育・家族病理の噴出 家庭内暴力，校内暴力，いじめ，浮浪者襲撃事件，10代の妊娠中絶，新人類，ブランド指向，ファミコン，おたく
90年代：メディア社会の浸透と「自分さがし」の時代 ブルセラ，援助交際，ピアス，ポケベル，ケータイ，オヤジ狩り，神戸児童殺傷事件，オウム，ボランティア
2000年代：企業社会の揺らぎと大人への移行の困難 フリーター，ニート，社会的ひきこもり，できちゃった結婚，パラサイトシングル

元的な進学競争の弊害が三無主義として現れはじめました。

③ 70年代

　60年代に，高い消費水準を維持するため，親が子どもを少なく産んで教育に投資をする傾向が出てきました。子ども・青年が家事に従事する時間も減少して生活的自立が減退すると同時に，家族で一緒に食事をとることも減少して家族のあり方も変化しました。父親の長時間労働や会社人間化による「父親不在」も注目されました。そうした家庭で育った青年の問題が，進学競争の激化や学校の管理強化によって，70年代半ば以降，不登校や高校中退などの問題として顕在化しました。大人の期待に応えようとして応えきれず，もがいている姿でした。青年は社会への不満がありながら，自分の生活への満足感は高く，私生活に他人が踏み込んでほしくないとする私生活中心主義が台頭しました。自分の権利の自覚はありながら，他者との自律的関係が弱いという矛盾の現れでした。

④ 80年代

　70年代は，子ども・青年の生活が家庭と学校の親密圏に限定され，競争や評価が日常生活に浸透し，その結果，80年代には，互いに傷つかないように距離を取り，干渉を嫌う人間関係が顕著になり，「人間関係の希薄化」と呼ばれました。自己を内面的に探求するのではなく，病理や行動によって自我の解体と再編成を行う傾向が強まり，競争や評価で弱い立場にある青年が暴力を自分よりも弱い人に向けました。

⑤ 90年代

　80年代は，子ども・青年の世界が本格的に消費市場化するなかで，人と人との関係がモノやカネで媒介される傾向が進行しました。90年代には，生きている実感や人とつながっている実感がもてなくなり，それを得るために「非日常の世界」や傷ついた自分の癒しを求めたり，人とつながっている自分を確かめないと不安になりました。

⑥ 2000年代

　90年代は，不平等な競争が階層格差を拡大させ，自己選択による自己責任が強調され，青年が家族に依存せざるをえない状況が強まるなか，青年が「自分を大切にした生き方をしたい」と願いつつも「なりたくないことははっきりしているが，何をしたいかわからない」などという状況が生み出されました。若年者の労働市場が不安定化し，2000年代には，社会的な不利を抱える青年が社会とかかわり大人になるうえでの困難さが増大しました。　　　　（白井利明）

▷3　久世敏雄（編）1989　青年期の社会的態度　福村出版

▷4　竹内常一　1987　子どもの自分くずしと自分つくり　東京大学出版会

▷5　宮台真司　1995　終わりなき日常を生きろ——オウム完全克服マニュアル　筑摩書房

▷6　白井利明　2003　大人へのなりかた——青年心理学の視点から　新日本出版社

▷7　白井利明　2014　社会への出かた——就職・学び・自分さがし　新日本出版社

（研究例）
　戦後の青年問題をヴィゴツキーの発達論的視点からまとめた研究として，百合草禎二　2004　危機的年齢における自己形成的契機と社会的諸関係——戦後の若者の問題行動からみた問題提起　心理科学，24（2），31-40．

（参考文献）
　久世敏雄（編）1990　変貌する社会と青年の心理　福村出版
　溝上慎一　2004　現代大学生論——ユニバーシティ・ブルーの風に揺れる　日本放送出版協会
　溝上慎一　2010　現代青年期の心理学——適応から自己形成の時代へ　有斐閣

I 青年期と青年心理学

青年心理学の歴史

▷ 1 反復説
進化論の信奉者のヘッケル(Haeckel, E.)は「個体発生は系統発生を繰り返す」という反復説で進化と個体発生を結びつけた。反復説は誤った観察とロマンチシズムによるものだと当時の発生学者フォン・ベーア(von Baer, K. E.)は批判したが、ヘッケルの説が19世紀の生物学と思想に影響力をもった。

▷ 2 個体発生
生物の進化を系統発生といい、個体の発達を個体発生という。

▷ 3 了解
直接的に追体験から理解することをいう。ディルタイ(Dilthey, W.)は、人間の心的生活は自然科学的な因果モデルではとらえられず、了解されるのみだとした。

▷ 4 ミード, M. 畑中幸子・山本真鳥(訳) 1976

スタンレー・ホール (1844-1924)

1 青年心理学の誕生

○ホールの『青年期』

青年心理学の誕生は、アメリカの心理学者ホール(Hall, G. S. 1844-1924)による大著『青年期』が出版された1904年です。ホールは、青年の心理をただ論じただけでなく、実証的なデータを集め、一つの枠組みに基づいて理論化したのです。社会的な要請もありました。当時のアメリカは、就職してもすぐ退職したり職場を次々に変えるハイスクール卒業生のための職業指導運動、多発する精神・神経系統の障害をもつ人たちのための精神衛生運動、貧困家庭の救済を目的とする社会事業運動が起きていました。資本主義が生み出した、こうした青年問題に解決が求められていたのです。

ホールは、進化論の**反復説**という枠組みで青年期を説明しました。反復説によると、**個体発生**は系統発生の反復です。子どもは人類の古い時代に対応し、青年期は近代における自我の目覚めの時代に対応します。この説明から、青年の苦悩や反抗は一度はだれでも通過しなければならない必然的なものだとされてしまいました。

○ドイツにおける青年心理学

ドイツは第一次世界大戦に敗れましたが、ロシアの十月革命の影響もあって、1910年代から1920年代にかけて革命運動が起こり、運動に参加した青年を再び体制の支配下に入れるための要請が青年心理学を求めました。シュプランガー(Spranger, E., 1882-1963)の『青年の心理』(1924年)などの著作が刊行され、青年の心理構造が**了解**により探求されました。ドイツの青年心理学でも、青年期は性的成熟をきっかけに精神的に不安定になる時期であり、生物学的に必然的なものだととらえられました。

2 青年心理学の発展

○ミードの『サモアの思春期』

青年期は危機が不可避であるという説明は、マーガレット・ミード(Mead, M.)ら文化人類学者によって批判されました。ミードはサモア諸島の青年期を調査したところ、性に対するタブーのないところでは、性が芽生えても葛藤は生じないことを見い出し、むしろ性に対して抑

圧的であるアメリカ社会の構造のほうに問題があるとしました。ただし，その後，フリーマン（Freeman, D.）はミードの研究を検討して，社会的要因だけに偏ることを批判し，生物的要因と社会的要因との相互作用を見るべきだとしました。

○生涯発達心理学による影響

1960年代，アメリカのベトナム反戦運動を発端とした学生運動をとおして青年の異議申し立てが起き，これが青年観の見直しを迫りました。医学や社会学の影響を受け，さらに1920年代や1930年代にはじまった子どもにかんする古典的な縦断研究が成人期に達したことで，生涯発達の観点からは青年期で発達が完成するわけではないことや，青年の発達のすじみちは一つではなく多様であることが明らかになりました。

○今日の青年心理学の発展

1970年代以降の青年心理学は，社会的文脈の相互作用をとおした個人の発達のすじみちの多様性と可塑性を検討しています。たとえば，今日の青年心理学の課題の一つは，危機や葛藤を示す3割から4割の青年と，危機や葛藤を示さない6割から7割の青年の違いを説明することです。説明原理の一つとして，発達的不適合理論があります。発達的不適合理論からすると，青年と環境の適合性が低い場合に，青年の葛藤や危機が生じると考えます。たとえば，親子のいざこざは必ずしも青年期に不可避なものではなく，青年期の自律の欲求の高まりに対して家族システムが対応できないことによるものだと考えます。

③ 日本における青年心理学の発展

○日本の青年心理学の誕生

ホールの大著『青年期』は，6年後の1910（明治43）年には，ホールのもとで学んだ元良勇次郎（1858-1912）らによって『青年期の研究』として翻訳されました。日本独自の青年心理学の芽生えは，日本心理学会の機関誌『心理学研究』（第7巻第6輯，1932年）の「思想問題」の特集であるとされています。これは青年学生の思想を**善導**するためのものでした。青木誠四郎（1894-1956）が使用した思想動向調査は戦後も使われ，青木が著した『青年心理学』（1938年）は戦後の青年心理学の原型となりました。

○戦後の青年心理学の発展

戦後，青年心理学は中学や高等学校の教員になるための教職科目の一つとなったことで普及しました。1968年，依田新を代表とする青年心理学研究会が発足し，そこでの共同研究が『現代青年の人格形成』（1968年）や『わが国における青年心理学の発展』（1973年）などとなって結実し，その成果に基づき『現代青年心理学講座』（金子書房，1972～73年）が出版されました。青年心理学研究会は，1993年，**日本青年心理学会**へと発展し，青年の心理や青年心理学に関心のある人たちが集まって研究交流をしています。

（白井利明）

サモアの思春期　蒼樹書房
▷5　フリーマン, D.　木村洋二（訳）1995　マーガレット・ミードとサモア　みすず書房
▷6　ラーナーとスインバーグ（Lerner, R. M., & Steinberg, L.）は，青年心理学の歴史を概観し，ホールらによる時期を第1段階とし，1970年代以降の流れを第2段階としている。Lerner, R. M., & Steinberg, L. 2004 Scientific study of adolescent development: Past, present, and future. In R.M. Lerner & L. Steinberg (Eds.), *Handbook of adolescent psychology*. Hoboken, N. J.: John Wiley & Sons, 1-12.
▷7　善導
国家体制の期待に反するような個人の考え方を期待に添うように変えさせることをいう。
▷8　青木誠四郎は，青年心理学の目的は，青年の生活の現実を明らかにすることで，青年への理解を進め，教育の指導が合理的となるために寄与することだとした。青木誠四郎　1948　改訂・青年心理学　朝倉書店
▷9　日本青年心理学会
日本青年心理学会のホームページはhttp://wwwsoc.nii.ac.jp/jsyap/にある。

参考文献

後藤宗理　2014　青年心理学研究の歴史的展開　後藤宗理・二宮克美・髙木秀明・大野久・白井利明・平石賢二・佐藤有耕・若松養亮（編）新・青年心理学ハンドブック　福村出版　2-13.

宮川知彰　1978　青年心理学の誕生とその展開　宮川知彰・寺田晃（編）青年心理学　福村出版　47-73.

Ⅰ 青年期と青年心理学

青年期の理論

1 エリクソンの漸成(ぜんせい)理論

わが国の青年心理学の理論でも大きな影響力をもっているのは，エリクソン(Erikson, E. H., 1902-94)の漸成理論です。漸成理論とは，人は各発達段階で潜在的にもっている可能性を，与えられた環境のなかで最大限に発揮し，それは常にその前の発達段階の水準の上に築かれていくと考える理論です。

エリクソンは，民族・時代・経済活動を同じくする人々は，善悪に関する共通するイメージによって導かれており，社会の歴史全体に織り込まれている**ライフサイクル**があるとしました。図5の縦軸は，発達の段階を示し，横軸は心理社会的危機を示します。対角線上はその時期に中心的な葛藤となりうる心理社会的危機です。心理社会的危機は，危機の否定的な要素に直面し，それを上回る肯定的な要素を獲得したときに解決します。図5の対角線上にゴチックで書かれているものは，それぞれの心理社会的危機によって獲得される状態を示しています。

▷1 Erikson, E. H., & Erikson, J. M. 1997 *The life cycle completed* (Extended version). New York : W. W. Norton. エリクソン，E. H. 村瀬孝雄・近藤邦夫（訳）2001 ライフサイクル，その完結〈増補版〉みすず書房

▷2 ライフサイクル
ライフサイクルとは世代によって繰り返されるひとの一生をいう。

		1	2	3	4	5	6	7	8
老年期	Ⅷ								統合 対 絶望、嫌悪 **英知**
成人期	Ⅶ							世代性 対 停滞 **世話**	
ヤング アダルト期	Ⅵ						親密性 対 孤立 **愛**		
青年期	Ⅴ					アイデンティティ 対 アイデンティティ混乱 **誠実**			
学童期	Ⅳ				勤勉性 対 劣等感 **有能感**				
遊戯期	Ⅲ			自主性 対 罪悪感 **目的**					
幼児期前期	Ⅱ		自律性 対 恥、疑惑 **意志**						
乳児期	Ⅰ	基本的信頼 対 基本的不信 **希望**							

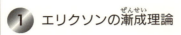

図5 エリクソンによる漸成理論図

出所：Erikson & Erikson, 1997

理論の特徴は，第1に，個人のアイデンティティの危機の解決が歴史の危機の解決と重なりうること，第2に，幼少期に形成された葛藤は青年期に解決できるというように，自我に内在する回復への力を見出したこと，第3に，自我を生涯にわたる発達に位置づけたことです。

❷ 発達的文脈主義

今日の世界の青年心理学に大きな影響を与えているのは発達的文脈主義（developmental contextualism）です。これは，発達に及ぼす文脈の影響を重視する考え方をいいます。ラーナー（Lerner, R. M.）によれば，絶えず変化していく能動的な個人が，絶えず変化していく環境と相互交渉していくなかで，一人ひとり違った個性をもつ子どもはさらに個性的に発達していくと考えます。

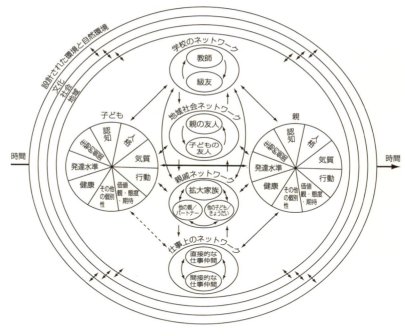

図6　発達的文脈主義からみた人間発達をめぐる関連図
出所：Lerner, 2002

この考え方によると，個人が環境によって一方的に影響を受けるのでも，その逆でもありません。たとえば，子どもが青年期に入って自己主張をしはじめると，これまで話し合いを主導してきた親が聞き手にまわります。こうした子どもの発達に対する親の相補的な関係が青年の自立を促すのです。子どもと大人が発達しあう過程は共発達（co-development）と呼ばれます。

さらには，図6に示されるように，親子関係も家族・学校・地域・職場といった社会的ネットワークの一部と考えます。たとえば，家庭で青年がささいなことで暴力を振うと，親は疲れてしまい，職場に行っても仕事に身が入らなくなります。その結果，職場で十分な働きができないこともストレスとなり，家に帰っても青年に対応する余裕がなくなります。それがさらに青年の行動の問題となって現れてきます。このように家庭内のシステムと職場内のシステムが相互に関連しあっているのです。こうしたネットワークは，特定の地域・社会・文化・環境のなかに埋め込まれており，時間とともに変化するものです。

発達的文脈主義を発展させたものにダイナミック・システムズ・アプローチがあります。これは，時間の経過に伴って変化する発達システムを記述し，説明するもので，青年期にも適用されます。　　　　　　　　　　（白井利明）

▷3　Lerner, R. M. 2002 *Concepts and theories of human development* (Third edition). Mahwah, NJ: Lawrence Erlbaum Associates.

▷4　Kunnen, S. (Ed.) 2012 *A dynamic systems approach to adolescent development.* London, UK: Routledge.

参考文献

エリクソン，E. H.・西平直・中島由恵（訳）2011　アイデンティティとライフサイクル　誠信書房

白井利明　2014　青年心理学研究の課題　後藤宗理・二宮克美・高木秀明・大野久・白井利明・平石賢二・佐藤有耕・若松養亮（編）新・青年心理学ハンドブック　福村出版　14-25.

Ⅰ 青年期と青年心理学

8 青年心理学の方法

▷1 西平直喜 1983 青年心理学方法論 有斐閣. 西平直喜 1997 青年心理学における〈問い〉の構造 青年心理学研究，**9**，31-39.
▷2 参考文献として，大野久 2002 質的研究の方法——松嶋秀明氏論文へのコメント 青年心理学研究，**14**，67-72. メリアム，S. B. 堀薫夫・久保真人・成島美弥（訳） 2004 質的調査法入門——教育における調査法とケース・スタディ ミネルヴァ書房. ウィリッグ，C. 上淵寿・大家まゆみ・小松孝至（訳） 2003 心理学のための質的研究法入門——創造的な探求に向けて 培風館
▷3 久世敏雄・村上隆 1988 縦断研究による青年期の展望 西平直喜・久世敏雄（編） 青年心理学ハ

1 問いの構造

素朴な問いから出発して，テーマに関する先行研究を展望するだけでなく，全体的・整合的に青年期を説明する理論体系の中に位置づけて，研究の問いを立てます。問いの視座は，青年性（青年期は他の発達期に比べ，どのような心理的特質をもつか），世代性（現代日本の青年は，どのような感性をもち，どのように考え，どのような生き方をしているか），個別性（この一人の青年は，どのような環境条件に育ち，どのような可能性をもち，どのように指導助言すべきか）から考えます。

2 量的方法と質的方法

量的方法は，みんなが同じ特質をもつと仮定したり，ある傾向をもつ人はこうした行動をとることが多いというように，測定したデータに共通する傾向から，一般的なしくみを明らかにする方法です。ある程度の人数の協力者を得るか，一人の人であっても何回も測定を繰り返すか，いずれにしても多くの側面のデータをとる必要があります。

質的方法は，一人ひとりの個人の独自性に注目し，それをできるだけありのままにとらえて，その意味を理解し，説明することで，普遍性をつかむ方法です。豊かで分厚い記述が求められます。研究の妥当性は，本当にその研究結果がリアリティ（現実の日常世界）に即しているかどうかで判断されます。研究の結果が研究者の見方によって左右されていないか，知見をどのように一般化できるのかを吟味する必要があります。

3 横断的方法と縦断的方法

横断的方法は，ある時点で異なる年齢集団から同時にデータを収集し分析する方法です。たとえば，ある一つの時点で中学生と高校生と大学生を同時に調査することです。ただし，この結果だけでは一人の青年が実際にそのように発達していく保証はありません。

それに対して，**縦断的方法**は，個人の実際の年齢変化を追

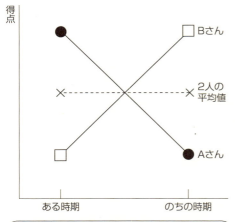

図7 実際は変化しているのに平均値では変化していないように見える

跡する方法です。図7で，AさんとBさんの平均値だけ見ると変化はないのですが，個人別に見るとAさんは低下しBさんは上昇していますから，実際には変化があるとしなければなりません。このように，縦断的方法は実際の変化がわかり，また変化の個人差もとらえられるのです。しかし，研究が長期に渡り，その間に研究協力者の脱落があるといった問題点もあります。

④ 青年への働きかけと相互作用を見る方法

青年と研究者の相互作用のなかで対象把握の妥当性を検討する方法があります。藤原喜悦の**指導観察的アプローチ**は，一人の青年と長期に深くかかわり，青年の直面する課題の解決に取り組む文脈のなかで，変容の真の姿を把握する方法です。白井利明の**変容確認法**は，青年に繰り返し調査を行って彼らの変容の過程を記述・分析し，その結果を本人に返すことで妥当性を確認する方法です。

⑤ 社会歴史的視点を入れた方法

○ コーホート分析

縦断的方法をいくつもの出生コーホートに継続的にデータを収集し，得られた継時的な変化を，社会成員全体に及ぶ時代効果，その成員にも共通する加齢効果，各コーホートに固有なコーホート効果の3要素に分類して分析する方法です。コーホートとは同じ時期において重大な出来事を体験した人々の集合をいい，同じ年に生まれた人たちを出生コーホートといいます。表3は女子高校生の保守的態度を調査した結果です。保守的態度とは「伝統や習慣は尊重すべきである」「長男が家を継ぐのは当然だ」など，国家主義的で伝統的な家制度を肯定する態度をいいます。調査年度が後のほうが数値が大きくなっていますので，時代効果が考えられます。学年の変化には一貫した傾向は見られません。斜めのラインを見ても，それぞれのライン上では顕著な違いがないことから，同じコーホート内では一定であると思われます。このことから，先ほど時代効果ではないかとしたのは間違いで，若いコーホートほど保守的態度が強まるというコーホート効果の現れだったのではないかと推測されます。

○ 青年を権利主体としてとらえる方法

青年は社会によって影響を受けると同時に，社会に影響を与える存在でもあります。これを解明する方法としては，たとえば，**秋葉英則の典型論**があります。社会的な矛盾があるのにそれが顕在化している地点での青年と顕在化していない地点での青年を比較する方法です。青年を権利主体としてとらえる研究が望まれます。　　　　（白井利明）

ンドブック　福村出版　215-254. 三宅和夫・陳省仁・氏家達夫　2004「個の理解」をめざす発達研究　有斐閣

▷4　藤原喜悦　1988　青年心理学の研究方法としての指導観察的アプローチの提唱　青年心理学研究，**2**，36-44.

▷5　白井利明　2008　青年心理学研究方法論としての変容確認法の発展──発達主体として青年を捉えるアプローチ　青年心理学研究，**20**，71-85.

▷6　大野久　2001　コーホート分析　齋藤耕二・本田時雄（編著）ライフコースの心理学　金子書房　76-85.

▷7　秋葉英則　1977　心理学研究法としての典型論（1）──青年心理学方法論にかかわって　大阪教育大学紀要（第IV部門），**26**（2），87-96.

（参考文献）

大野久　2014　青年心理学の方法論　後藤宗理・二宮克美・高木秀明・大野久・白井利明・平石賢二・佐藤有耕・若松養亮（編）新・青年心理学ハンドブック　福村出版　26-37.

表3　女子高校生の保守的態度

学年＼調査年度	1972	1973	1974	1975	1976	1977	1978
高1	32.0	31.3	32.2	33.4	33.5	33.9	34.3
高2	32.0	33.6	32.1	32.6	33.1	34.4	35.0
高3	31.1	32.5	34.0	31.1	32.2	32.8	35.1

（注）　数値は平均値。範囲は 13～65 点。高いほど保守的態度が強いことを示す。
出所：大野，2001から作成

I　青年期と青年心理学

　データの収集と分析

▷1　研究例として，佐藤郁哉　1984　暴走族のエスノグラフィー——モードの叛乱と文化の呪縛　新曜社

▷2　参考文献として，鎌原雅彦・宮下一博・大野木裕明・中澤潤（編）1998　心理学マニュアル——質問紙法　北大路書房．保坂亨・中澤潤・大野木裕明（編著）2000　心理学マニュアル——面接法　北大路書房

▷3　研究例として，無藤清子　1979　「自我同一性地位面接」の検討と大学生の自我同一性　教育心理学研究，**27**，178-187．

▷4　西平直喜　1996　生育史心理学序説——伝記研究から自分史制作へ　金子書房．研究例としては，大野久　1996　ベートーヴェンのハイリゲンシュタットの遺書の「自我に内在する回復力」からの分析　青年心理学研究，**8**，17-26．

▷5　大野久　2014　青年心理学研究の方法論　後藤宗理・二宮克美・高木秀明・大野久・白井利明・平石賢二・佐藤有耕・若松養亮（編）新・青年心理学ハンドブック　福村出版　26-37．研究例は，若原まどか　2003　青年が認識する親への愛情や尊敬と，同一視および充実感との関連　発達心理学研究，**14**，39-50．

1　データ収集の方法

〇観察法

青年個人がどのような状況のもとでどのような行動を起こすのかを系統的に記録する方法です。観察には，自然観察と参加観察があります。自然観察は外から観察する方法です。それに対して，**参加観察**は，一緒に何らかの活動をして，観察する方法をいいます。参加観察は，行為をともにするので，彼らが何を考え，何を感じているのか，その意味を共有しながら，青年の内在的視点から検討できますが，客観的な視点を失いかねない危険性もあります。

〇実験法

実験者が条件を統制して，観察する方法です。条件を統制するとは，ある一つの要因以外の要因は同一にして，その一つの要因だけを変化させることをいいます。その一つの要因の変化によって，個人の行動がどのように変化するかを観察するのです。青年心理学で実験法が使われることはあまりありませんが，もっと使われてもよいでしょう。

〇調査法

青年心理学で使われることが多いのは，調査法です。研究者が必要とする事項について報告を求め，資料を収集する方法です。調査には，質問紙による調査と面接による調査があります。質問紙による調査は，一斉に実施できるので，短期間に大量のデータを入手できます。面接による調査は，ひとりまたは集団と直接会ってこちらの質問に答えるよう求める調査をいいます。とくに，質問項目が大筋決まっており，しかも回答次第でさらに踏み込んだ質問をする面接を，**半構造化された面接**といいます。調査における尺度（ある心理的特性を測定するための項目群）は，妥当性と信頼性が確かめられたものを使います。妥当性とは測定したいものが測定できることをいい，信頼性とは測定したものが一貫し安定していることをいいます。尺度項目を作るには，図8に示されるような手順を踏みます。

〇資料法

すでにある資料を活用して，一定の観点から分析することを資料法と名づけておきます。**伝記**や青年の日記，落書き，新聞の投書欄に掲載された記事，統計資料の分析などです。

○ 実践法

　アクションリサーチ（K. レヴィンが提唱した方法で，研究者が現場に対して何らかの働きかけを行う研究をいう），心理臨床実践（カウンセリングなど），学校教育実践，青年の社会的実践（ボランティアやサークルの活動）など，大人が青年に働きかけたり青年が相互にかかわったりしながら青年が変容する過程を，治療・援助・指導・交わりの構造とともに研究する方法です。

② 複数の方法を組み合わせる

　大野久は，質問紙調査と面接調査を組み合わせる方法を提案しています。たとえば，充実感にかんする研究で説明しますと，まず充実感尺度を青年に実施し，尺度得点の高い群・中位の群・低い群の3群に分けて，面接を行います。面接では，第1に，尺度の質問項目と同じことを聞きます。すると，面接におけるコメントが尺度得点の順番に並ぶことが確認できます。第2に，質問紙では聞いていない具体的な生活領域（たとえば，生活気分・講義・アルバイト・理想の生き方など）ごとに行動・態度・意識のレベルでの充実感の現れについて聞きます。すると，具体的な生活場面での生き生きとした様相が把握できます。最後に，トータルに捉えた充実感を聞きます。すると，人はその人らしく統一された整合性のある意味空間（全生活空間）に生きており，この全生活空間における健康なアイデンティティの実感として充実感の意味をとらえることができます。

③ 分析の方法

　統計的分析は，平均値や度数分布，変数間の相関関係などから，青年の傾向を分析する方法です。大量のデータとなりますので，SPSSやSASと呼ばれる統計パッケージを使って分析します。

　質的分析では，記述データの分析法としては，たとえばKJ法があります。これは一つの意味あるまとまりを1枚のカードに書き出し，グループを作り，見出しをつけ，図式でまとめるという方法です。個別の分析方法としては，たとえば，調査協力者の語りに注目した**ナラティブ分析**があります。これは文体に注目して意味を抽出する方法です。

　分析の方法は研究の目的に応じたものを選びます。

（白井利明）

- 定義する
  - 測定したい対象をできるだけ詳しく説明する

- 項目を集める
  - 定義の内容をいくつかに分けられるようであれば分け（下位尺度となる），それぞれごとに項目をできるだけ多く作る
  - 既存の尺度を参考にして，質問項目を作る
  - 何人かの人に測定したい対象について自由に書いてもらい，質問項目のもとになる文章を集める

- 項目を吟味する
  - わかりやすい日本語にする
  - 測定したい内容を直接測ること
  - 似たような項目は省く
  - できるだけ逆転項目を入れる
  - 1度に2つ以上のことは聞かない

- 出来上りを点検する
  - 回答者の身になって自分で回答し，わかりにくい表現はないか，仮説どおりの結果が得られそうか点検する
  - 調査の協力を予定している人と同じ特徴をもつ人にやってもらい，質問の趣旨と同じ理解をしているかどうかを質問で確かめておく

図8　質問項目の作り方

▷6　小塩真司　2004　SPSSとAmosによる心理・調査データ解析——因子分析・共分散構造分析まで　東京書籍

▷7　川喜多二郎　1967　発想法——創造性開発のために　中央公論社

▷8　語りを分析した研究例としては，松嶋秀明　2001　鑑別所という状況に注目した語りの文体分析　青年心理学研究，13，1-12．

参考文献

小塩真司　2014　青年心理学研究のデータ分析法　後藤宗理・二宮克美・高木秀明・大野久・白井利明・平石賢二・佐藤有耕・若松養亮（編）新・青年心理学ハンドブック　福村出版　38-48．

白井利明・高橋一郎　2013　よくわかる卒論の書き方［第2版］ミネルヴァ書房

I　青年期と青年心理学

10　青年心理学と実践

1　青年とかかわる実践領域

　家庭・学校・地域・専門機関や施設など，多様な場に青年がかかわっています。青年の発達と生活に責任をもって関与し，意図的な働きかけを行うのが実践家です。親は家庭で子育てにかかわり，教師は学校で教育に携わります。ほかにも重要な働きをする人たちがいます。家庭ではきょうだいであり，親戚や親の友人，近所の人たちです。学校では，友人や職員や学校に出入りする人たちです。こうしてみると，家庭でも学校でも近隣社会の人たちが青年と深くかかわっていること，また大人以外の同世代あるいは異年齢の人たちとのかかわりも重要であることがわかります。

　青年とかかわる主な専門家としては，学校では教師をはじめスクールカウンセラー，地域では社会教育主事やキャリア・カウンセラー，職場での産業カウンセラー，病院での医師・看護師・カウンセラー，児童相談所の心理判定員・ケースワーカー，家庭裁判所の調査官，少年鑑別所の技官，少年院の教官など，多岐に渡る専門家が青年とかかわっています。青少年指導員，民生委員，保護司など市民による活動もあります。青年の居場所づくりにかかわる大人や青年の自主的な活動の指導者，職場での教育担当など，特別な名称がなくても，多くの大人が青年とかかわっています。

2　青年心理学が提供する知見

　第1に，青年心理学は青年の一般的な動向を明らかにします。ある社会状況のもとでの青年全体の実態や動向，ニーズを知ることで，青年にかかわる指針を得ることができます。臨床家に対しては健康な青年の一般的な姿について情報を提供します。

　第2に，青年心理学は青年の行動の意味を理解するための視点や方法を提供します。青年心理学は青年期の諸側面がどのように関連しているのかを解明するからです。

　第3に，青年個人について情報を収集し，意味づけを行い，個別の援助計画につなげていく際のツールを提供します。たとえば，青年が自分で回答し分析することで自己理解を促す職業興味検査の開発に携わります。

　以上のように，青年心理学はさまざまな知見を提供します。

▷1　Benson, P. L. 2003 Toward asset-building communities: How does change occur? In R. M. Lerner & P. L. Benson (Eds.), *Developmental assets and asset-building communities : Implications for research, policy, and practice.* New York : Kluwer Academic, 213-221.

▷2　**発達的資産**
発達的資産とは青年の発達を促す個人・家庭・地域の資源のことをいう。

3 実践に貢献する青年心理学の問い

ベンソン（Benson, P. L.）は，青年の肯定的な発達を促進するための地域を中心とした実践を構築する問いを，図9のように示しました。まずAは青年にとってどんな発達が望まれるのか実践の目標を明らかにします。Bは**発達的資産**がどのように青年の発達をもたらすのかを明らかにします。Cはどんな発達的資産が必要かを明らかにします。Dは，変化させる対象をはっきりさせることです。状況やプログラムや関係性などを最も効果的にするにはどうなることが望ましいのか，全体のイメージをつかみます。これは，Eの変化を生み出す理論やFの技術と組みあわさって，青年の肯定的発達を促すような発達的資産の入手方法を検討します。ベンソンは，これからの青年心理学は，社会学や歴史学，文化人類学，政治学・経済学などとも共同しながら，図9のD，E，Fの科学的研究に貢献するべきだとしています。

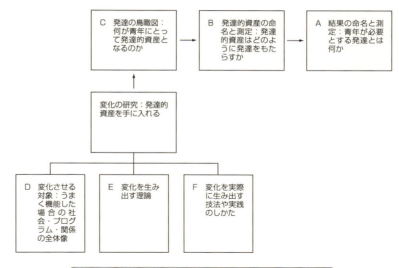

図9　人間の肯定的な発達のための応用科学の枠組み

出所：Benson, 2003 の図に加筆

4 実践とかかわる青年心理学の課題

第1に，青年心理学は実践家と共同して研究を進めます。青年心理学はその一視点にすぎないので，さまざまな学問分野と共同します。また現実の青年を前にして青年心理学は仮説を提案します。実際に実践するのは実践家や市民だからです。大切なことは，実践の何をどこまで一般化できるのかを評価することですが，この点について青年心理学は学問的な裏づけにもとづいて示唆を与えます。

第2に，実践家の養成や研修とかかわります。たとえば，**ユースワーカー**に求められる能力としては，個々の青年とコミュニケーションを取り結ぶ能力，青年のグループにかかわりその力が青年の問題解決や成長に活かされるよう働きかける能力，個々の青年やグループと社会システムとの関係のつなぎ直しを媒介する能力があります。こうした能力を支える知識を青年心理学は提供します。

第3に，異なる実践家が青年を前に共同する枠組みを提供したり，実践家が力を発揮できる社会システム構築のための政策を提言していきます。

（白井利明）

▶3　ユースワーカー
京都では青少年活動施設（かつての青年の家）の職員をユースワーカーと呼ぶ。

▶4　水野篤夫　2004　実践をふりかえる方法としての事例研究と職員の力量形成　日本社会教育学会年報編集委員会（編）日本の社会教育　第48集　成人の学習　173-240.

研究例
実践家との共同研究例として，カウンセリング研究会（著）藤原勝紀（監修）田中さえ子・田中健夫（編）2012　心をみつめる養護教諭たち——学校臨床15の扉　ミネルヴァ書房

参考文献
久世敏雄　1996　青年発達と青年援助　久世敏雄（編）青年心理学——その変容と多様な発達の軌跡　放送大学教育振興会　148-155.

II 青年期の思考と感情

1 青年期の思考の特徴

1 情報処理能力の発達

　私たちは，さまざまな情報を受け取り，何らかの判断をして，応答したり，行動します。こうした過程を情報処理といいます。情報処理の能力のうち，情報を速く記憶したり処理する能力を機能性（流動性）知能といいます。[1] これは，図10に示されるように，青年期から成人期でピークに達します。他に，文化的知識としての実用性（結晶性）知能があります。こちらは生涯にわたって発達します。年齢とともに，職業的技能ではベテランとなり，日常生活における問題解決能力も高くなり，自分自身や人生に対する思索も深まるのです。青年期は機能性知能の発揮の時期であり，実用性知能が深化しはじめる時期です。

2 抽象的思考の獲得

　青年期は抽象的に物事を考えることができるようになります。ピアジェ（Piaget, J.）はこれを形式操作と名づけました。[2] 11，12歳頃に芽生え，15，16歳頃に安定します。形式操作は，次の3つのことが可能になる思考のことです。第1に，仮説演繹的思考（事実と矛盾するような仮説であっても，その仮説から論理的に推論して，結論を導きだすことができる），第2に，組み合わせ思考（事象の可能な組合せを系統的に列挙することができ，いくつかの変数の値を統制して，ある変数の効果を調べることができる），第3に，命題的思考（現実の対象を扱わずに，真偽の判定ができる言語や式を使って推論できる）です。

　すべての青年が形式操作の段階に達するわけではありません。図11に示されるように，一部の青年しか達しないのです。[3] これは青年期の認知発達が教育や文化，社会階層などの社会歴史的文脈によって規定されることを示します。

3 思考過程の意識化 [4]

　青年期の思考の大切な特徴は，自分の思考過程を意識できることにあります。自分自身の判断や思考の動きを自覚して，それを制御することを，メタ認知といいます。メタ認知

▷1 Baltes, P. B., Lindenberger, U., & Staudinger, U. M. 1998 Life-span theory in developmental psychology. In W. Damon & R. M. Lerner (Eds.), *Handbook of child psychology. Vol. 1 : Theoretical models of human development* (Fifth ed.). New York : John Wiley and Sons, 1029-1143.

▷2 ピアジェ，J. 滝沢武久（訳） 1968 思考の心理学──発達心理学の6研究　みすず書房

図10　知能の2つの構成要素における生涯発達

出所：Baltes *et al.*, 1998

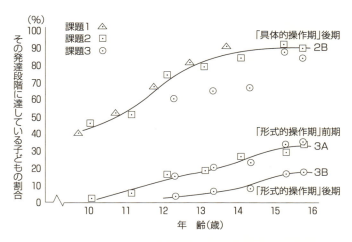

図11 ピアジェのさまざまな発達段階に達している男子の割合

（注） 3つの課題による評定。
出所：Shayer & Wylam, 1978

とは，第1に，自己の認知についての知識（たとえば，「自分はどのくらいの量の記憶ができるか」）をもち，第2に，自分の認知過程の状態（たとえば，「自分は今の話がどうもよくわかっていないようだ」）を把握し，第3に，目的に応じて自分の認知行動を制御できること（たとえば，「あとで思い出しやすくするためには，このように覚えればよい」）をいいます。

④ 思考の自己中心性

形式操作が可能になると他人の思考過程も推測できるようになりますが，青年期前期は青年自身の関心内容と他人の思考が向かう対象とが未分化なため，思考の自己中心性が現れます。ここでいう自己中心性とは自分勝手や利己主義という意味ではありません。青年は自分の容姿や行動に心を奪われがちですが，それをまわりの人たちも同じように見ていると考えてしまうのです。たとえば，自分が体重を気にしていると，みんなも私のことを太っていると思っていると考えてしまうことがあります。このように想像上の聴衆を勝手に作り上げてしまい，それに反応していきます。

⑤ 弁証法的思考の形成

青年期は，物事を絶対的ではなく，相対的に見ることができるようになります。さらに，青年期の形式操作の次の段階として成人期の弁証法的操作の段階が提唱されていますが，青年期は，矛盾や葛藤を自覚し，解決しようとしはじめる時期なのです。たとえば，社会認識の発達でいうと，青年は社会の現実と自分の価値観とのあいだで葛藤を抱え，その葛藤を解決しようとしはじめます。

（白井利明）

▷3 Shayer, M., & Wylam, H. 1978 The distribution of Piagetian stages of thinking in British middle and secondary school children: 2. *British Journal of Educational Psychology*, **48**, 62-70.

▷4 市川伸一 1990 青年の知的発達 無藤隆・高橋惠子・田島信元（編）発達心理学入門II——青年・成人・老人 東京大学出版会 31-45.

▷5 Elkind, D. 1967 Egocentrism in adolescence. *Child Development*, **38**, 1025-1034.

▷6 Riegel, K. F. 1979 *Foundations of dialectical psychology*. New York: Academic Press.

▷7 田丸敏高 1993 子どもの発達と社会認識 法政出版

［研究例］
ピアジェの課題を認知心理学の視点から検討した研究として，園田直子 2011 系列化課題を用いた認知発達プロセスの解明 風間書房

［参考文献］
子安増生 1997 青年期の知的活動 鈴木康平・松田惺（編）現代青年心理学（新版） 有斐閣 45-57.
白井利明 2012 認知の発達 白井利明・都筑学・森陽子 やさしい青年心理学［新版］ 有斐閣 39-54.

II 青年期の思考と感情

道徳性

1 道徳と価値

　青年期の発達を考える上で，道徳性は青年の生き方に直接関わる重要な次元です。道徳性は一言でいえば，「価値」の問題です。価値といっても，経済的価値，学問的価値，美などさまざまな次元がありますが，道徳性は人間行動に関する善悪の価値を問題とします。人間心理の諸側面の中でも科学的にあつかうことが最も難しい領域であるため，心理学研究において道徳性の問題は長い間手つかずでした。しかしピアジェ（Piaget J., 1896-1980）とコールバーグ（Kohlberg L., 1927-1987）という2人の心理学者が道徳性の発達についての実証的かつ体系的な理論モデルを提唱して以来，道徳性の問題は心理学，とくに発達研究の重要なテーマとして認知されるようになり，さまざまな理論的立場からの多様な研究が行われるようになりました。

2 ピアジェの道徳性発達理論

　ピアジェはジュネーブで活躍したスイスの発達心理学者で，児童の認知発達の構造を言語，数，論理，時間，空間，知能といった諸側面から体系的に研究した人です。いわばその応用編として，青少年の道徳判断の発達を認知的側面から研究し，『児童の道徳判断』（1932年）という書物にまとめました。ピアジェは子どもがゲームで遊んでいる場面を観察し，さまざまな年齢の子どもがルールというものをどのように理解しているかを問答によって聞き出し（臨床法），その背後にある道徳判断の構造の発達的変化を捉えようとしました。

　ピアジェが見出した道徳判断の発達的変化は，ひとことで要約すれば「他律的道徳から自立的道徳へ」の発達ということになります。幼児期から児童期前半くらいまで（～7，8歳）の子どもにとって，規則をはじめとする道徳は，親や先生といった権威ある大人から与えられたものであり（他律的），それに反することは罰の対象となるという意味で拘束的です（拘束の道徳）。これに対し，児童期後半になると，ルールというのは集団生活をうまく運営してゆくために自分たち自身が作り，調整するものとして捉えられるようになります（協同の道徳）。それはもはや絶対的なものではなく，必要に応じて変えることもできるものとして柔軟に捉えられるようになります。この道徳的自律性が本当に確立するのが青年期なのです。

▷1　ピアジェの発達理論の体系は，「発生的認識論」（l'épistémologie génétique）とよばれる。

▷2　Piaget, J. 1932 *Le jugement moral chet lén-fant.* Presses Universitaires de France.

この道徳的自律性の獲得と関連して，結果論から動機論への発達的変化も重要です。児童期前半までの子どもは行為の善悪を判断する際，その結果（たとえば被害の大きさ）によって判断しますが，次第に，結果よりも本人がその行為をどのような意図でしたのかという動機の質によって判断するようになります。行為の善悪を動機によって判断するためには，行為者の内面への洞察が必要ですが，それを可能にする認知能力の発達が道徳性の発達を促すという考え方は，理性を重んずる西洋社会の伝統的人間観にも合致しています。

３　コールバーグの道徳性発達理論

　このピアジェ理論に影響を受けたアメリカのコールバーグは，やはり道徳判断の認知構造の変化に注目して，３水準６段階の発達モデルを提唱しました。彼は道徳的葛藤を含む物語（ジレンマ物語）を作成し，それらの物語に対する青少年の答えを分析することによって（道徳判断面接法MJI），道徳判断の発達の３水準を明らかにしました。

1．前慣習的水準（pre-conventional level）
2．慣習的水準（conventional level）
3．脱慣習的水準（post-conventional level）

　前慣習的水準は幼児期から児童期前期にかけて見られる水準で，善悪を，基本的に個人的な利害のレベルでしか捉えていない点に特徴があります。次の慣習的水準は児童期から青年前期にかけて見られますが，これは「慣習」すなわち社会の規則や他者の期待といった約束事を道徳そのものとして理解するレベルです。これが青年期後半になると，社会の約束事よりも更に重要な事柄があると考えるようになります。つまり個人の良心，人権，自由，愛といった社会の規則に必ずしも縛られない普遍的，抽象的な道徳原理を道徳判断の基準にするようになるのです。これを社会の規則を超えた道徳性という意味で，脱慣習的（後慣習的）水準とよびます。注意しなければならないのは，道徳判断の水準・段階と年齢とは必ずしも一対一の対応関係にあるわけではないことです。

４　認知発達論的アプローチ

　社会の規則に対する捉え方が道徳性を決めると考え，自律性の達成を道徳的発達の中心問題として捉えた点で，コールバーグ理論はピアジェと共通の発想を持っています。共通しているのは，道徳性の中でもとくに道徳判断という認知的側面に注目したこと（認知主義），道徳判断の内容よりも，むしろその形式の構造的変化に注目したこと（形式主義），さらに道徳性の発達過程には文化や性，社会集団などによる違いはなく，基本的には万人に共通のプロセスであると考えたこと（普遍主義）です。この立場は認知発達論的アプローチと呼ばれ，道徳性の発達研究に大きな影響を与えました。

（小林　亮）

▶3　レスト（Rest, J.）はコールバーグの理論に基づき，道徳性の発達段階を測定するためのより簡便で使いやすい質問紙「論点定義検査」DIT（Defining Issues Test）を開発した。今日では，このDITが多く使われている。

参考文献
ライマー, J.・パオリット, D.P.・ハーシュ, R.H. 荒木紀幸（監訳）2004 道徳性を発達させる授業のコツ――ピアジェとコールバーグの到達点　北大路書房

II 青年期の思考と感情

共 感 性

共感性とは何か

共感性（empathy）とは，単純化していえば，相手に対する思いやりのことです。ただし共感性と同情とは違うので注意しなければなりません。同情とは，他者が何らかの意味で不幸な状態にあるのを見て，その人に対して憐れみの感情を持つことですが，共感性の場合は，幸不幸にかかわらず，相手が現在抱いている気持ちを理解し，その気持ちを自分の中に受け入れることです。

共感性については多くの研究者がさまざまな定義をしていますが，よく知られているものに，フェッシュバック（Feshbach, N. D.）による「代理的情緒反応」があります。これは相手の感情を理解し，それと同じような感情を自分自身も体験することです。たとえば目の前にいる友人が悲しい気持ちであることを知って，自分も悲しい気持ちになった，という状況がそれにあたります。

共感性は対人関係を成立させ，維持してゆくために最も重要な能力のひとつです[1]。そして共感性のめばえは非常に早い時期から観察されることが，これまでの発達研究によって明らかにされています。生後2, 3週間の新生児が大人の顔の表情を模倣する現象は，「共鳴動作（コ・アクション）」として知られていますが，これは共感性の萌芽と解釈されています。しかし，共感性が認知能力の発達と相関している以上，それぞれの発達時期によって共感性の現れ方にはかなり大きな違いが見られます。

ホフマンの共感性発達理論

ホフマン（Hoffman, M. L.）は，共感性の発達についての体系的な研究で知られる発達心理学者です[2]。ホフマンによれば，共感性が成立するためには，①相手の感情を認知すること，②相手の立場・視点に立ってものを感じたり考えたりできること（役割取得），③相手の感情を受け入れ，共有できること，の3条件が満たされることが必要です。この3条件のあり方の変化にしたがい，共感性は以下の4段階を経て発達してゆくとされます。

○段階1（生後1年間）

乳児期には，自他が未分化で，自分と他者とを明確に区別することができません。したがって他者の感情や苦痛を自分自身の体験として反応するという現象がよく見られます。他の子供が泣くのを見て自分も泣き出してしまうという

▷1 共感性との関連でギリガン（Gilligan, C.）は，ジェンダー論の観点から，思いやり（caring）に基づく道徳性の発達段階を提唱している。

▷2 Hoffman, M. L. 2000 *Empathy and Moral Development: Implications for caring and justice.* Cambridge: Cambridge University Press.

のはその例です。

○段階2（1歳〜2,3歳）

幼児期に入ると，人の永続性が獲得され，他者は自分とは別個の身体的存在であることがわかるようになります。しかし他者の内面と自分自身の内的状態との分化はまだ不完全で，両者を同一視する傾向が見られます。悲しんでいる大人を慰めようとして自分の可愛がっている人形を差し出す幼児の事例は，まさに自他の内面状態の未分化から生じていると考えられます。

○段階3（2,3歳〜6,7歳）

この時期に役割取得能力が著しく発達し，他者が自分とは違う内面的状態をもっていることが理解されるようになります。他者の視点に立ってその要求を推測し，他者の苦しみや悲しみに適切に対応できるようになるのはこの時期からです。

○段階4（7,8歳以降）

他者が個人として独自の生活経験と同一性をもつことが理解されるようになります。自他の分化は一層明確になり，認知能力の発達にともなって人間の内面状態への理解も進みます。そのため，現在目撃している他者の苦しみや困難だけでなく，より一般的に人々の状態や思いへの共感がもてるようになります。

○青年期と共感性

青年期における共感性は，この段階4の延長線上にあると考えられます。つまり一方では内面的な状態への理解が進み，他者へのより深い共感が可能になります。他方，目前の状況を離れて，たとえ自分が直接関わっていなくても，より一般的にさまざまな人々の置かれている状況やそこでの当事者の体験を想像し共感することができるようになります。これは戦争，災害，貧困，抑圧，迫害といった諸問題に苦しんでいる世界各地の人々への博愛的な共感にもつながっていきます。青年期にはひとつの特徴として理想主義的傾向が強まり，こうした諸問題に苦しむ人々への支援をめざしたボランティア活動や慈善活動などに献身的に従事する若者も少なくありませんが，こうした青年の行動傾向を支える重要な要因のひとつに，高度に発達した共感性をあげることができるでしょう。

共感性は，学校や職場での人間関係，友人関係，異性関係等さまざまな人間関係の文脈で重要な役割を果たしますが，とくに他者への援助行動（愛他的行動）を促す感情的要因として注目されています。人が他者を助ける行動に出るためには，認知能力，社会的スキル，状況要因なども大切ですが，愛他的行動の最も重要な先行要因として位置づけられているのが共感性に他なりません。

また臨床心理学の領域においては，クライエント（来談者）への共感的理解が心理療法を成立させるためにカウンセラーに求められる重要な条件と考えられています。

（小林　亮）

▷3　アイゼンバーグ（Eisenberg, N.）は，他者を助ける行動全般をさす「向社会的行動」（prosocial behavior）と，自己の利益を考えず純粋に他者のために行う「愛他的行動」（altruistic behavior）とを区別している。

▷4　とくにロジャーズ（Rogers, C. R.）の提唱したクライエント中心療法（Client-Centered Therapy）においては，共感性（共感的理解）の役割が重視されている。

参考文献
日本心理学会（監修）2014　思いやりはどこから来るの？——利他性の心理と行動　誠信書房

II 青年期の思考と感情

4 視点取得

1 視点取得とは

視点取得（perspective taking）とは，他者の見方や立場で物事を考えたり感じたりすること，簡単に言えば「人の考えや気持ちがわかること」を意味しています。この「他者」には「あなた」という二人称的な他者と「彼あるいは彼女」という三人称的な他者が含まれ，さらに目の前に存在しない人々や一般化された人々までを含んでいると考えることができます。

また，渡辺は視点取得の能力を，「自分を主張し，他者の立場や気持ちを推測し，自己と他者の立場の違いを調整し，問題解決を図る能力」という対人関係における交渉能力や問題解決能力を含めて拡大的に定義しており，それを「思いやり」と言い換えています。

青年はしばしば指摘されるように自己内省力が高まると同時に，人に見られる自分を強く意識する傾向があります。エルカインド（Elkind, D.）は青年期前期の子どもは心の中に「想像上の観衆 imaginary audience」を形成し，自分はいつもその観衆に見られているという自意識過剰な状態に陥りやすいことを指摘しています。この意識は青年の自己愛的，自己中心的な心性が引き起こしているものと考えられますが，この点からみても，青年が視点取得能力を高め，他者を客観的に理解することは大切な課題であると言うことができるでしょう。

2 視点取得の発達

セルマン（Selman, R. L.）は，幼児期から青年期までの視点取得能力の発達について表4に示されるような5つのレベルがあると述べています。幼児期のレベル0では自分の気持ちや感情が他者と区別されず自己中心性が見られます。次のレベル1では，自他の視点を区別して理解することが可能になり，人が主観を持つ存在であることがわかりますが，自分の視点で一方向的にとらえることしかできません。レベル2では，

▷1 視点取得
視点取得は社会的視点取得（social perspective taking）や役割取得（role taking）などと呼ばれることもある。

▷2 渡辺弥生（編）2001 VLFプログラムによる思いやり育成プログラム 図書文化

▷3 Elkind, D. 1994 *Understanding your child from birth to sixteen.* Allyn and Bacon.

▷4 Selman, R. L. 2003 *The promotion of social awareness : Powerful lessons from the partnership of developmental theory and classroom practice.* Russell Sage Foundation.

表4 視点取得能力の発達段階

発達レベルと出現する年齢	各発達レベルにおける視点取得能力の特徴
0（3～5歳）	一人称的（自己中心的）視点取得 　自己中心的な視点で理解する 　人の身体的特性と心理的特性をはっきりと区別できない
1（6～7歳）	一人称的・主観的視点取得 　自分の視点とは分化した他者（あなた）の視点を理解する
2（8～11歳）	二人称的・互恵的視点取得 　他者（あなた）の視点から自分の主観的な視点を理解する
3（12～14歳）	三人称的・相互的視点取得 　彼あるいは彼女の視点から私たちの視点を理解する
4（15～18歳）	三人称的・一般化された他者としての視点取得 　多様な視点の文脈のなかで自分自身の視点を理解する

出所：Selman, 2003に基づき作成

二者関係における他者（あなた）の視点で自分の視点を理解するという二方向の互恵的な理解が可能になります。レベル3では，二者関係を超えた彼あるいは彼女のような第三者の視点で自分や自分たちの視点あるいは自分たちの関係性を理解することが可能になります。そして，レベル4では法律や道徳といった社会的慣習などの一般化された他者の視点の文脈で自分自身の視点を理解するようになります。

このような視点取得の発達は知能の発達や社会的経験による学習の影響を受けていると考えられ，個人差も認められます。また，より高いレベルで理解することが可能だとしても常に同じレベルでいるわけではありません。実際の日常生活の場面ではより低いレベルでの自己理解や対人理解が生じます。そして，他者に対する行動は感情や欲求に影響を受けるため，思考のレベルと一致しないことも起こります。自分が脅かされていたり，対人葛藤が生じているような自己防衛が働きやすい場面では，冷静に他者の視点で考えることは難しくなることが考えられます。

③ 視点取得と社会性

視点取得の能力は人が社会生活を送る上で極めて重要で，社会性や**社会的スキル**の一側面です。たとえば，視点取得は共感性と深く関わっており，人の気持ちを思いやることを可能にする基盤です。また，私たちが日常生活の中でしばしば目にする様々な社会的迷惑行為は他者に対する配慮という観点からみれば，視点取得能力の欠如が一因であると言うこともできるでしょう。

先に挙げたセルマンや渡辺は，VLFプログラムと呼ばれる子どもの視点取得能力を育むための心理教育プログラムを実践・研究しています。このプログラムは文学作品を教材にしながら，朗読，ペアになったパートナーとの討論やインタビュー，ロールプレイ，クラス全体での発表と討論，家庭での活動，書く（描く）表現活動などの方法を組み合わせて行われます。このプログラムを通して，子どもたちは多様な他者の視点を理解し，表現できるようになり，それにより，対人関係における葛藤はどのようにして解決することができるようになるのかを学びます。

また，他者視点取得能力を高めることは，多様な価値の学習，偏見や差別に向き合う力，心の傷となっている体験を表現する力，他者との関係で安心感を得たり，愛情深い関係を築き，未来に希望を持つことを可能にすると考えられています。そして，それはいじめなどの暴力や薬物依存といった問題行動を予防することにつながると考えられています。

このように視点取得能力は人が生きていく上で非常に大切な力であると言うことができます。

（平石賢二）

▷5　社会的スキル
社会的スキル（social skill）は良好な対人関係を保つために必要とされるスキル（技能）であり，自己主張，感情処理，ストレス管理，援助行動，異性との交際，集団行動などの側面が含まれている。

【研究例】
セルマンの視点取得能力と対人交渉能力に関する発達理論を参考にした研究としては以下のものがある。
山岸明子　1998　小・中学生における対人交渉方略の発達及び適応感との関連──性差を中心に　教育心理学研究，46，163-172．
長峰伸治　1999　青年の対人葛藤場面における交渉過程に関する研究──対人交渉方略モデルを用いた父子・母子・友人関係での検討　教育心理学研究，47，218-228．
石川隆行・内山伊知郎　2002　青年期の罪悪感と共感性および役割取得能力の関連　発達心理学研究，13，12-19．
安藤有美・新堂研一　2013　非行少年における視点取得能力向上プログラムの介入効果──視点取得能力と自己表現スタイルの選好との関連　教育心理学研究，61，181-192．

II 青年期の思考と感情

 # 時間的展望

▷1 白井利明 1996 第7章 時間的展望第1節 時間的展望とは何か──概念と測定 松田文子・調枝孝治・甲村和三・神宮英夫・山崎勝之・平伸二（編）1996 心理的時間 その広くて深いなぞ 北大路書房 380-394.

▷2 白井利明 1997 時間的展望の生涯発達心理学 勁草書房

▷3 白井利明 2001〈希望〉の心理学──時間的展望をどうもつか 講談社

▷4 白井, 1997 前掲書

▷5 Lewin, K. 1951 Field theory in social science : Selected theoretical papers. New York : Harper & Brothers.（猪股左登留（訳）1979 社会科学における場の理論［増補版］ 誠信書房

▷6 白井利明 1995 何が未来を動機づけるのか 心理学評論, 38（2），194-213.

▷7 都筑学 1982 時間的展望研究に関する文献的研究 教育心理学研究, 30, 73-89.

▷8 Nuttin, J., & Lens, W. 1985 Future time perspective & motivation : Theory & research method. Leuven, Belgium : Leuven University Press ; Hillsdale, NJ : Lawrence Erlbaum Associates.

▷9 都筑学 1999 大学生の時間的展望──構造モ

1 時間的展望とは何か？

「今が楽しければいい」と考える人と「将来のために今は苦しくてもがんばろう」と考える人とでは，どのような違いがあるのでしょうか。このような，将来に向かっての見通しのある人とない人との違いを心理学的に説明しようとする概念が時間的展望（time perspective）です。時間的展望は，過去ばかりでなく未来によって規定される行動にも注目する点できわめて興味深い概念です。たとえば，路上ライブでの演奏に奮闘しながらメジャーデビューをめざす若者の行動は現在の分析だけではとらえきることはできないでしょう。

○ 概念の重要性

時間的展望の概念が多様な側面から構成されていることを提唱した白井▷4は，生涯発達の視点から時間的展望が人生のそれぞれの発達段階に応じて人間の行動を理解する上で重要であると論じています。たとえば，児童期では，未来を肯定的にとらえるが，人生設計は空想のレベルにとどまる。青年期の自我同一性の達成には，社会的自立という目標を目指した行動が重要になるので，現在と結合したポジティブな未来指向への変化が必要であるとしました。しかし，中年期は，時間的展望の狭まりや希望の喪失，老いや死への不安などの時間的展望の危機を体験する。以上，それぞれの発達段階で文脈と相互作用しながらその時期の生活空間にかなった自己の時間的展望を再編成しつつ人生を歩んでいることを見いだしています。さまざまな心理的時間の中でも，時間的展望は最も長期間にわたる時間を対象としているだけでなく，人間の生き方にまでかかわってくる重要な概念であると考えられます。

○ 歴史的背景

時間的展望研究の歴史的背景に目を向けてみましょう。レヴィン▷5は時間的展望を，「心理学的過去および未来にかんする見解の総体」であると定義し，行動の場理論を構成する中で，生活体の起こす行動を規定する直接の条件となる内的世界すなわち生活空間（life space）の構成要素の1つとして，フランクの時間的展望の概念を用いて，私たちが現在の時間のみ生きているのではなく，過去，現在，未来をどのように認知するかが生活体（人間）の行動に大きく影響をおよぼすと指摘しました。

❷ 時間的展望と動機づけ

レヴィン以降，時間的展望にかんする研究はかなりの数に上るが，とりわけ発達的および教育的視点での研究，とくに，未来志向と動機づけとの関連研究が多いと思われます。都筑は，時間的展望の確立と拡散が，青年期の重要な発達課題の１つであり，その人の人生を方向づける機能を持つとの視点から主として自我同一性を基礎づけるモデルの提唱を行っています。

しかし，一方で必ずしも将来展望が長ければ長いほどよいとはいえないことが明らかとなりました。たとえば，都筑は，大学生を対象に自我同一性の達成との関連を調べたところ，５年以上の目標をあげるものはアイデンティティが拡散しているひとが最も多いことを見いだしています。また，木下が青年期と中年期で分節された未来時間を検討した結果，青年期の人は，具体性がもてるのは10年が，確信がもてるのは１年。中年期の人は，具体性がもてるのは30年が，確信がもてるのは５年がひとつの区切りであるとされたのです。すなわち，遠すぎる目標は，そのひとの現在の行動を動機づけないことが示唆されています。

❸ 希望を見いだす研究をめざして

ところで，図12は最も関心のある時期について尋ねた結果です。小学５年生ではほとんどのものが未来に対する関心をもっているのが，中学，高校と減少しています。それだけ現実に根ざした未来をイメージすることができる，あるいはひとつの発達の指標としてとらえることも可能です。しかし一方で未来に何らの希望が見いだせなくなったこころの現れであるとも考えられます。「やっていることが報われない社会が希望のない社会である」との指摘があります。それだけに今後は，将来展望の次元として，広がりと現実性以外に，柔軟性も考慮しなければならないのかもしれません。

1998年以降14年間連続年間自殺者が３万人を超え，2012年は27,858人とやや減少したとはいえ，希望を失くした人が多い現在。ともすれば希望をもちにくい社会状況の下でわたしたちは生きることを余儀なくされています。だからこそこの領域での研究がいっそう求められているのではないでしょうか。

（柏尾眞津子）

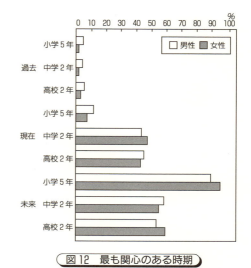

図12　最も関心のある時期

出所：白井，1997 を改変

▷10 木下稔子 1987 未来時間の文節の研究──未来を表す修飾語を材料として　心理学研究，58（4）253-259.
▷11 白井，1997 前掲書
▷12 山田昌弘 2004 希望格差社会──「負け組」の絶望感が日本を引き裂く　筑摩書房
▷13 白井，2001 前掲書
▷14 厚生労働省（編）2013 平成25年版厚生労働白書──若者の意識を探る　日経印刷

参考文献

大橋靖史 2004 行為としての時間　新曜社
白井利明 1991 青年期から中年期における時間的展望と時間的信念の関連　心理学研究，62（4），260-263.
白井利明 1994 時間的展望体験尺度の作成に関する研究　心理学研究，65，54-60.
白井利明 1997 時間的展望の生涯発達心理学　勁草書房

II 青年期の思考と感情

6 自尊感情

1 自尊感情と自己概念

　自尊感情（self-esteem）とは，自分自身に対する評価感情のことです。つまりその人が自分をどの程度高く評価し尊重しているかを示す指標です。自尊心という言い方もありますし，現在では英語のセルフ・エスティームをそのまま使うことも少なくありません。

　自己の問題は，青年期の発達を考える上でとくに重要な意味を持っています。有名なエリクソン（Erikson, E.）のライフサイクル論によれば，青年期の中心的な発達課題は，アイデンティティ（自己同一性）の確立にあるといいます。これは他者と区別された独自の，過去現在未来を通じて一貫した，そして社会の中で一定の役割をもった自分という人間の存在意義を自覚するという意味です。このように自分自身に強い関心を抱き，自分の生き方や存在意味を自覚的に追求しようとするところに青年期の特徴がありますが，そこでクローズアップされるのが自己概念です。自己概念は，自分という人間に対する全体的なイメージのことです。そこには自分の身体的特徴から始まって，自分の出自（民族，家柄など），所有物，性格，能力，価値観，人間関係など実にさまざまな内容が含まれます。こうした自分についての全体的イメージにおいて，とくに評価に関わる側面を「自尊感情」といいます。そして青年期においてはこの自尊感情のあり方が，自分がどんな人間でどのような生き方をしてゆくのかというアイデンティティの問題を考える際に，自分に対する期待値（「自分だったらこの程度はできるはずだ」）を定めるという意味で非常に重要な役割を果たすのです。

　では自尊感情，すなわち自分に対する評価とは，どのようにして決まってくるのでしょうか。ジェームズ（James, W.）は，自尊心＝成功／願望という有名な公式を立てました。つまり，自尊感情は自分が自分の人生に抱いている願望がどの程度成功し実現したかによって決まってくるという考え方です。これは，理想自己（あるべき自分）と現実自己（実際の自分）との間の距離によって自尊感情のレベルが左右されるということです。

2 自己に対する評価基準

　自己に対する評価といっても，よく考えてみると，そこでの評価の基準のとり方によってかなり性質の異なったものが含まれていることに気づきます。他

▶1　エリクソン, E.
小此木啓吾（訳）1973　自我同一性　誠信書房

人との比較による評価であることもあれば，自分の理想に照らしての評価かもしれないし，さらに過去の自分を基準にしての評価というものもあります。ブラッケン（Bracken, B. A.）はこうした自尊感情の多次元性に注目し，自尊感情を以下の4つの基準による自己への情報に基づく評価過程としてとらえました。

1．絶対的基準——「絶対評価」の考え方で，自分の能力，性格，成績等が一定の基準に達しているかどうかで判断されます。

2．内部比較的基準——これは「自分自身との比較」ともいえるもので，個々の領域における能力や成績を自分という人間全体のレベルと比較して評価することです。たとえば全般に成績のよい優等生が数学だけ成績が悪かったりすると，そこだけが全般的な自己概念と不協和になり非常に批判的な評価感情をもたらすことになります。逆に，全般にあまり成績がさえなくても，ある特定の領域（たとえば音楽とか美術）においてめざましい成果が示された場合，そこが自分の強みとして強調され，自尊感情を高める結果になります。

3．比較的基準——これは他者と自分を比較しての相対評価です。実際には，私たちはこの比較的基準に従って人との比較のもとに自分の価値を査定していることが非常に多いのではないでしょうか。

4．理想的基準——これは自分が理想とする水準（「本来こうあるべきだ」）と現実の自分とを比べて得られる評価です。

③ 自尊感情の諸相

これまで述べてきたのは主として個人としての自分に対する評価感情であり，これを個人的自尊感情といいます。ローゼンバーグ（Rosenberg, M.）は，さまざまな領域を綜合した形での包括的自尊感情を測定する10項目からなる尺度を開発しました。このローゼンバーグ自尊感情測定尺度は，最も基本的な測定方法として今日まで多く使われています。これに対して，自分の所属する集団（たとえば国，地域社会，自分の学校や会社，家系など）に対する評価感情を集合的自尊感情といいます。その他，自尊感情を，日頃持っており比較的安定している「特性的自尊感情」と，特定の出来事（たとえば成功や失敗の体験）によって変動する「状態的自尊感情」とに区別して考察することもあります。

先述したように，青年期は自己への意識が先鋭化する時期であり，とくに自己への評価が敏感になります。これは自己の内面への洞察をもたらしアイデンティティの確立に導く重要なプロセスですが，安定した自尊感情の獲得に失敗した場合，さまざまな自我の危機を引き起こす引き金にもなるものです。強い劣等感や自己不全感に悩む青年は多くいますが，彼らの自尊感情は何らかの意味で不安定な状態に陥っていると考えられます。その意味で，自尊感情は発達的にも臨床的にも極めて大きな実践的意義をもつ概念であるといえるのです。

（小林　亮）

▷2　Bracken, B. A. (Ed.) 1996 *Handbook of Self-concept.* New York: John Wiley.

▷3　Rosenberg, M. 1965 *Society and the Adolescent Self-image.* NJ: Princeton University Press.

▷4　個人主義の伝統を背後にもつ欧米の学校教育においては，自尊感情の涵養は重要な教育目標に掲げられ，教材も多い。日本の教育現場でも自尊感情を育む教育的取り組みが求められる。

参考文献
近藤卓　2010　自尊感情と共有体験の心理学——理論・測定・実践　金子書房

Ⅱ　青年期の思考と感情

 怒りと感情制御

1　怒りの起源

　怒りは恐れと並んで，人間の最も原初的な感情と考えられます。犬や猫など他の哺乳類においても怒りと恐れの感情はかなり明瞭に見分けることができますね。怒りと恐れはそれだけ系統発生的に古い起源を持っているわけです。

　なぜ怒りが発生するのかについては諸説ありますが，基本的には恐れと同じく防衛反応の一種であると考えられています。自分の身の安全を脅かす外敵が現れたときに，私たちの取りうる反応は，逃げるか，あるいは闘って撃退するかの2つです。逃走反応を引き起こす感情が「恐れ」であり，闘争のための攻撃行動を引き起こすのが「怒り」であるというのが，マクドゥーガル（McDougall, W.）の本能論以来，今日まで受け継がれてきている考え方です。この理論の背後には，感情とは私たちに特定の行動への動機づけを引き起こす心的過程であるというモデルがあります。そして怒りという感情は，とくに攻撃行動と深く関わる要因として注目されます。

　人間においては，たんに自分の身に危害を及ぼす者に対してだけでなく，自分の欲求や願望の充足を妨げる者に対しても怒りの感情が向けられます。また，他者の行動やその意図に対する判断は，社会的認知とよばれ，怒りの発生を説明する重要なメカニズムです。相手の行動の中に自分に害を加えようとする悪意があると判断された場合には，一般に激しい強い怒り感情が生ずることになります。

　怒りの発達的変化

　怒りそのものは人間の原初的な感情だとしても，その内容や原因，表現方法などに関しては一定の発達的変化があることが知られています。とくに青年期になると，怒りの現れ方にはこれまでとは異なるいくつかの特徴が見られるようになります。

　ひとつは，青年期になると怒りは道徳的価値判断と結びついて起こるようになるということです。子どもは，自分に直接危害が加えられたり，意地悪をされたり，あるいは欲しいものが手に入らないといった時に怒りを表現します。それに対し，青年になると，道徳的規範に反するようなこと，つまり不正に対して怒りを感ずるようになります。たとえば約束を守らない，えこひいきなど

の不公平，裏切り，侮辱，社会的不正といった，自分の道徳的信念に抵触し，しかも自分の自尊感情やプライドを傷つけるような行動や態度に対して強い憤りを感ずるようになるのが特徴です。これは道徳性や自尊感情の発達も関連しています。しかも青年期には視点取得能力にともなって共感性が発達し，自分とは直接関わりを持たない人々の状況にも感情移入できるようになりますので，社会で行われている不正行為や，世界の他の地域で起こっている非人道的状況，たとえば戦争，人権の抑圧，残虐行為などについての報道に接した場合にも怒りを感ずるようになるわけです。正義感に基づくいわゆる「義憤」は，とくに青年期において特徴的な怒りの様態のひとつです。

3 怒りの制御

青年期における怒りのもうひとつの重要な特徴は，その表現方法がより間接的で複雑になるということです。児童期までは怒りの表出は比較的ストレートで，顔の表情を始めとして，泣き叫ぶ，相手をののしる，さらには相手をたたくといった攻撃行動に出ることが多いわけです。ところが青年期になると，こういう直接的な怒りの表出は抑制される傾向が強まります。一般に社会化の過程において，感情の中でも社会的に望ましくないとされる負の感情（不安，憎しみ，恨み，嫉妬，嫌悪，軽蔑，劣等感，焦りなど）はあからさまに表現しないように発達とともに抑制されてゆく傾向があります。自分の感情の動きを社会的文脈への考慮に基づいてコントロールできるようになることを感情制御といい，これは社会性の発達の重要な側面です。対人関係における察しあいや和を伝統的に重視する日本のような社会では負の感情に対する制御の傾向がとくに著しいのですが，怒りについてもこれがあてはまります。

青年期になると怒りの感情がすぐに態度や行動の表面に出ることは少なくなります。そして暴力や罵倒などの直接的な攻撃行動は抑制され，それに代わって皮肉や嫌味，当てこすりといった間接的で婉曲な表現方法が用いられたり，相手に対する無視といった態度に現れたりします。さらに怒りを感じたその場では何の反応も見せず，しばらく時がたってから何らかの復讐行動にでることもあります。

復讐に関していえば，青年期になって「恨み（怨み）」という感情がはじめて自覚的に体験されるようになることが注目されます。恨みとは，怒りが内面に潜行し，持続的な感情として固定化されたものと理解されます。つまり「私はあの人を絶対にゆるさない」という特定の相手に対する慢性的な攻撃感情です。恨みをもつ相手をゆるせるかどうかというのは，昔から道徳における大きな問題ですが，こうした「恨み－ゆるし」の問題が対人関係のテーマになる背景には，青年期の発達にともなう怒りの感情制御が背後要因として働いていることを理解しておくと参考になるのではないでしょうか。　　　　（小林　亮）

▷1　感情制御は，自己調整（self-regulation）機能の発達との関連で捉える必要がある。詳しくは，柏木惠子　1983　子どもの「自己」の発達　東京大学出版会

▷2　他に「怒り」に密接な関係をもつ感情としては，罪悪感，恥，赦しなどがあり，それぞれについて多くの研究が行われている。

参考文献
湯川進太郎　2008　怒りの心理学――怒りとうまくつきあうための理論と方法　有斐閣

II　青年期の思考と感情

　罪悪感と恥

1　道徳的感情としての罪悪感と恥

　罪悪感（guilt）と恥（shame）は，怒りや恐れなどと比べるとかなり複雑な感情といえます。罪悪感も恥も，道徳性と深く結びついた感情であるところに特徴があります。一種の道徳的感情ですが，それは愛，慈悲，誇り，崇高さといった肯定的な感情ではなく，何らかの意味で道徳的規範に違反した時に生ずる否定的な感情です。人間性を支える価値の問題と深く結びついているがゆえに，罪悪感と恥とは，臨床心理学，精神医学，文化人類学，哲学，文学など幅広い領域で研究され，昔から人々の大きな関心の対象となってきました。

2　罪悪感と恥の比較

　罪悪感は，自分が何か悪いことをした時に生じる感情ですが，ルイス（Lewis, M.）によれば，そこで否定的な評価の対象となっているのは自分の行動であって，自己自身ではないとされます。それに対して恥の場合は，否定的な評価は行為そのものというより，行為の主体である自己自身に向けられ，自己の価値のなさ，醜さ，無力さ等が情動として経験されるというのです。

　罪悪感と恥とがどちらがより深い感情かという問題については，さまざまな理論的立場がありますが，少なくとも恥は罪悪感に比べ，自己自身の価値に直接向けられる否定的感情であるがゆえに，自尊感情の低下をもたらし，自己卑小感や抑うつ感を生じさせる可能性がより高いといえます。罪悪感は自分を責める感情ですが，そこでの批判・非難の対象は主として自分の行為であり，自尊感情つまり自己の潜在的価値に関する感覚は損なわれていないことが多いと考えられます。

　罪悪感と恥のもう一つの違いは，そこで問題になっている価値の性質です。罪悪感は，善悪という道徳的価値の次元に直接関わっており，道徳的規範からの逸脱の経験，つまり「私は悪いことをしてしまった」という体験は，罪悪感をもつための前提条件といえます。これに対して，恥の場合は，善悪の次元での道徳との関わりは必ずしも明確ではありません。その証拠に，道徳的に悪とはいえないような状況において恥の感情を体験することは少なからずあります。たとえば自分あるいは自分の親が経済的に貧しかったり，学歴がなかったり，身体的に障害があったりした場合に，私たちはそれが道徳的に何ら咎められる

▷ 1　Lewis, M. 2000 Self-conscious emotions: Embarrassment, pride, shame, and guilt. In: M. Lewis & J. M. Haviland (Eds.), *Handbook of emotions* (2nd ed.). New York: Guilford Press, 623-636.

ようなことではないことを理解していても，強い恥の感情を経験することが多いのです。自分のプライベートな場面を他人に見られた時にも，私たちは善悪の問題と関係なく恥ずかしいという感情に襲われるでしょう。こうした事実は，恥の感情が，道徳的規範というよりは，もっと自己の価値に直結する次元での感情であることを示しています。

③ 青年期における罪悪感と恥

青年期には，道徳意識の先鋭化や理想主義的傾向との関連で，罪悪感や恥をそれ以前の時期よりもはるかに強く経験するようになります。その意味で罪悪感と恥とは青年期を彩る特徴的な感情であるともいえます。それは青年に自己の向上への動機づけを与える建設的側面をもつと同時に，自尊感情の低下や自己否定をもたらし，自傷行為や極端な場合には自殺に至るような破壊性をも秘めています。したがって罪悪感と恥とは青年期の発達にとって極めてアンビヴァレント（両価的）な機能をもった感情であるといえるでしょう。

④ 文化との関連：「罪の文化」と「恥の文化」

罪悪感と恥とは文化との関わりでしばしば考察の対象になってきました。文化人類学者のベネディクト（Benedict, R.）は，日本人論のさきがけとなった古典的研究『菊と刀』の中で，西洋文化の本質を「罪の文化」，日本文化の本質を「恥の文化」と規定しています。ベネディクトによれば，日本人の道徳意識は他者の視線を意識するところに成り立っており，外面的な規範を重んずる恥を中心としているのに対し，「罪の文化」の住人である西洋人は，自己への責任を道徳性の基本としており，西洋人に見られる深い罪の意識は内面的な行動規範の重視と結びついているとされたのです。罪と恥という２つの道徳的感情に注目して日本人の心理的構造の特徴を明らかにしようとした点で，ベネディクトの研究は高く評価されています。その一方，罪悪感の内面性と恥の外面性といった単純な二分法などが批判されてもきました。しかし，たとえば西洋人がふつう恥を感じないところで日本人が恥の意識をもちやすいといった感情のあり方の違いが見られるのも事実です。そして興味深いのは，罪悪感と恥に関して見られる文化差は，その背後に道徳的価値意識の違い，さらには自己のあり方の違いが働いていると考えられることです。

ここで注意しなければなりませんが，罪と恥の感じ方に関して一定の文化差が見られるのは事実としても，そのどちらかが完全に欠如していることはあり得ません。西洋人にも恥の意識はありますし，日本人にも時に強烈な罪悪感が見られます。また罪悪感と恥とは全く異質で相互に無関係な感情と考えるのも誤りで，実際には同じ状況で罪悪感と恥とを同時に体験することが多いのではないかと思われます。

（小林　亮）

▷２　ベネディクト, R. 長谷川松治（訳）1967 菊と刀——日本文化の型　社会思想社（現代教養文庫）

参考文献
田村綾菜　2013　謝罪と罪悪感の認知発達心理学　ナカニシヤ出版

II 青年期の思考と感情

9 生きがい

1 青年にとっての生きがい

子どもにとっての生きがいは？　といえばもちろん「遊び」です。しかし，自我に目覚めはじめた青年にとっての生きがいは，単に今，現在のためだけにあるのではなく，その個人の未来にもつながる「自己探求・自己確認・生きる実感・充実感・生きる目標の設定など」の複合的な生きているという感情なのです。これを生きがいといいます。

2 自己実現

何かに目標を持って，情熱を注ぎ，一生懸命生きている青年も少なくありません。ボランティアしかり，仕事しかり，情熱をもって生き生きと生活している青年の姿はすがすがしいものです。彼らが働くのは，理屈ではなく，ただ金を儲けるためだけでもなく，また，自分のためだけではなく，他の人のためにも役に立ち，社会的に責任を果たし，人間として生きるために活動しているのです。それが「働く」ことであり，それが自信となり，またその人を成長させ，生きがいとなっているのです。そして，最近よく言われる「自己実現」（self-actualization）にもつながっていくのです。それは「その人のもっている潜在的な可能性を発揮し，機能を十分に発揮している姿」といっていいでしょう。このことを言い出したマズロー（Maslow, A. H.）は，彼の欲求論を展開し，人間としての基礎の欲求である生理的欲求・安全欲求がある程度満たされると，所属と愛情の欲求，他者承認の欲求が満たされ，さらに成長欲求である自己実現の欲求が発揮されるようになるというのです。

それは何も自分のためだけではありません。自分のもっている能力を発揮することによって，人のためにもなり，自分を成長させ，生きる喜びを自然な姿で表している姿なのです。その可能性を探す時期が青年期であり，モラトリアムなのです。

3 自己の存在意義・価値

生きがいは，自分の存在意義・価値とも結びついて

研究例
近藤勉・鎌田次郎　1998　現代大学生の生きがい感とスケール作成　健康心理学研究，**11**，73-82.
熊野道子　2012　生きがい形成の心理学　風間書房
浦田悠　2013　人生の意味の心理学——実存的な問いを生むこころ　京都大学学術出版会

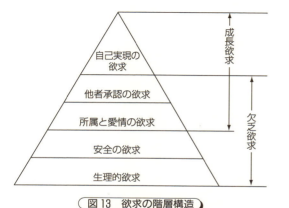

図13　欲求の階層構造

出所：山野作成　Maslow 自身はこのような図は作成していない

考えられます。第二次世界大戦中，ユダヤ人であるという理由だけでドイツ・ナチスに捕まり，有名なアウシュヴィッツ捕虜収容所に送られ，想像を絶する極限状態の中を生き抜いた精神医学者フランクル（Frankl, V. E.）はこういいます。自分の人生に意味を問うのではなく，「逆に，われわれが人生から生きることを問われているのである」と。つまり，人生に幸福や意味を求めるのではなく，自らが生きることに価値や意義を創り出していくことや，どんな逆境の状況にあっても，その苦難・運命をあえて受け容れ，責任をとって生きていくことが大切であるというのです。死を直前にしてまで，人生に対して運命を引き受け，周囲の人々にまで気を配るという態度をとったある患者さんの話を例にとって，そういう態度や価値が重要だというのです。このような姿にわれわれは人生に価値を見いだすことができるのです。

❹ 生きがいをもつには

では，どうすれば生きがいをもつことができるのでしょうか。

生きがいの構造を図14に示しました。社会的要因では，共生や信頼に支えられた人間関係が大切です。家族や友人など，気心の知れた，心の安まる人との話や交流は生きがいを高めます。それは，お互いを信じあえるし，精神的に安心を得られるからです。

個人的要因では，まず，その対象を見つけることです。そしてその目標に自分のもつ精神的エネルギーを注ぎ込むことです。我を忘れるくらいに集中没頭しましょう。できればやり遂げましょう。そのとき代償を求めてはいけません。無償の気持ちこそが大切でしょう。つぎに，人生に対して受け身的ではなく，能動的・主体的に生きることでしょう。また，狭い・短い時間的展望ではなく，広い・長い時間的展望と組み合わせるべきでしょう。そして，より高い価値への挑戦をしましょう。

一言でいえば，次のようになります。つまり，人間として，自分に与えられた範囲内でできる限りの可能性への挑戦をする」。その結果も大切でしょうが，それよりもその過程が大切なのであり，その姿が生きがいであり，そういう生き方の質が最も大切なのではないでしょうか。

（山野　晃）

参考文献

フランクル, V. E. 霜山徳爾（訳）1957 死と愛　フランクル著作集2　みすず書房

フランクル, V. E. 池田香代子（訳）2002 夜と霧［新版］みすず書房

廣田君美 1995 生きがいの創造と人間関係　関西大学出版部

神谷美恵子 1966 生きがいについて　みすず書房

小林司 1990 現代の生きがい　現代のエスプリ 281　至文堂

マズロー, A. H. 小口忠彦（監訳）1971 人間性の心理学　産業能率大学出版部

マズロー, A. H. 上田吉一（訳）1964 完全なる人間　誠信書房

マズロー, A. H. 佐藤三郎・佐藤全弘（訳）1972 創造的人間　誠信書房

山野晃 1999 事例から見た生きる質の問題としての「生きがい」人間主義心理学会（編）人間の本質と自己実現　川島書店 263-257.

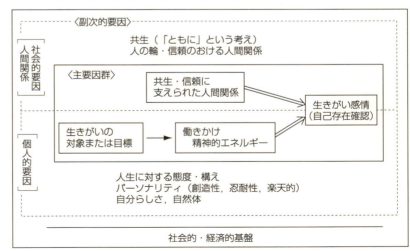

図14　生きがいの構造

出所：山野，1999

II 青年期の思考と感情

価値観と人生観

1 価値観

○定義と類型

　価値とは，個人にとっての対象の重要性や人生の中心に占める程度のことをいい，価値観とは，そうした価値を統合する全体のことで，個人が意識し，物事の判断や行動の選択を左右する信念のことをいいます。

　価値観の研究は，シュプランガー（Spranger, E.）の価値類型論にもとづくオールポート・ヴァーノン価値テストによるものがあります。それによると，6つの価値類型に分類されます。つまり，真理の追求を生活の中心とする理論型，損得などの効用性・経済性を重視する経済型，自由に美を追求する審美型，人間愛や他人への献身を求める社会型，権威的意思が支配的な権力型，価値体験に没頭する宗教型です。

○現代青年の価値観

　それでは，まずいくつかのデータから青年の価値観をみていきましょう。

　「現代青年の行動様式と価値観」（秋葉代表；1994年）の「第5章　投影法による現代青年の価値観へのアプローチ」では，「想像力の貧困さが特徴的で，現在にとらわれて目先の欲求充足に関心を向けすぎるきらいがある」，「具体的な展望をもたず，そのためにどう取り組むのかはっきりしないものがかなり多かった」，「厄介で面倒な事態を避けて責任ある関与をしたくないという葛藤回避傾向が顕著であった」とまとめています。

　他方で，『現代高校生の計量社会学』（尾嶋編；2001年）の中で（1981年，1997年調査），轟亮は，「『休みたい』とか『サボりたい』とかいう怠学傾向が高まっている一方で，授業の充実感も高まりをみせている」（pp.152-153），「単純に『学校離れ』が進んでいると述べるのは誤りである」といっています。すなわち「社会環境の変化を軽視」してしまって，『まじめの崩壊』（千石；1991年）というのはおかしいというのです。

　以上から明らかになることは，青年の行動規範の変化なのですが，それは大人には「最近の若い者は……」と見えてしまいます。大人と若い人で見方が違ってしまうのは，大人は規範という視点で青年の行動を評価するのに対して，青年は自分にとって有用か，役に立つかという効用性から見ているためではないでしょうか。しかし，単に青年だけが変わったのではなく，大人も含めた社

▷1　秋葉英則（編）　1994　現代青年の行動様式と価値観　フォーラム・A

▷2　尾嶋史章（編著）　2001　現代高校生の計量社会学——進路・生活・世代　MINERVA社会学叢書⑧　ミネルヴァ書房

▷3　千石保　1991　まじめの崩壊　サイマル出版会

▷4　モリスによる13の生き方とは，中庸・秩序，内閉・自足，共感・愛，享楽・解放，参加・協同，行動・努力，多様・統合，安楽・快適，受容・静観，克己・厳格，瞑想・内面，活動・征服，献身・奉仕である。梶田叡一　1990　生き方の心理学　有斐閣

▷5　熊野道子　2003　人生観のプロファイルによる生きがいの2次元モデル　健康心理学研究，**16**，68-76.

会環境の変化も見ておく必要があります。社会全体が有用性や効率性を求めすぎてしまった結果，それが青年の価値観の変化としても現れているのではないでしょうか。

2 人生観

○ 定義と類型

人生観とは，「人生の目的とは何か」「自分の人生をどう生きるのか」といった問いに対する答えであり，人生や生き方についての見解をいいます。

人生観の研究では，モリス（Morris, C.）が13の基本的な生き方の類型に整理しています。熊野道子は，日本の大学生を対象にした質問紙調査の結果から，6つの人生観を抽出しました。「集団や社会に積極的に参加するような生き方をしたい」といった協同的人生観，「努力することによって人生を実りあるものにしたい」といった努力的人生観，「隣人を押しのけても出世することだけを考えて生活したい」などを否定する博愛的人生観，「人は人，自分に合った生き方をしたい」といった多彩的人生観，「自分は社会の秩序に従って生きていきたい」といった道徳的人生観，「他人にわずらわされることなく自分だけの内面生活を続けたい」といった自己沈潜的人生観です。調査の結果，多彩的人生観や努力的人生観が高く支持されていました（図15）。さらにそれらの人生観を集約して，自分の考え方や生き方を重視する内面生活重視の人生観と，他人との関係を大切にする対人関係重視の人生観の2つの軸を設定し，生きがいとの関係をみると，図16のようになりました。つまり，自分の生き方も対人関係も両方とも重視する人生観が最も高い生きがいを示しました。

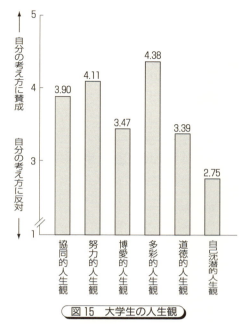

図15 大学生の人生観
出所：熊野，2003より作成

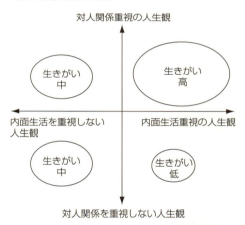

図16 大学生の人生観と生きがいの関係
出所：熊野，2003より作成

○ 現代青年の人生観

高校生に聞くと，人生について考えることが少なく，考えてもおぼろげなものにしかすぎません。大学生に聞くと，高校生に比べれば少し確実なものになってきます。しかし，大人から見ればまだ「甘い」と感じるものが多いのです。それでも，大学を卒業したある青年は，「人間は信じるに値するものなのですが，残念ながら，今の日本はそうなっていません。思いやりとわくわく笑顔に満ちるためには，市民の積極的な関与が必要です。今そのためのNGOの活動を立ち上げるべく企業に参加を呼びかけをして回っているところなのです」と真剣に，かつ生き生きとした表情で語ってくれたのです。このように夢を実現させるべく「行動」に移している青年もいるのです。

（山野　晃）

研究例
高井範子　1999　対人関係性の視点による生き方態度の発達的研究　教育心理学的研究，**47**，317-327.

参考文献
中里至正・松井洋　1999　日本の若者の弱点　毎日新聞社

Ⅲ 身体とジェンダー

思春期のからだとこころ

1 思春期のからだの変化と受容するこころ

▷1 Marshall, W., & Tanner, J. 1970 Variations in the pattern of pubertal changes in boys. *Archives of Disease in Childhood*, **45**, 12-23.

▷2 Tanner, J. 1962 *Growth at adolescence.* Blackwell Scientific Publications, Oxford.

▷3 斉藤誠一 1990 思春期の身体発育が心理的側面に及ぼす効果について 青年心理学研究会 1989年度研究大会発表資料

▷4 斉藤誠一 1995 自分の身体・性とのつき合い 落合良行・楠見孝（編著）講座 生涯発達心理学 第4巻 自己への問い直し——青年期 金子書房 39-40.

　青年は思春期に心身両面での発達が加速され，多くの変化を経験します。身体的な面に注目すると，第二の発育のスパート（adolescent growth spurt）と二次性徴（従来は第二次性徴と言ったり，初経や精通を含んでいた）の発現がみられます。「発育スパート」とは，一般に青年期前期に身長と体重の増加が加速することをいいます。男子では早ければ9歳，遅くとも15歳に始まり，女子では7，8歳，遅くとも12，13歳までには始まるが，14歳になることもあるようです。平均的な男子の場合，急激な発育が12歳ごろに始まり，13歳のどこかでピークを迎えます。女子では，10歳で発育スパートが始まり，11歳で身長と体重の増加のピークを迎えます。また，男女とも「恥毛の発毛」があり，男子では，「変声」「精通」を，女子では，「乳房の発達」「初潮」を迎えます（図17，18参照）。

　表5には性的成熟に遭遇したときの彼らの心理が示されています。小学校5年生から中学3年生を対象に調査を行った結果を見てみましょう。男子は変声を「別に何とも思わない」という中立的反応で，恥毛と精通を「おとなになれて，とてもうれしかった」「おとなになる上であたりまえだと思った」といったポジティブな反応でとらえています。他方，女子は，乳房の発達では比較的

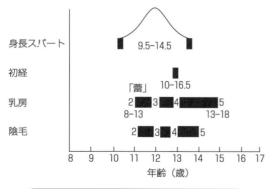

図17　女子の青年期の出来事の順番の略図

（注）「9.5-14.5」等の数値は年齢の幅を示している。「2・3・4・5」という数値はターナー（Tanner, J.）の示した発達のレベルであり，5に近づくほど成熟していることを表す。

出所：Tanner, 1962

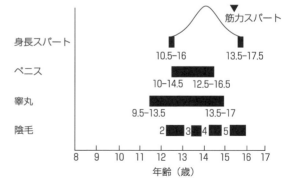

図18　男子の青年期の出来事の順番の略図

（注）「10.5-16」等の数値は年齢の幅を示している。「2・3・4・5」という数値はターナー（Tanner, J.）の示した発達のレベルであり，5に近づくほど成熟していることを表す。

出所：Marshall & Tanner, 1970

表5 性的成熟の発現に対する心理的受容度

人数（％）

心理的受容度	男子			女子		
	変声	恥毛の発毛	精通	乳房の発達	恥毛の発毛	初潮
おとなになれて，とてもうれしかった。	2(2.9)	4(4.4)	1(2.5)	8(11.6)	5(7.0)	11(15.7)
おとなになる上で，あたりまえだと思った。	18(26.1)	34(37.8)	19(47.5)	12(17.4)	11(15.5)	14(20.0)
別に何とも思わなかった。	39(56.5)	31(34.4)	12(30.0)	40(58.0)	27(38.0)	13(18.6)
いやだったが，しかたないと思った。	7(10.1)	17(18.9)	5(12.5)	8(11.6)	22(31.0)	27(38.6)
とてもいやで，できればそうなってほしくないと思った。	3(4.3)	4(4.4)	3(7.5)	1(1.4)	6(8.5)	5(7.1)

出所：斎藤，1995

ポジティブな反応が多いが，初潮や恥毛の発達でネガティブな反応が多くなっています。大人への移行のしやすさという点に注目するならば，女子のほうが女性になることの葛藤を抱えやすい存在であると推察されます。

② 早熟と晩熟への理解と支援

「思春期は広い意味で身体のライフイベント（人生出来事；life event）である」との指摘のように，種々の身体の変化は青年の心に揺さぶりをかける，アイデンティティの危機を迎えます。なぜなら，思春期における成熟の速度は性差や個人差が大きいので，さまざまな適応の問題が起こってくるからです。それゆえおしよせる急激な変化をいかに受けとめ，危機にいかに対処するのかが青年にとって重要な課題となります。

たとえば，恥毛の発毛では，男女の開きが約9カ月であるのに対し，身長スパートでは速さがピークに達する年齢で男女に約2年もの開きがあります。男子は，身長が伸びる速度のピークは，恥毛が生えて性器が大きくなってから後になることが多い。このことから，タナー（Tanner, J.）が言うように，男子では仲間よりも背が低い，つまり成熟が遅いとしても，性器がそれほど発達していないなら，まだ身長スパートが来るよと励ますことができます。背が高すぎると心配する女子に対しても，初潮がすでにあったなら，身長スパートはほぼ終わっているのでもうこれ以上伸びないから心配しないでと別の視座を提供することができます。

研究の多くは，男子では，早熟のものは仲間よりも早く思春期に入ることが自信や信望を高め，他方女子では，早熟者は人気がなく，内的な混乱の兆候があると指摘しています。早熟，晩熟いずれもが適応にかんして大きなリスクをもっていると思われますが，それは2つの集団が成熟にかんしてもっとも逸脱的だからです。とまどう青年に対する大人の支援が適切に行われるためには，早熟，晩熟への理解が不可欠だと考えられます。

（柏尾眞津子）

▷5 Coleman, J. C., & Hendry, L. B. 1999 *The Nature of adolescence* (Third edition). London: Routledge.（コールマン, J.・ヘンドリー, L. 白井利明・若松養亮・杉村和美・小林亮・柏尾眞津子（訳）2003 青年期の本質 ミネルヴァ書房）

▷6 Tanner 前掲書

参考文献

白井利明 1999 生活指導の心理学 勁草書房

白井利明 2003 大人へのなりかた 新日本出版社

白井利明・都筑学・森陽子 2004 やさしい青年心理学 有斐閣

齊藤誠一（編）2002 人間関係の発達心理学4 青年期の人間関係 培風館

III 身体とジェンダー

ボディ・イメージ

▷1 松橋有子 2001 身体像 清水凡生（編）総合思春期学 診断と治療社 58-63.

▷2 本山俊一郎・岡崎祐士 1996 青年期の身体 長崎大学生涯学習教育研究センター（編）身体論の現在 大蔵省印刷局 57-69.

▷3 有吉允子・引田幸余 2000 摂食障害——その要因と支援 日本小児心身医学会雑誌，9（1），20-28.

▷4 森千鶴・小原美津希 2003 思春期女子のボディ・イメージと摂食障害との関連 山梨大学看護学会誌，2（1），49-54.

▷5 山登敬之 1998 拒食症と過食症——困惑するアリスたち 講談社

▷6 舘哲朗 2004 摂食障害と自傷 川谷大治（編）自傷——リストカットを中心に 現代のエスプリ **443** 至文堂 85-97.

▷7 矢倉紀子・広江かおり・笠置綱清 1993 思春期周辺の若者のヤセ願望に関する研究――1 ボディ・イメージと BMI，減量実行との関連性 小児保健研究，**52**（5），521-524.

▷8 深谷和子 2004 瘦せたがる子どもたち 化粧文化，**44**，80-84.

1 ボディ・イメージとは

ボディ・イメージ（body image）は自分の身体についてのイメージを示し，身体我に似た概念であるが，身体像あるいは身体図式ともいわれます。「自分はどのようにみえるだろうか」，「自分は他者からどう思われているだろうかという他者の中にある自己の発見である」など定義がさまざまです。

思春期に入ると，それまで保っていたアイデンティティが揺らぎ始め，身体への意識が高まり，同時に，他者から見られる自分を意識するようになります。二次性徴の加速現象に加えて身体的・精神的・社会的な変動に伴うアンバランスなこの時期に青年のボディ・イメージは大きく影響されます。ボディ・イメージは自己概念形成の主要な構成要素であるため，不適切なボディ・イメージの障害は，自我に反映して不適応，たとえば，摂食障害，対人恐怖，醜形恐怖などの原因になるようです。とくに摂食障害については，体型にかんする誤った思いこみであるボディ・イメージの障害により生じると考えられています。さらにその背景には，母親の支配から逃れるため，あるいは，唯一自分がコントロール可能である自己の身体をコントロールしようとの心の叫びがあると指摘されています。

2 ボディへのこだわりとボディ・イメージの認知の歪み

「自分が標準体重であるにもかかわらずやせたい」と思い込む認知の歪みがある場合，ボディ・イメージが障害されていると推察されています。なぜ，「標準体重であっても自分はふとっている」と認知するのでしょうか。深谷はストレスが子どもたちのボディ・イメージに影響を与えるのだと指摘しています。強い瘦せ願望をもつ子どもには，そうでない子どもと比較して家庭や学校でのストレスを抱えていることが明らかとなりました。図19の結果が示すように，「とても瘦せたいグループ」は，どのグループよりも家庭や学校のストレスが強いことが分かります。「学校で，人からどう思われているか気になる」と答えた生徒は，うんと瘦せたいグループでは52.8％もいるが，瘦せたくないグループでは25.5％しかいないのです。

眞榮城は，女子学生の自己受容感をもっとも規定するのは，運動能力，学業能力，友人関係ではなく，容姿であることを見出しています（図20参照）。良

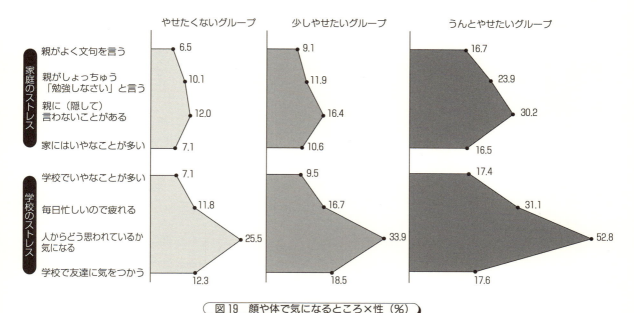

図19 顔や体で気になるところ×性（％）

出所：深谷，2004

好な外見が，自尊心（セルフ・エスティーム）の中核を担っているのです。菅原・馬場，馬場・菅原は，男子は，「ふとることによって生じる具体的なデメリットを解消するための防衛的行為である」のに対し，女子は「何らかの利益を獲得するための自らが進んで行う積極的な行為である」と男女でやせることで得るものが異なると示唆しています。とりわけ現代社会は，やせたタレントやモデルが少女のあこがれとなり，やせることが良いというイメージを与え，ダイエットを奨励しているメディアや雑誌によってボディ・イメージの障害が増長されています。社会的な文脈から切り離されての身体や心はありえないと考えられます。「痩せた人に報酬を与え，やせ願望に追い込んでいる」現代社会のシステムと青年の心の両面に目を向け，他者との関係性の中に存在する身体の意味を問い直すことが今こそ必要ではないでしょうか。

（柏尾眞津子）

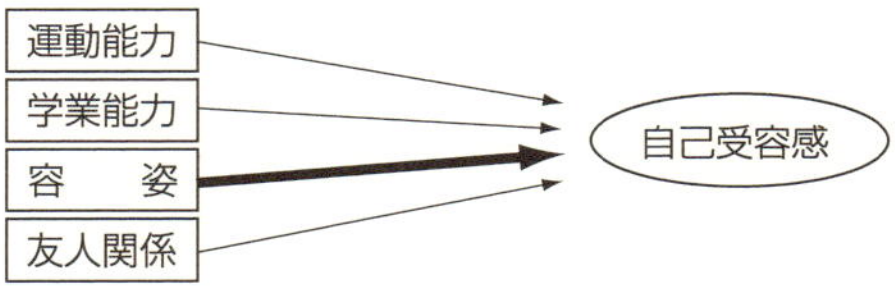

図20 自己受容感形成要因の検討

（注）女子の結果・矢印の太さは影響力の大きさに対応している。男子もほぼ同じ結果。

出所：眞榮城，2000より作成

▷9 眞榮城和美 2000 児童・思春期における自己評価の構造 東京国際大学大学院社会学研究科（編）応用社会学研究，10，63-82．

▷10 菅原健介・馬場安希 1998 現代青年の痩身願望についての研究――男性と女性の痩身願望の違い 日本心理学会第65回大会発表論文集，69．

▷11 馬場安希・菅原健介 2000 女子青年における痩身願望についての研究 教育心理学研究，48，267-274．

参考文献

菅原健介 2004 ひとの目に映る自己 金子書房
鍋田恭孝 1997 対人恐怖・醜形恐怖「他者を恐れ・自らを嫌悪する病い」の心理と病理 金剛出版

Ⅲ 身体とジェンダー

3 ジェンダー・アイデンティティ

1 性による生き方のちがい

自己や他者に対する「男である」「女である」といった性にかんする認識を性同一性，あるいは，ジェンダー・アイデンティティ（gender identitiy）といいます。「他者あるいは自分自身に対して，自分が男性，女性もしくは両性のいずれかであることを表すために示すあらゆる言動」を指す「性役割」（sex role）に対して，「性役割」の内的体験としてジェンダー・アイデンティティという概念を提起したのは，マネーとタッカー（Money, J., & Tucker, P.）[1]でした。これは，一人の人間が男性，女性，もしくは両性として持っている個性の，統一性，一貫性，持続性を意味します。わたしたちは誰もがふたつの性をもっています。第1に，生物学的な性（sex）です。第2に，心理・社会的な性（gender）です。両者は区別して認識されるのではなく身体的，心理的，行動のダイナミックスが私たちの性の認識を規定しているようです。セックスが最も大きく規定するのは身体であり，次に心理，そして行動の順です。逆にジェンダーが最も大きく規定するのは行動で，次に心理，そして身体の順になります（図21参照）。すなわち，ジェンダーは誕生時に貼り付けられる「男の子」あるいは「女の子」というレッテルに始まる社会的影響力によって社会的性は培われていく。たとえば，男の子だというラベルをつける，男の子だから青の色の服を着る。ごっこ遊びも電車のおもちゃを用いて男の子同士で遊ぶ，そうした経験の中で，自分の心の性であるジェンダーをしだいに内面化していくのです。すなわち，心の性を決めるための配線は生まれつき準備されているかもしれないが，それにスイッチを入れるのは社会だというのがマネーとタッカーの主張です。

生物学的な性と社会的性をどう折り合いをつけていくのか，社会からの「男は男らしく」「女は女らしく」といった期待を内的な体験としてどう意味づけていくのか。「性役割」の内的体験としての，「ジェンダー・ア

▷ 1 Money, J., & Tucker, P. 1975 *Sexual signatures: On being a man or a woman.* Little, Brown and Company, Inc. （朝山新一・朝山春江・朝山耿吉（訳）1979 性の署名──問い直される男と女の意味　人文書院）

図21　個人の性を規定するセックスとジェンダー

出所：作図は土肥，1999による

イデンティティ」に注目した土肥によれば，ジェンダー・アイデンティティとは，女性であれば女性としての，男性であれば男性としての自分らしい生き方の確立であると提唱しています。これは，自分の生まれついた性，すなわち，生得的な性を受容し，同性の大人を生き方のモデルとして同一化できたことによって促進されます。ジェンダー・アイデンティティを土肥は次の3つの下位概念からとらえています。第1に，「異性との親密性」です。これは，異性と躊躇なく親密な関係を形成できるかどうかを意味します。第2に「性の受容」です。これは，自分の性を受け入れているかどうかを示します。第3に「父母への同一化」です。これは，父母に対して尊敬のこころをもってひとりの人間としてみているかどうかを示します。土肥は，エリクソンの心理社会的アイデンティティに基づいて，これをジェンダー・アイデンティティと名づけました。こうした考えは，男性のみならず女性独自のアイデンティティ達成プロセスに注目した点においてエリクソンの考えと異なります。エリクソン（Erikson, E. H.）が男性のアイデンティティに着目しているのに対し，近年，同様に女性特有のジェンダー・アイデンティティ達成へ向けての発達のみちすじを視野にいれた研究がギリガン（Gilligan, C.）や，岡本などによって展開されています。

❷ 身体とこころの不一致によるストレス

　ジェンダー・アイデンティティが問題になるときには身体の性（sex）とこころの性（gender）の折り合いがうまくいかない場合に起こります。たとえば，青年期女子に多い摂食障害の原因について，浅野によれば，女性たちが「女らしさ」として「母性性」「人工的に磨かれた美」を求められており，それぞれのイメージを受け入れる，拒否する，いずれにしても彼女たちは自らの身体を用いてそれを表現しなければならない。それゆえ，アイデンティティを達成する際に，自らの身体に強いるこだわりや葛藤をいだき，それが摂食障害という形で表現されるのだというのです。また，身体とこころとが一致しない障害に性同一性障害があります。これは，肉体的な性と脳が認識する性との不一致に起因する傷害で，世界保健機関（WHO）が医学的疾患に認定しました。2004年7月施行の「性同一性障害特例法」において，戸籍の性別変更が可能になりました。身体とこころとの不一致のストレスゆえに，さまざまな内的混乱や葛藤を抱えてしまい不適応に陥る心理にかんする多くの研究が蓄積され，それらが，社会制度の変化に影響を与えていることが分かります。ジェンダー・アイデンティティの達成を困難にしているものがあるならばそれは何なのか。身体と心の性の不一致ゆえに生き難さに苦悩する青年のこころに寄り添い，適応に問題を抱える青年の支援要請に合致した研究がいっそう求められています。

（柏尾眞津子）

▷2　土肥伊都子　1996　ジェンダー・アイデンティティ尺度の作成　教育心理学研究，44（2），187-194.

▷3　Erikson, E. H. 1959 Identity and lifecycle. *Psychological issue*, No1, Monograph 1 New York : International Universities Press.（小此木啓吾（編訳）1973　自我同一性　誠信書房）

▷4　Gilligan, C. 1982 *In a different voice : Psychological theory and women's development*. London : Harvard University Press.（岩男寿美子（監訳）1986　もうひとつの声——男女の道徳観のちがいと女性のアイデンティティ　川島書店）

▷5　岡本裕子　1994　成人期における自我同一性の発達過程とその要因に関する研究　風間書房

▷6　浅野千恵　1996　女はなぜやせようとするのか——摂食障害とジェンダー　勁草書房

参考文献

　青野篤子・森永康子・土肥伊都子　1999　ジェンダーの心理学　ミネルヴァ書房

　土肥伊都子　1999　ジェンダーに関する自己概念の研究——男性性・女性性の規定因とその機能　多賀出版

III 身体とジェンダー

 性役割

▷1 青野篤子 1999 「女性」とは？「男性」とは？ 青野篤子・森永康子・土肥伊都子 ジェンダーの心理学 ミネルヴァ書房 1-24.

▷2 Unger, R., & Crawford, M. 1996 *Women and gender: A feminist psychology.* New York: McGraw-Hill.

▷3 和田実 1996 同性への友人関係期待と年齢——性，性役割同一性との関連 心理学研究，**67**，232-237.

▷4 Maccoby, E. E. 1998 *The two sexes: Growing up apart, coming together.* Cambridge, MA: Harvard University Press.

1 性役割とその形成プロセス

図22を見てみましょう。誰がこのグループのリーダーだと思われますか。もしグループの中で全員が女性の場合すぐに中央の人がリーダーだとみなされます。しかし，図の中に男性がひとり入ると，その判断はゆらいできます。まず思い浮かぶのは，座っている男性，テーブル中央の短髪の女性かもしれません。青野はアンガーとクラウフォード（Unger, R., Crawford, M.）の図を用いて，ジェンダーが文脈によって変化することを説明しています。男性ならリーダーと思うこころの背景には，性に対する期待があります。「男は男らしく」「女は女らしく」といった性にかんして社会から期待されたもの，これを性役割といいます。

性役割はどのように形成されるのでしょうか。子どもが自分の性別を認識し始めるのは2歳ごろだといわれます。その後，家庭の中やともだちとのごっこ遊びなどを通じて，役割取得をしつつ，それぞれの性への期待に適った行動規範を内面化していきます。家庭では，男子と女子とでは期待されるものが異なって育ちます。たとえば，男子は達成，競争，独立を，女子は暖かさ，親密感，表情の豊かさを強調して育てられます。一方，ごっこ遊びでは，男子がヒーローを望み，そのなかで，競争，地位の維持などに強い関心を示し，女子は，性格が類似した仲間や，親密な関係を求めるようです。男子と女子は同性同士で離れて遊ぶとの指摘もあり，こうした男女での分離した遊びが，ジェンダー差を拡大させ，性役割意識を強めていると考えられています。

2 ジェンダー・スキーマと性役割

ベム（Bem, S. L.）は，発達の段階を通じて，ジェンダー・スキーマ（gender schema）を形成し，それが個人の自己概念を規定する

図22 誰がリーダーか

出所：Unger & Crawford, 1996

48

と考えました。ジェンダー・スキーマとは性にかんする思考や認知の枠組みを意味します。ジェンダー・スキーマは，ジェンダーに基づいて個人の認知活動や行動を方向づけます。たとえば，強いジェンダー・スキーマをもつひとは，性別の違いを大きく見積るため，おそらく「男は仕事」「女は家庭」という意見には賛成の態度を示し，そうした自己概念に適った行動をとるでしょう。ここでの自己概念とは，自分自身のことを，どのくらい「女らしい」と認知しているか（女性性），「男らしい」と認知しているか（男性性）を表わしたものです。土肥[6]は，「女らしい」が，感受性や協調性，愛嬌，従順さの特性を示しており，一方「男らしい」が，自己主張や行動力，知性達成の特性をあらわすことを見出しています。これが，ジェンダーに関する自己概念です。このような自己概念がやっかいなのは，後天的に学習されたものであるにもかかわらず，あたかも何らの影響も受けないで生得的に自己の内に保持していたかのように思い込んでしまうことです。また，ジェンダー・スキーマが強い男性の自己概念は男性性が高いが女性性は低く，同様に，女性の自己概念は，女性性が高いが男性性は低くなる。これはベムや土肥により実証的に確認されています。他方，ジェンダー・スキーマが弱い場合には，男性性も女性性も高い，心理的両性具有性になると考えられてきました。このように，ベムは従来，同一次元上の双極と考えられていた男性性と女性性とを独立した次元（多次元）としてとらえ男性性も女性性も両方を備えている心理的両性具有性の概念を提唱しました。その後，心理的両性具有性が高いものほど，精神的適応性があり，初対面の会話スキルが優れている，柔軟なおしゃれを楽しむことなどが明らかとなりました[7][8]。さらに，心理的具有性の自己概念をもつひとほど，良好な適応を示していたことが分かりました。

③ 「男は男らしく」「女は女らしく」から「自分らしく」へ

近年，性役割意識が薄れたといわれます。しかし，他方で性役割の過度の受容，同調ゆえのさまざまな弊害が生じています。たとえば，青年期に発現する心の病として，男性は社会的ひきこもり，登校拒否が多く，女性は摂食障害などが多く発現するとの指摘があります。また，中年期以降になると自殺は男性が多くなります。この理由として，「男は弱音をはいてはいけない」「一家の経済を支えるべきである」といった男性役割を過度に受け入れ黙って死んでいく男性たちの背景要因には性役割の縛りがあるといわれます[9]。「男は男らしく」「女は女らしく」ではなくいかに「自分らしく」生きるのか，男女ともに問われる時代の中に私たちは今生きていると思われます。

（柏尾眞津子）

▷5 Bem, S. L. 1981 Gender schema theory: A cognitive account of sex typing. *Psychological Review,* 88, 354-364.

▷6 土肥伊都子 1999 ジェンダーに関する自己概念の研究——男性性・女性性の規定因とその機能 多賀出版

▷7 土肥伊都子 2003 初対面の男女の会話——ジェンダー・タイプが左右する心理学とジェンダー 学習と研究のために 柏木惠子・高橋惠子（編著） 有斐閣 146-150.

▷8 柏尾眞津子・土肥伊都子 2000 ジェンダー・スキーマの多次元性に関する検討——性格特性と被服・化粧行動の場合 繊維製品消費科学, **41**（11）, 884-894.

▷9 山田昌弘 2004 希望格差社会——「負け組」の絶望感が日本を引き裂く 筑摩書房

【参考文献】

鈴木淳子 1997 性役割——比較文化の視点から レクチャー「社会心理学」垣内出版

土肥伊都子・藤田達雄（編） 2000 女と男のシャドウ・ワーク ナカニシヤ出版

柏木惠子・高橋惠子編 2003 心理学とジェンダー 有斐閣

III　身体とジェンダー

恋　　愛

1　恋愛の構造

「愛」(love) 概念構造を明らかにするために楠見は，大学生を対象に図23のように概念，「愛」を白紙中央におき，つぎに，「愛」に対する連想語をリンクでつないで，ネットワーク状の概念構造を描かせました。その結果，図23のような放射状構造であることが見いだされました。「愛」に対して，「友情」「恋人（恋愛）」「結婚」といった中心的下位カテゴリにリンクが放射線上に伸びています。楠見は，愛が社会・文化的なものに影響を大きく受けると指摘しています。また，動機づけがともなうことではじめて，認知することができる。たとえば，小学生が描く結婚は動機づけがないため現実的な認識にはいたらないというのです。このことは恋愛が青年期にこそ生じるこころの現象であることを示唆しています。

スタンバーグ (Sternberg, R. J.) は，愛の三角理論を提唱し，「愛の3要素」として親密性，情熱，傾倒をあげています。親密性とは，関係のあたたかさや密着度を意味します。情熱とは，愛にかりたてる力です。傾倒（コミットメント）は，ある人を愛する決心や関係がうまくいくように調整する。三角形のバランスがとれているほど恋愛が継続すると考えられています。

リー (Lee, J. A.) は，恋愛類型を明らかにしています。各種型の特徴を示すと，第1にマニア（狂気的な愛），独占欲，嫉妬，悲哀などの激しい感情をともなう愛です。第2にエロス（美への愛），恋愛をロマンティックなものと考え，相手の外見を重視します。第3にアガペ（愛他的な愛），相手のために自分自身を犠牲にすることもいとわない。その他に，ストーゲイ（友愛的な愛），友情的な恋愛。プラグマ（実利的な愛），恋愛を地位の上昇の手段と考える。ルダス（遊びの愛），恋愛をゲームととらえ，楽しむ。以上，6タイプです。松井はこのなかで，マニア，エロス，アガペの3つの型が青年の恋愛で基本的な態度だとしています。

2　恋愛のプロセスと機能

親密な人間関係は，一方的な興味に始まり，相互の配慮へと進展していく。関係が進展し，何ら次の展開・発展が見込めない，相手に応じて自分の行動を調節できない，一体感を持ちえないまま二人の関係がときには崩壊することが

▷1　楠見孝　1994　大学生のもつ愛の文化的モデル──メタファ生成法と概念地図法による検討　日本発達心理学会第5回大会発表論文集　276.

▷2　楠見孝　1995　青年期の認知発達と知識獲得　落合良行・楠見孝（編）　自己への問い直し──青年期　講座生涯発達心理学4　金子書房

▷3　Sternberg, R. J. 1986 A triangular theory of love. *Psychological Review*, **93**, 119-135.

▷4　Lee, J. A. 1977 A typology of styles of loving. personality and Social *Psychology Bulliten*, **3**, 173-182.

▷5　松井豊　1990　青年の恋愛行動の構造　心理学評論，**33**, 355-370.

III-5 恋愛

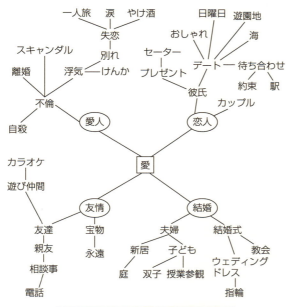

図23 「愛」概念の放射状構造の例
(ある大学生女子が作成した概念ネットワーク)
出所：楠見，1994

あります。

　松井[6]は，発展・深化していく5段階の恋愛のプロセスを明らかにしました。自己呈示（印象操作）の段階から自己開示への段階へ移るプロセスです。また，男性は関係の初期の段階から相手に対する情緒的コミットメントが高く，行動による関係進展度に応じても愛情度が高まるのに対し，女性は，関係がかなり進んではじめて愛情度が高くなることも明らかとなりました。

　ところで，恋愛関係を維持するか，崩壊するかの鍵を握っているのは，どうやら女性のようです。大坊は，大学生の恋愛関係の別れの主導権が女性の掌中にあることを明らかにしました。和田[7]は，男性のほうが消極的受容行動が多く，たとえ自分が納得していなくても相手の考えを尊重し，別れを受け入れることを見いだしています[8][9]。こうしてみると，個人的なこころの現象である恋愛がひとつの法則をもつことに気づかされます。

　現代の情報化社会にあって，とくにインターネットの普及によって現実と仮想現実なものとが交差し，他方で，生きる上で必要な情報がなく困難を覚える人々が多いようです。たとえば，どのように仲よくなったらよいのかわからない。相手との距離がわからないなどです。そうしたなかで，恋愛ほどこころを鍛え人格を成長させるものはないと思います。なぜなら，恋愛には，忍耐力，自我を打ち破る勇気などが必要だからです。また，愛することを通じ，人は自分の中にある潜在的な力を見つけ，自分に期待し，守り，信じる他者のまなざしによって，人格は育っていくと考えるからです。

（柏尾眞津子）

▷6　松井　前掲書

▷7　大坊郁夫　1988　異性間の関係崩壊についての認知的研究　日本社会心理学会第29回大会発表論文集, 64-65.

▷8　和田実　2000　大学生の恋愛関係崩壊時の対処行動と感情および関係崩壊後の行動的反応──性差と恋愛関係進展度からの検討　実験社会心理学研究, **40**, 38-49.

▷9　和田実　2001　関係親展・崩壊と情動コミュニケーション　諸井克英・中村雅彦・和田実　親しさが伝わるコミュニケーション──出会い・深まり・別れ　金子書房　74-113.

参考文献

大坊郁夫・奥田秀宇（編著）　1996　親密な対人関係の科学　誠信書房

フロム，エーリッヒ　鈴木晶（訳）　2002　愛するということ　紀伊國屋書店

Harvery, J. 1995 *Odyssey of the heart : The search for closeness, intimacy, and love*. New York : Freeman.（和田実訳（編）　1998　こころのオデッセイ──人と人との親しさ・親密さ・愛を尋ねる社会心理学　川島書店）

古畑和孝　2004　好きと嫌いの人間関係　魅力と愛の心理学　有斐閣

松井豊　1993　恋心の科学　サイエンス社

松井豊（編著）　1998　恋愛の心理──データは恋愛をどこまで解明したか　現代のエスプリ，**368**　至文堂

和田実（編著）　2005　男と女の対人心理学　北大路書房

Ⅲ　身体とジェンダー

性行動

▷1　日本性教育協会（編）2013　若者の性白書　第7回青少年の性行動全国調査報告　小学館

▷2　Wellings, K., Field, J., Johnson, A., & Wadsworth, J. 1994 *Sexual behaviour in Britain*. Penguin, London.

▷3　清水弘司　1979　大学生における性の発達と依存対象について　心理学研究，**50**, 265-272.

▷4　和田実　2004　性に対する態度および性行動の経年変化とそれらの規定因──3回の調査データの比較　思春期学，**22**, 481-494.

▷5　和田実・西田智男　1992　性に対する態度および性行動の規定因　社会心理学研究，**7**, 54-68.

▷6　宮台真司　1994　制服少女たちの選択　講談社

▷7　Coleman, J. C., & Hendry, L. B. 1999 *The Nature of adolescence* (Third edition). London: Routledge.（コールマン, J.・ヘンドリー, L.　白井利明・若松養亮・杉村和美・小林亮・柏尾眞津子（訳）2003　青年期の本質　ミネルヴァ書房）

1　性行動の実態

　若者の性交経験の推移についてみてみましょう。図24に示したように，まず，大学生男子については，性交経験率は1974年から1993年にかけて，23％から57％と大幅に増加したものの，1999年から2005年までは63％程度で停滞しており，性行動の活発化に歯止めがかかっています。他方，女子は，1987年から1993年にかけて26％から43％への大幅な伸びを示した後，1999年にかけて上昇率が減少するものの，2005年になると再び10％以上経験率が上昇しています。その結果，1999年までは男子の性交経験率が女子の経験率を上回っていましたが，2005年で両者の差異は見られません。2011年には男女とも減少していました。高校生の場合，性交経験率は1993年から1999年にかけて，男子は14％から27％へ，女子は16％から24％へと増加しました。ところが，2005年にかけては男子がほとんど変化なしであるのに対し，女子では7％ほど増加がみられています。2011年には大学生と同じく男女とも減少していました。このような性体験の低年齢化は，英国でも見られます。

　そこでは，若年層ほど16歳未満で初体験を経験している割合が高いことが明かとなりました。これらの結果は，性にかんする寛容度の大きな変化を浮き彫りにしています。

2　性行動の寛容さとその規定因

　ところで，性にかんする寛容さについて，清水は，「2人でデートする」「キスする」「性交する」などをどの程度許容できるのかを性意識としてとらえ，依存対象との関係を検討しています。その結果，さまざまな性行動に対する許容度が高い者ほど，異性の友人に対し依存欲求を向け，低い者では，同性の友人や家族を依存対象としていることを見いだしています。和田は，性の寛容さの規定因が男女で異なることを明らかにしています。男子は，大学の成績が悪い，父親が自由奔放な性に対する考えをもつと思う者ほど，社会的事象への関心が低い者ほど性に寛容でした。一方女子は，大学の成績と父親の性に対する考えでは同じく自由に使えるお金が多い，自分の感覚や実感を重視している者ほど性に寛容であることがわかりました。また，男女とも両親が性に寛容な者ほど，子どもも寛容であることが指摘されています。いずれの研究も家族の影

響が大きいことを示唆しています。

家族要因の重大性にかんして，援助交際についての研究が示唆的です。宮台は，そうした性行動に走る女子高生の背後に家庭環境の歪みがあることを指摘し，家族間相互の理解や共感の希薄さが「女子高生」に「居場所探し」を動機づけると解き明かしています。▷6 つまり，親密さを求めるがゆえにその幻の代償として性行動に向かうのだというのです。こうした指摘は，性行動にかんし家族というものが一番初めに考慮されるべきものであろうというコールマンとヘンドリー（Coleman, J. C., & Hendry, L. B.）▷7 や母親と父親の相互の関係のあり方などが自分たちの子どもの性行動に強く影響を及ぼすのだというムーアとローゼンタール（Moore, S., & Rosenthal, D.）▷8 の結果と一致しています。このように両親の態度が，青年のモデルになり，彼らの性の発達の方向性に影響をおよぼすようです。

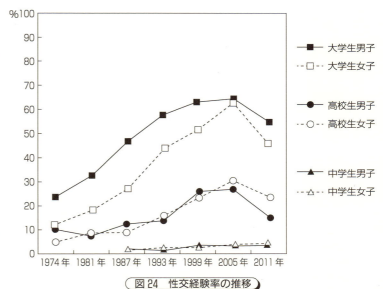

図24 性交経験率の推移

出所：日本性教育協会編，2013

③ 性の二重基準

ウェリングスらは，最初の性交渉の時点で低年齢であるほど，無防備な性交渉をもつ可能性が高いだろうとの指摘を行っています。実際，16歳以下で経験する者の半数近くが何らの避妊手段も講じなかったことが報告されています。そうした背景には，アドバイスが受けにくいこと，コンドームを購入したり，入手する自信がないなどがあるようです。さらに，セクシュアリティの性差があると考えられます。すなわち，性の二重基準です。「男性にとっては性的な有能さは誇りとなるものであるのに対し，女性にとっては，それは沈黙を守るべきものである。」といった性役割期待が青年の性行動に影響を与えているようです。

青年の性は，さまざまな要因の影響を受けるようです。たとえば，思春期の成熟度といった内的要因，家族との関係，その時代といった外的要因である可能性もあるからです。また，性の問題は，愛，親密な関係の本質と深くかかわる問題と考えられます。それゆえ，今後は生物学的な性にのみならず，性行動をめぐる青年の置かれた文脈に注目した上で，家族，友人関係などで培われる親密な関係構築への支援が不可欠だと思われます。さらに，そうした良好な関係がもてないまま性行動に走る青年の低いセルフエスティームこそが問題であるという指摘に耳を傾けたいと思います。▷9

（柏尾眞津子）

▷8 Moore, S., & Rosenthal, D. 1991 Adolescents' perceptions of friends' and parents' attitudes to sex and sexual risk-taking. *Journal of Community and Applied Social Psychology,* **1**, 189-200.

▷9 Coleman & Hendry 前掲書

参考文献

Coleman, J. C., & Hendry, L. B. 1999 *The Nature of adolescence* (Third edition). London: Routledge. (コールマン, J.・ヘンドリー, L. 白井利明・若松養亮・杉村和美・小林亮・柏尾眞津子（訳） 2003 青年期の本質 ミネルヴァ書房)

川野雅資（編） 2004 現代のエスプリ，**438** 性の相談 至文堂

III 身体とジェンダー

  性別分業意識

1 性別分業意識の変化

近代産業社会は，「男は仕事」「女は家庭」という性別役割分業社会で経済発展を遂げてきました。発展の推進力となったのが家庭での大黒柱の役割を忠実に果たした夫たちであり，それを支え，こどもたちを育み家を守った妻たちでした。しかし，近年，そのような意識に変化がみられます。「夫は外で働き，妻は家庭を守るべきである」という考え方について「男女共同参画社会に関する世論調査」による経年変化をみると，反対する割合が年々増えています。男女合わせた割合をみると，1979年には「賛成」と「どちらかといえば賛成」の合計（以下，賛成）72.6％に対し，「どちらかといえば反対」と「反対」の合計（以下，反対）は20.4％でしたが，2002年に賛成と反対が同率になり，2004年には反対（48.9％）が賛成（45.2％）を上回りました。2007年には，反対（52.1％）がはじめて5割を超えたといいます。

しかし，他の国と比較すると反対する割合は最も低いことが明らかとなっています。図25は同じ質問に対する回答を，日本，韓国，アメリカ，フランス，スウェーデンの5か国で比較したものです。スウェーデンでは，男女とも賛成する割合が最も低く，反対する割合が最も高く，女性の86.1％，男性の88.6％が反対しているのが分かります。日本は男女ともに，賛成する割合が最も高く，また反対する割合が最も低くなっています。

ところで，2012年の調査では，賛成が10％以上も増えて半数を超える逆転現象が起きています。特に，20歳代という若い世代の間で賛成の増加がみられているのです。山田昌弘の指摘によれば，この傾向は2000年からみられていたが，最近になって顕在化したとのことです。背景には劣悪な労働環境にさらされている若者が「あこがれ」として専業主婦を志向するようになったことがあるようです。こうした意識の変化を促す社会変化にも

▷1　内閣府大臣官房政府広報室　2011　男女共同参画社会に関する世論調査

▷2　独立行政法人国立女性教育会館　2013　男女共同参画統計データブック──日本の女性と男性──2012　ぎょうせい

▷3　山田昌弘　2012　くらしの明日　私の社会保障論──専業主婦志向復活の背景　毎日新聞　2012年12月28日

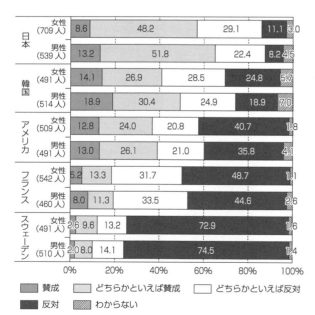

図25　「夫は外で働き，妻は家庭を守るべきである」といった考え方についての5か国比較（2010年）

（注）20歳から49歳までの男女を対象に，各国1,000サンプル回収を原則とした個別面接調査。
出所：内閣府政策統括官（共生社会政策担当）『少子化社会に関する国際意識調査』（2011年3月）より作成されたものを独立行政法人国立女性教育会館（2013）より転載

今後は注目する必要があるでしょう。

2 男女共同参画社会をさまたげるもの

とはいえ，結婚，出産を契機に仕事を続けるかどうか問われる，葛藤するのは女性が圧倒的に多いようです。性別分業意識がいまだ根強く残っており，そのことが男女共同参画社会を実現するための障害になっています。たとえば，「男は仕事をして一家の家計を担うべきだ」という性役割を過度に受け入れていると，やがて男性は仕事がアイデンティティの中心になり，それゆえ，退職後に地域社会に適応できにくいなどの問題を抱えてしまうようです。また，家族の中で経済的に優位な夫が強者，経済力がない妻を弱者という役割を固定化するため，ときには，経済力を背景とした支配―被支配の力関係がDV（Domestic violence）の要因となることもあるでしょう。実際，夫と妻の収入に差がある家庭ほどDVが発生しやすく，被害者は専業主婦が多いことが見出されました。

3 性別分業から多重役割へ

ところで，男女共同参画社会が実現するためには，性別分業を解消し，従来の単一の役割から多重役割になることが必要だとの指摘があります。土肥は，妻，職業役割，母といった多重役割をこなしている女性のほうが，専業主婦よりも日常生活における満足度が高いことを明らかにしています。また，岡本は，ライフ・パターン（両立，子育て後両立，専業主婦，未婚）別の自我同一性を比較したところ，両立型がかなり高い満足感を示し，専業主婦という性別分業の形態が必ずしも女性のこころに満足感や成長感を与えない，すなわち，専業主婦やパートタイムでは，自我同一性を高めるという心理的メリットは得られていないことを見いだしています。

「生活に不足や不満はないけれど，何か打ち込めるものを探したい」，かつて見田は1960年代の人生相談の分析から豊かな専業主婦の焦燥感，自己実現欲求への飢餓感を浮かび上がらせました。こうした結果はそれを実証したものだといえるでしょう。

右肩あがりの経済成長が期待できなくなった今，少子高齢化，家族単位から個人化への移行などもあいまって，夫とそれを支える専業主婦という性別分業が今後は大きなリスクを抱えると考えられます。真の男女共同参画社会が実現するためには，男性のみが一家の大黒柱でそれを女性が支えるのではなく，男女それぞれが壁になり一家を支えるツーバイフォーの家族が増える必要があるかもしれません。そのためには，それを支えるジェンダー・フリーな意識と出産や育児を担う女性も働きやすい職場環境作りなど，意識，制度両面について変革が求められているのではないでしょうか。

（柏尾眞津子）

 III-7 性別分業意識

▷4 柏尾眞津子 2000 ドメスティック・バイオレンス（夫から妻への暴力）藤田達雄・土肥伊都子（編著）女と男のシャドウ・ワーク ナカニシヤ出版 91-114.

▷5 枚方市 市長公室企画政策課 女性政策担当 2001 男女間における暴力及び児童に対する暴力 調査報告書

▷6 土肥伊都子 1999 "働く母親"，多重役割の心理学――個人化する家族の中で 東洋・柏木惠子（編著）社会と家族の心理学 ミネルヴァ書房 113-136.

▷7 岡本裕子 1994 成人期における自我同一性の発達過程とその要因に関する研究 風間書房

▷8 見田宗介 1972 現代日本の精神構造 弘文堂

▷9 山田昌弘 2001 家族というリスク 勁草書房

参考文献
松本伊瑳子・金井篤子（編）2004 ジェンダーを科学する 男女共同参画社会を実現するために ナカニシヤ出版

土肥伊都子・藤田達雄（編）2000 女と男のシャドウ・ワーク ナカニシヤ出版

III 身体とジェンダー

8 青年期のジェンダー教育のポイント

1 ジェンダー教育のねらい

○ジェンダーとは

「男女共同参画社会」をめざすとき,「ジェンダー」(gender)という言葉は欠かすことができません。しかし,ジェンダーという言葉は,日本語での翻訳には未だなされていません。それゆえになのか,正しい認識がなされなくて,「ジェンダーっていったい何？」と言われることさえ多い現状です。

ジェンダーとは,あくまで社会的・文化的に形成されてきた性役割や性に対する見方と考えるのがわかりやすいでしょう。たとえば,女子大生の就職が困難な状況や,会社へ入ってからの賃金や昇進・昇給での差別といったものは未だに厳然として存在しています。「男らしさ」「女らしさ」といった見方は,昔の男性中心・男性優先の社会の見方が,そのまま一方的に押しつけられてきたものであるわけです。

生物的性別(sex)も,最近の科学的研究から,さまざまなバリエーションがあるということがわかってきました。さらには,ジェンダーが逆にsexを規定すると考えられるようになってきたのです。

○ジェンダー教育のめざすもの

男性中心の社会の影響で「男尊女卑」の考え方が根強く残っている社会で,これを是正し,女性に対する差別をなくす運動があります。この運動を批判する意見も存在しますが,あくまでも男女が自立し,対等でかつ互いに助け合っていこうという社会を創っていこうというのであって,何も女性優遇の社会を創ろうというのではないのです。時には,そのために女性を優遇することはあるでしょうが,それは対等にもっていくためのアファーマティブ・アクションの場合があるのです。めざすもの,それはあくまでも「男女共同参画社会」なのです。そこでは,自分の生活の形態に合わせて,自分にあった生活や人生を選択し,真に人間としての生き方ができるようになる社会のことであり,人権を互いに認め,尊重される社会なのです。

○ジェンダー教育の役割

このような社会を形成するうえで必要なことは,誤った社会の認識を是正するため,科学的な研究に基づく知識・情報を教え,真のめざすべき方向性を次時代を担う青少年に教育することです。

2 ジェンダー教育の実践

◯思い込みからの解放

これはわかりやすい例を引き合いに出して，混乱している概念をきっちり教えることが必要です。ただし，その場合「教え込む」というより，青年が身近な問題から出発し，自ら考えていく過程を大切にします。そして，「男らしさ」「女らしさ」といったステレオタイプな見方は，時代的・文化的要因によって，創り上げられ，押しつけられてきたものであることを提起します。そして現代にある一般の概念の縛りから解放することがねらいです。

◯ジェンダー再生産としくみの解明

「男らしさ」「女らしさ」というのは，ハビトゥス（習慣）によって再生産されるという考え方があります。たとえば，女らしいしぐさというのは，世の中で「女はこうあるべきだ」という意識レベルでの共通の認識（＝おしとやかさがあり，やさしさ，ひかえめなど）があり，それらが日常の生活のなかで習慣としてまたつくられるという考え方です。ほかにも，たとえば女性は家庭に引きこもって子育てをするという固定観念・社会通念も，その繰り返しだというのです。歩き方や話し方などさまざまな生活諸行為のなかにも見いだすことができます。このしくみを解明し，意識化するよう求めることは，これらが自然に性に備わっているものではなく，作り上げられてきたものであるということを理解させようとのねらいがあります。

◯性の自己決定
（ドメスティック・バイオレンス（DV），買売春，中絶などの問題を含む）

性と生殖に関して，女性が身体的に，精神的に，さらに社会的にも安心して自己決定権をもてるようにするために，それらに関しての知識をもとうというのがねらいの中心になります。

◯法整備と学校におけるジェンダー

ジェンダーについては，さまざまな法整備がなされています。たとえば「女性差別撤廃条約」「男女雇用機会均等法」「男女共同参画社会基本法」などです。これらをもとに，なぜこれらの法整備が必要なのか，また未整備の面はどのようなところなのかを考え，さらには真の男女平等・共同参画社会のあり方を学ぶことができるでしょう。日常の学校生活の中での実践としては，男女混合名簿にするとか，いろんな作業で意識的に男女を分けないようにするとか，いろいろなことがもうすでに実践に移されてきています。しかしまだ，女子には「～さん」，男子には「～君」で呼んで区別をしていることが多く，一部の教師に区別なく「さん」づけで呼ぶことがはじまりつつあるというのが現状です。教師が意識の上でのジェンダー平等・共同参画に取り組む必要があるというのがまだまだこれからの課題だというのが現状です。

（山野　晃）

参考文献

中西祐子　2000　学校教育とジェンダー　伊藤裕子（編）ジェンダーの発達心理学　ミネルヴァ書房　210-223

江原由美子　2002　自己決定権とジェンダー　岩波書店

アエラ・ムック編集部　2002　ジェンダーがわかる　アエラムック74　朝日新聞社

舟橋邦子　2003　知っていますか？ジェンダーと人権　一問一答　解放出版社

Ⅳ　自己とアイデンティティ

青年期の自我と自己

1　自分の存在の二重性

○ I と Me

　私たちが「自分とは何か？」「自分は何者か？」と問うときに，二つの自分が存在します。それは，「自分とは何か？」「自分は何者か？」と問いかけている自分がいる一方で，その問いかけに対して「自分はこういう人間である」「これが自分である」という形で把握される自分がいるということです。つまり，「自分とは何か？」と問いかけている「主体としての自分」と，「自分はこういう人間である」という形で把握される「客体としての自分」の両者があるのです。

　このような自分の存在の二重性を最初に指摘したのはジェームズ（James, W.）です。ジェームズは，「私が何かを考えているときには，いつでもそれと同時に，私自身を，私の個人的存在を多かれ少なかれ意識している。またここで意識しているのも私に他ならない。したがって私の全体的自己はいわば二重であって，一部は被知者であり一部は知者であり，一部は客体であり一部は主体である。自己の中にこれら二側面を区別しなければならないが，これを簡単に言い表すため，一方を客我（Me）と，他方を主我（I）と呼ぶことにしたい」と述べています。ジェームズの言葉は，自我・自己という概念が，「I」という主我・自己と，「Me」という客我の2つの側面からとらえられるということを示しています。

○ 自我と自己

　一般に，主我にあたるものを「自我」（ego）といい，客我にあたるものを「自己」（self）と言います。つまり，「主体としての自分」が「自我」であり，「客体としての自分」が「自己」であるわけです。自我は，主体として機能し，自己全体の統合機能を果たすとともに，現実の中での適応機能も果たします。また，自己は，さまざまな状況や役割の中での自分に関する表象であり，複数の側面をもちます。すなわち，大学生としての自己，家族の中での自己，仲間の中での自己など，それぞれ異なった自己を持つことになるため，自己は多元性をもつといえます。したがって，私たちは，主体的に自らを統合して適応した行動をするように自我が機能し，他方，さまざまな形で自らを対象化した自己を認識することができるということができます。

▷1　ジェームズ, W.
今田寛（訳）1992・1993
心理学（上・下）岩波文庫

❷ 青年期の自我と自己の発達

◯ 自我・自己とアイデンティティ

　青年期の自我と自己の発達を考える上で，最も重要な概念は，エリクソン（Erikson, E. H.）によって提唱されたアイデンティティ（自我同一性）であるといえるでしょう。このアイデンティティは，自我と自己の両者と密接に関わった概念です。

　さて，エリクソンは，自我と自己について「自我が自己を知覚したり調整して扱うという問題に関して，『自我』という言葉を主体として，『自己』という言葉を客体として定義するのが妥当であるという考えは，一般の同意を得ている。この場合，自我は中枢の組織機関であり，生涯にわたって変化しつづける自己と対決し，過去に放棄されたり，未来に予想されたりするさまざまの自己を統合しようと要求しつづける。」としています。すなわち，先述したように，自我を主体，自己を客体とする考えは一般的な考え方であり，さまざまな自己を統合しようとするのが自我であるということを述べているのです。

　では，アイデンティティは，自我や自己とどのような関係にある概念と考えられるのでしょうか。エリクソンは「アイデンティティとは，『社会的現実』に密接な関係をもっている。つまりアイデンティティは，この社会的現実の中で，自我にとってのサブシステムとして働き，子ども時代の心理社会的危機から生み出された自己表象を検証し，選択し，統合しようとする。」と述べています。つまり，アイデンティティは，社会的現実の中で自我の一部として機能するもので，これまで自分が持っていたさまざまな自己の表象を検討し，統合するものだということができるでしょう。

◯ 青年期のアイデンティティ形成

　私たちは，子どもの頃からの発達の過程において，さまざまな自己をもつことになります。そして，青年期に至ると，今までもっていたそれらの自己が本当の自分にふさわしいものなのかどうか，検討し，それらをまとめようと試みます。青年期においては，社会的役割や人間関係も変化するため，そのような社会的現実にも適する自分というものをまとめ上げなければなりません。したがって，青年期においては，自我の発達が必要とされ，発達した自我によってさまざまな自己を自分らしく統合してゆくことが，自己の発達となるのです。しかし，多様な自己を統合できず，自分にまとまりがもてないと，「自分が自分でないような気がする」という感覚をもち，「アイデンティティの拡散」という状態に陥ります。青年期には，アイデンティティの統合と拡散の間で揺れ動きますが，これを「アイデンティティ危機」といいます。さまざまな自己を，自我によってまとめ上げ，「私」というものを作り上げてゆくことが，青年期の自我と自己の発達であるのです。また，その過程こそが，青年期におけるアイデンティティ形成の過程であるともいえるのです。

（谷　冬彦）

▷ 2　エリクソン，E. H.　小此木啓吾（訳編）1973　自我同一性　誠信書房

参考文献

谷冬彦　2008　アイデンティティのとらえ方　岡田努・榎本博明（編）自己心理学5　パーソナリティ心理学へのアプローチ　金子書房　6-21.

榎本博明　1998　「自己」の心理学　サイエンス社

梶田叡一　1988　自己意識の心理学　東京大学出版会

高田利武・丹野義彦・渡辺孝憲　1987　自己形成の心理学　川島書店

Ⅳ　自己とアイデンティティ

 ## 理想自己と現実自己

1 理想自己と現実自己

◯理想自己と現実自己とは

理想自己とは，理想的にはこうありたいと望む自己の姿のことです。つまり，行動や性格特性，能力，外見・容貌などに関して望ましいとみなされる特徴のまとまりをいいます。理想自己は，単に個人の中で形成されるというわけではなく，社会や重要な他者の価値の影響を受けて形成されます。

現実自己は，あるがままの自己のことです。しかし，実際に現実の自己がどのようなものであるのかを客観的にとらえることはなかなか困難なことです。そこで，通常，現実自己は，自分はこのような人間だと本人がとらえている自己の姿を指します。その意味で，現実自己は真実の姿というよりは，そのようだと思われる姿として理解するのが一般的といえます。

さて，理想自己と現実自己は一致する場合もありますが，概して，現実自己と比較して，理想自己の方が高いものとなります。なぜなら，人間はすべての物事が理想通りにいくわけではないため，理想自己と現実自己が完全に一致することは難しく，通常，理想自己は現実自己よりも多少なりとも高いものになります。

◯理想自己と現実自己の乖離

▷1　ロージァズ, C.R. 友田不二男（訳）1976　ロージァズ全集　第3巻　サイコセラピィ　岩崎学術出版社

しかし，理想自己と現実自己が離れすぎると，なんらかの不適応の原因となります。ロジャーズ（Rogers, C.R.）は，理想自己と現実自己の隔たりが大きいほど，つまり，現実の自分が，理想としてこうありたいと考えている自分にほど遠いと感じられて，自分自身に対する評価が低いとき，人は不適応を起こすと指摘しました。そしてロジャーズは，心理療法の際に，あまりにも高すぎる理想自己をもっている者には，適度なものに修正し，逆に，あまりにも低すぎる現実自己をもっている者には，実際の現実の姿に見合ったものになるように援助を行いました。そのように援助することによって，理想自己と現実自己を適正な水準に回復させ，適応的状態を取り戻せるとしています。

青年期には，多様な社会的選択の可能性があるため，時には，現実自己と乖離した過度な理想自己を持つことにもなります。しかし，現実自己と理想自己の乖離は，不適応の原因ともなるため，両者を統合してゆくことが青年期の自己形成にとって重要であるといえるでしょう。

2 セルフ・ディスクレパンシー理論

○ 自己概念と自己指針

　理想自己と現実自己に関する理論として，ヒギンズ（Higgins, E. T.）のセルフ・ディスクレパンシー理論があります。この理論では，人が感情的に苦しんだり，悩んだりするのは，現実の自分についての理解の内容それ自体が問題なのではなく，さまざまな自己における相互の関係の問題であるとします。そして，ヒギンズは，自己領域と自己についての視点の組み合わせによって分類し，それらの間のズレと感情の問題を結びつけたモデルを提案しました。

　自己領域には，「現実自己」，「理想自己」に加えて，「当為自己」（かくあるべき自己）の3つがあります。また視点では，「自己」と「重要な他者」（自分にとっての重要な他者で，親など）の2つが設定されています。これらの組み合わせによって，以下の6つの自己表象タイプが得られます。

1．現実／自己（自分でとらえた現実の自己）
2．現実／他者（「重要な他者は私のことをこう理解している」という内容の自己）
3．理想／自己（「私はこういう人でありたい」という内容の自己）
4．理想／他者（「重要な他者はこういう人であってほしいと思っている」という内容の自己）
5．当為／自己（「私はこういう人であるべきだ」という内容の自己）
6．当為／他者（「私がこういう人であるべきだと，重要な他者は思っている」という内容の自己）

　このうち「現実／自己」と「現実／他者」がいわゆる「自己概念」で，それ以外のものは「自己指針」として機能します。この理論の基本的前提は，人は現在の自己理解である「自己概念」と，自分が目標指針としている「自己指針」の差異を縮小するように動機づけられるというものです。

○ 自己間の差異と感情状態

　現実自己と理想自己の差異は，理想や願望が達成されておらず，良い結果が欠如している状態を表しています。したがって，そこから悲しみや失望，不満足など失意落胆に関連する感情が生じます。また，現実自己と当為自己の差異は，義務や責任だと感じていることを実現できないことから悪い結果が生じることを表し，何らかの制裁と結びつきやすく，恐怖や緊張など動揺に関する感情が生じます。

　このように，セルフ・ディスクレパンシー理論は，「自己概念」と「自己指針」のズレによって，感情状態を説明しようとするものです。

　先述したように，青年期には，理想自己と現実自己が乖離してしまうこともありますが，どの自己間で差異があるかを考えて，自分の感情状態についても，洞察してみて下さい。

（谷　冬彦）

▷2　Higgins, E. T. 1987 Self-discrepancy : A theory relating self and affect. *Psychological Review,* **94**, 319-340.

参考文献
遠藤由美　2000　現実自己と理想自己　久世俊雄・齋藤耕二（監修）青年心理学事典　福村出版　164.
池上知子・遠藤由美　1998　グラフィック社会心理学　サイエンス社

Ⅳ 自己とアイデンティティ

 自己受容

1 自己受容とは何か

○自己認知と自己受容

沢崎達夫は，青年期における自己の形成は，自分という人間についての理解を深め，その自分自身の在り様を受け入れていく過程でなされるものであるとしています。その上で，自己形成の問題に悩む青年たちに典型的にみられる願望として，次の2点を指摘しています。1つは，「自分を知りたい（自己理解・自己認知の深まり）」ということで，具体的には「自分には何ができるか」，「自分は何に向いているのか」，「自分はどういう人間なのか」などという疑問解消への願望です。もう1つは，「自分を受け入れたい（自己受容の深まり）」ということで，具体的には「もっと自分を好きになりたい」，「満足できる自分でありたい」，「自分に自信を持ちたい」などという願望です。前者が自己認知への願望であり，後者は自己受容への願望といえます。この自己認知と自己受

▷1 沢崎達夫 1993 自己受容に関する研究（1）——新しい自己受容測定尺度の青年期における信頼性と妥当性の検討 カウンセリング研究, **26**, 29-37.

沢崎達夫 1994 自己受容に関する研究（2）——男女大学生における自己受容の様相を中心として カウンセリング研究, **27**, 46-52.

表6 自己受容測定尺度の項目

項　目
●身体的自己
1. 年齢　2. 性別　3. 体力　4. 健康状態　5. 顔立ち
6. 体つき　8. 運動能力　12. 性的能力（魅力）
●精神的自己
7. 知性（学力）　16. 生き方　18. やさしさ　19. まじめさ
20. 明るさ　21. 積極性（自分から進んで行動すること）
22. 協調性（人との関係がうまくやれること）
23. 情緒安定度（気持ちがいつも落ち着いていること）
24. 忍耐力（がまんする力）
25. 指導力（リーダーとして人をひっぱる力）
26. のんきさ
27. 決断力（迷わないで物事を決める力）
28. 思いやり　29. 責任感　30. やる気
●社会的自己
9. 服装　10. 職業（学生・主婦・無職などの場合も含む）
11. 経済状態　13. 家族　14. 住居
15. 人間関係　17. 社会的地位（立場）
●役割的自己
31. 男または女としての自分
32. 親に対する子どもとしての自分
33. 兄弟の一員としての自分（一人子の場合も含む）
●全体的自己
34. 過去の自分　35. 現在の自分

出所：沢崎，1993

表7 自己受容測定尺度得点の平均値

領域	男子	女子
身体的自己	26.56	24.40
精神的自己	49.02	46.74
社会的自己	24.11	24.12
役割的自己	10.26	9.17
全体的自己	5.95	5.65
合計得点	115.93	109.75

出所：沢崎, 1994

容というものは概念としては別のものであるものの，相互に関連を持ちながら深まるものとされています。自己受容が可能になるには正確な自己認知がなされていることが必要であり，さらに自己受容が深まるほど防衛的心性が減少するから，自己認知も深まります。すなわち，自己認知は自己受容の前提条件あるいは必要条件と考えられ，この両者は相互依存的な関係にあり，両者が相まって深まっていくものと考えられるのです。

◯自己受容とは

では，自己受容とは，どのような概念なのでしょう。沢崎によれば，「ありのままの自分をそのまま受け入れている状態」と定義されます。「ありのままの自分をそのまま受け入れる」ということには，自分の良いところを受け入れるということだけでなく，自分の悪いところも受け入れられるということが含意されています。つまり，自分のある属性に対する認知が肯定的であれ，否定的であれ，その属性に対して受容がされているかどうかが問題となるのです。そして，自己受容の程度は，青年期の自己形成にとって重要になります。

② 自己受容の測定

沢崎は，自己受容の程度を測定する尺度を作成しました。項目は表6に示す通りです。各項目について，今のあなた自身について思っていることを次の5つの選択肢の中から選びます。「それでまったくよい，それでかまわない」（5点），「それでまあまあよい，それでかまわない」（4点），「どちらでもない，わからない」（3点），「それでは少しいやだ，少し気になる」（2点），「それではまったくいやだ，気にならない」（1点）の5つです。領域は「身体的自己」，「精神的自己」，「社会的自己」，「役割的自己」，「全体的自己」の5つがありますが，各領域ごとに項目の得点を足して領域ごとの得点を出してみて下さい。また，各領域ごとの得点をすべて合計して合計得点を出してみて下さい。表7に示すものが，大学生における自己受容測定尺度得点の平均値ですが，それと自分自身の得点を比較してみて下さい。大学生の平均値と比べて，高いところや低いところがあると思いますが，そのことから現在の自分自身の自己受容の在り方について考えてみて下さい。

（谷　冬彦）

Ⅳ 自己とアイデンティティ

 ## 4 自己愛

1 自己愛の概念と理論

○自己愛とは

　自己愛（narcissism）という言葉は，湖面に映った自分の姿に恋するというギリシア神話におけるナルキッソス（Narkissos）という人物から生まれたものです。したがって，簡単にいうならば，自己愛とは「自分自身を愛情の対象とすること」といえるでしょう。

　さて，自己愛という概念を学問的に精神分析的概念として取り上げ，広めたのは，フロイト（Freud, S.）[1]です。自己愛に関するフロイトの理論のなかでは，自己愛を一次的自己愛と二次的自己愛に分けています。一次的自己愛は，赤ん坊が自分の体の一部を愛情対象とする自体愛の時期から，他者を認識し，愛情対象とする対象愛への両者の中間に位置する過渡的な段階として考えられたものです。一次的自己愛の状態では外界の対象は認識されておらず，発達的に自他が未分化な状態にあるため，リビドーと呼ばれる心的エネルギーは自分自身の自我のみに向けられています。やがて，外界の対象が認識されるにつれて，リビドーは対象に向けられるようになり，対象愛の段階を迎えます。しかし，対象愛の段階に達した後でも，リビドーが対象から撤収され，再び自我に向けられることがあります。これが二次的自己愛の状態です。すなわち，フロイトは，自己愛の状態から対象愛の状態へという発達の方向が，健全な初期発達であると考えており，自己愛的な人は乳児期くらいの発達初期の状態にとどまっている人であると考えたのです。

○青年期の自己愛の高まり

　しかし，フロイトの一次的・二次的自己愛の区別に関しては，対象関係を重視する立場からは批判されました。とくに，バリント（Balint, M.）[2]は，自己愛は常に二次的なものであり，一次的自己愛の存在を否定しました。バリントは，精神の最初の働きとして受身的対象愛があるとします。受身的対象愛とは，対象を能動的に愛するのではなく，対象に愛されたいと思う心の働きのことです。そして，バリントは，自己愛の状態を，愛されたいという欲求が満たされない時に，仕方なく自らを愛するというものであると考えたのです。このように考えるならば，他者から愛されない，好意を持たれないということが，自己愛の状態になる原因だと考えることができるでしょう。小此木は[3]，このような

▷1 フロイト, S. 懸田克躬・吉村博次（訳）1969 ナルシシズム入門 フロイト著作集 5 性欲論・症例研究 人文書院 109-132.

▷2 バリント, M. 森茂起・中井久夫・枡矢和子（訳）1999 一次愛と精神分析技法 みすず書房

▷3 小此木啓吾 1981 自己愛人間 朝日出版社

表8　DSM-5における自己愛性パーソナリティ障害の診断基準

誇大性（空想または行動における），賛美されたい欲求，共感の欠如の広範な様式で，成人期早期までに始まり，種々の状況で明らかになる。以下のうち5つ（またはそれ以上）によって示される。

1. 自分が重要であるという誇大な感覚（例：業績や才能を誇張する，十分な業績がないにもかかわらず優れていると認められることを期待する）
2. 限りない成功，権力，才気，美しさ，あるいは理想的な愛の空想にとらわれている。
3. 自分が"特別"であり，独特であり，他の特別なまたは地位の高い人達（または団体）だけが理解しうる，または関係があるべきだ，と信じている。
4. 過剰な賛美を求める。
5. 特権意識（つまり，特別有利な取り計らい，または自分が期待すれば相手が自動的に従うことを理由もなく期待する）
6. 対人関係で相手を不当に利用する（すなわち，自分自身の目的を達成するために他人を利用する）。
7. 共感の欠如：他人の気持ちおよび欲求を認識しようとしない，またはそれに気づこうとしない。
8. しばしば他人に嫉妬する，または他人が自分に嫉妬していると思い込む。
9. 尊大で傲慢な行動，または態度

出所：アメリカ精神医学会，2014，p.661.

バリントの考えを引用し，親からの受身的対象愛が満たされなくなるために，青年期には自己愛が高まるとしています。すなわち，青年期においては，親からの受身的対象愛から，異性を求めるという新たなる対象希求への移行に伴う欲求不満によって，自己愛が高まると考えられるのです。

なお，自己愛というと，悪い面ばかりが思い浮かぶかもしれませんが，「健康な自己愛」というものも存在します。つまり，ある程度の自己へ向けられる愛情は望ましいものであり，自己尊重にもつながり，自己形成にとても重要な役割を果たします。

しかし，やはり一方では，過度な自己愛は病理となることもあります。

❷ 自己愛の病理

過度に自己愛的になると，「自己愛性パーソナリティ障害」というものになります。アメリカ精神医学会の診断マニュアルであるDSM-5によれば，表8に示すものが診断基準となります。現代青年は，自己愛性パーソナリティ障害までいかなくても，そのような傾向を持っているということは多く指摘されています。また，DSM-5でも「自己愛性の特性は，青年期には特によくみられるが，必ずしもそのまま自己愛性パーソナリティ障害となることを意味してはいない」とされており，障害とまではならないものの，一般青年において自己愛が高まることが指摘されています。

なお，DSM-5に示されているような誇大性を特徴とする自己愛者だけでなく，秘められた自己愛を持っていて，他の人々の反応に過敏で，対人不安や傷つきやすさをあらわすという自己愛者の存在も，ギャバード（Gabbard, G.O.）によって指摘されています。

（谷　冬彦）

▶4　アメリカ精神医学会 日本精神神経学会（日本語版用語監修）髙橋三郎・大野裕（監訳）2014 DSM-5 精神疾患の診断・統計マニュアル　医学書院

▶5　ギャバード，G.O. 舘哲朗（監訳）1997 精神力動的精神医学――その臨床実践〔DSM-IV版〕③臨床編：II軸障害　岩崎学術出版社

（研究例）
原田新　2013　青年期から成人期における自己愛と対人関係との関連性の変化　発達心理学研究，**24**（3），371-379.

（参考文献）
上地雄一郎・宮下一博（編著）2004　もろい青少年の心――自己愛の障害　北大路書房

Ⅳ 自己とアイデンティティ

 # アイデンティティ

1 アイデンティティの定義

アイデンティティ（ego identity）という概念は，エリクソン（Erikson, E. H.）が精神分析学の立場から提唱した概念です。アイデンティティの形成は，エリクソンの発達理論のなかで，青年期に特に問題になるものとして位置づけられています。なお，アイデンティティは，「自我同一性」や「同一性」などの表記もされます。

さて，アイデンティティとは，簡略には「自分が自分であること」ともいわれますが，どのような概念なのでしょう。エリクソンは，アイデンティティの感覚とは，内的な斉一性と連続性を維持する個人の能力（心理学的意味での個人の自我）が，他者に対して自分が持つ意味の斉一性と連続性とに調和することから生じる自信であるとしています。このことは，自分が自分であるという一貫性を持ち，過去・現在・未来にわたって時間的連続性を持っているという個別的で主観的な自分自身が，周囲の人々からみられている自分自身や社会的関係の中での自分自身に合致しているという自信や安定感を意味しています。すなわち，アイデンティティの感覚とは，斉一性・連続性という内的なまとまりを持った主観的な自分自身が，周りから見られている社会的な自分と一致するという感覚であるといえるでしょう。

2 アイデンティティの諸相

谷冬彦は，エリクソンのアイデンティティに関する記述を整理し，アイデンティティの感覚は，次の4つの側面から構成されることを指摘しました。

1．自己斉一性・連続性
　自己の不変性および時間的連続性についての感覚。
2．対自的同一性
　自分自身が目指すべきもの，望んでいるものなどが明確に意識されている感覚。
3．対他的同一性
　他者からみられているであろう自分自身が，本来の自分自身と一致しているという感覚。
4．心理社会的同一性

▷1　エリクソン，E. H. 小此木啓吾（訳編）1973 自我同一性　誠信書房

▷2　谷冬彦　2001　青年期における同一性の感覚の構造——多次元自我同一性尺度（MEIS）の作成　教育心理学研究, **49**, 265-273.

表9 MEISの項目

項目

●自己斉一性・連続性
1. ＊過去において自分をなくしてしまったように感じる。
5. ＊過去に自分自身を置き去りにしてきたような気がする。
9. ＊いつのまにか自分が自分でなくなってしまったような気がする。
13. ＊今のままでは次第に自分を失っていってしまうような気がする。
17. ＊「自分がない」と感じることがある。

●対自的同一性
2. 自分が望んでいることがはっきりしている。
6. 自分がどうなりたいのかはっきりしている。
10. 自分のするべきことがはっきりしている。
14. ＊自分が何をしたいのかよくわからないと感じるときがある。
18. ＊自分が何を望んでいるのかわからなくなることがある。

●対他的同一性
3. ＊自分のまわりの人々は、本当の私をわかっていないと思う。
7. 自分は周囲の人々によく理解されていると感じる。
11. ＊人に見られている自分と本当の自分は一致しないと感じる。
15. ＊本当の自分は人には理解されないだろう。
19. ＊人前での自分は、本当の自分ではないような気がする。

●心理社会的同一性
4. 現実の社会の中で、自分らしい生き方ができると思う。
8. 現実の社会の中で、自分らしい生活が送れる自信がある。
12. 現実の社会の中で自分の可能性を十分に実現できると思う。
16. ＊自分らしく生きてゆくことは、現実の社会の中では難しいだろうと思う。
20. ＊自分の本当の能力を生かせる場所が社会にはないような気がする。

（注）＊がついている項目は、逆転項目を示す。
出所：谷，2001

　現実の社会の中で自分自身を意味づけられるという，自分と社会との適応的な結びつきの感覚。

　アイデンティティの感覚は，これらの4側面からとらえられるといえます。この4つの側面は，表9の多次元自我同一性尺度（Multidimensional Ego Identity Scale：MEIS）の質問項目によって測定できます。

　みなさんの現在のアイデンティティの感覚はいかがでしょうか。

③ アイデンティティの生涯発達

　アイデンティティの問題は，青年期に優勢になり，そこで一応の決着をみます。しかし，アイデンティティ形成の問題は青年期以降の発達においても，常に問い返され続ける問題です。発達的変化とともに，自分をとりまく社会的現実は変化してゆくため，それにしたがってアイデンティティも変化してゆきます。そのような観点から見れば，アイデンティティ形成は生涯発達の過程であるといえるのです。

（谷　冬彦）

研究例
原田新　2012　発達的移行における自己愛と自我同一性との関連の変化　発達心理学研究，23（1），95-104．

参考文献
谷冬彦　2008　自我同一性の人格発達心理学　ナカニシヤ出版
谷冬彦・宮下一博（編著）　2004　さまよえる青少年の心――アイデンティティの病理　発達臨床心理学的考察　北大路書房

Ⅳ 自己とアイデンティティ

 甘　　え

1 「甘え」とは何か

「甘え」は，土居健郎が初めて学問的に取り上げた精神分析的概念です。この概念は，「甘え」という単語が日本にのみ存在するという事実から注目された概念であり，日本人のパーソナリティを理解するための鍵概念であるともいわれています。しかし，土居が指摘しているように，「甘え」は，日本人の心性の鍵概念であるとともに，文化をこえて，本来人間一般に共通な心理的現象でもあります。

土居によれば，「甘え」とは，乳児の精神がある程度発達して，母親が自分とは別の存在であることを知覚した後に，その母親を求めることを指していう言葉です。つまり，甘えるということは結局母子の分離の事実を心理的に否定するものであるととらえられます。このことから，土居は，「人間存在に本来つきものの分離の事実を否定し，分離の痛みを止揚しようとすること」と定義しています。

しかし，「甘え」は，土居が「さらに成人した後も，新たに人間関係が結ばれる際には少なくともその端緒において必ず甘えが発動しているといえる」としているように，単に乳幼児期の問題ではなく，生涯発達的問題ととらえられます。ジョンソン（Johnson, F. A.）が指摘しているように，「甘え」は生涯を通して見られ，各発達段階における社会文化的文脈に適応的な「甘え」の在り方がそれぞれ存在し，「甘え」欲求は，そのような社会文化的文脈に適合するように処理されることが発達的に問題となってきます。つまり，「甘え」は単に乳幼児的問題ではなく，青年においては，青年期における社会文化的文脈の中での「甘え」欲求の処理が問題となってくるのです。

2 3種の「甘え」

土居は，「甘え」には，「素直な甘え」と「屈折した甘え」が存在すると指摘しています。「素直な甘え」は直接的に「甘え」を表出することですが，「屈折した甘え」は自分の「甘え」が他者に受け入れられないことによって，形を変えて現れるものです。具体的には，「ひねくれる」，「ふてくされる」，「むかつく」などの形で現れるものです。さらに，土居は，「甘えたくとも甘えられない心」の現れとして，「とらわれ」を指摘します。これは甘えることができず

▷1　土居健郎　1971 「甘え」の構造　講談社

▷2　ジョンソン, F. A. 江口重幸・五木田紳（共訳）　1997 「甘え」と依存──精神分析学的・人類学的研究　弘文堂

表10 甘え尺度の項目

項目
●直接的甘え
20. 私は，何事につけ人をたのみにしたいと思う。
12. 私は，何かをするとき人をあてにしたいと思う。
15. 私は，困ったことがあるとき人にすがりたいと思う。
8. 私は，困ったことがあると人に何とかして欲しいと思う。
23. 私は，何事につけ人に後押しをして欲しいと思う。
5. 私は，人に甘えたいと思う。
3. 私は，何事も人にまかせたいと思う。
10. 私は，悲しいことがあったときに人に慰められたいと思う。
18. 私は，悩みがあると人に相談したいと思う。
21. 私は，人に自分のことを言わなくてもわかって欲しいと思う。
●屈折的甘え
19. 私は，物事が自分の思い通りにならないとひねくれる。
4. 私は，ちょっとしたことでもふてくされる。
1. 私は，自分が思った通りにならないとすねる。
24. 私は，物事が自分の思い通りにならないと気がすまない。
11. 私は，物事がうまく行かないとやけくそになる。
25. 私は，ちょっとしたことでくやしいと思う。
17. 私は，嫌なことがあるとむかつく。
13. 私は，ちょっとしたことでもひがむ。
22. 私は，ささいなことで人をうらむ。
●とらわれ
6. 私は，何でもないことにとらわれる。
16. 私は，何でもないことにわだかまりを持つ。
14. 私は，ささいなことでも気を揉む。
7. 私は，いろいろなことに気おくれする。
9. 私は，ちょっとしたことでもこだわる。
2. 私には，「自分がない」と思う。

出所：谷，2000

に，心の奥底で複雑化してしまったもので，この傾向が強いと神経症のような心の病にも関連するとされています。

谷冬彦は，この3種の「甘え」，すなわち「直接的甘え」(「素直な甘え」に対応)，「屈折的甘え」(「屈折した甘え」に対応)，「とらわれ」を測定する質問項目を作成しています。表10の質問項目から考えると，みなさんの「甘え」は，いかがでしょうか。「甘え」は単に他者に依存することだけではなく，むかつく心やとらわれる心の奥底にも「甘え」の心が存在するのです。そのことを自覚することが，青年期発達にとって重要なのです。

青年期においては，子ども時代のような「甘え」はもう許されません。しかし，どの発達期においても「甘え」は重要であり，青年期には，社会的にふさわしい形の「甘え」を他者との関係の中で適切に表出し，やりとりできること，そして親密な関係を結べることが青年期の発達として求められるのです。

（谷　冬彦）

▷3　谷冬彦　2000　青年期における「甘え」の構造　相模女子大学紀要，**63A**，1-8．

研究例

稲垣実果　2013　思春期・青年期における自己愛的甘えの発達的変化——自我同一性との関連から　教育心理学研究，**61**，56-66．

Ⅳ 自己とアイデンティティ

7 対話的自己

1 対話的自己の理論

対話的自己 (the dialogical self) の理論は，ハーマンス (Hermans, H. J. M.) が提唱しました。この理論は，**ジェームズ (James, W.) の自己理論**をバフチン (Bakhtin, M.) の多声性 (multivoicedness) の考え方で発展させたものです。バフチンは，意味は人と人とのあいだ，人と世界とのあいだで生じるが，人は何かに答え，何かに反駁し，何かを確認し，支持を求めており，こうした対話は個人内にも生じると考えました。そこには，それぞれに独立して溶けあうことのない多数の声や意識，十全な価値をもつ声たちの重なり（つまり，ポリフォニー［多声音楽などと訳される］）があるとしました。この理論の目的は，自己への気づきをもたらすしくみを解明することです。実際に，ハーマンスはこの理論をもとに自己対面法 (self-confrontation method) など実践的な技法を開発しており，多くの実践家に支持されています。

自己の世界は，ジェームズがいうように「私」「他者」「（私の）モノ」から構成されます。これらは「今」「ここで」という世界を空間と見立ててそのなかに位置づけることができます。これをポジションといいます。

たとえば，図26のように，まず，自己の世界は，大きく2つの円世界に分けられます。一つは，内部ポジションといい，そこには私だと感じられるさまざまな「私 (I)」が含まれます。たとえば，父親としての「私」，野心的な労働者としての「私」，スポーツの大好きな「私」といったものです。もう一つは，外部ポジションといい，自分自身ではないが自分の一部と感じられるものが含まれます。たとえば，私の「子ども」，私の「同僚」，私の「車」といったものです。

これらの変換されたポジションは，「声」によってつながれています。この関係が対話的関係です。あるポジションにおける「私」は，他のポジションにおける「私」に賛成したり反対したり，理解したり誤解したり，対抗したり否認したり，疑問を発したりあざけったりします。こうして語りの場が生じ，ポジションどうしが結ばれることで意味が生じるのです。意味とはポジションどうしをつなぐ際の主観的な適切

▷1 溝上慎一 2001 大学生固有の意味世界に迫るためのポジション理論 溝上慎一（編）大学生の自己と生き方——大学生固有の意味世界に迫る大学生心理学 ナカニシヤ出版 50-66.

▷2 Hermans, H. J. M., Kempen, H. J. G., & van Loon, R. J. P. 1992 The dialogical self: Beyond individualism and rationalism. *American Psychologist*, **47**, 23-33.

▷3 ジェームズの自己理論
ジェームズは，自我を主我（見る自分）と客我（見られる自分）に分けて，客我には自分に属すると思われるものをすべて含めた。

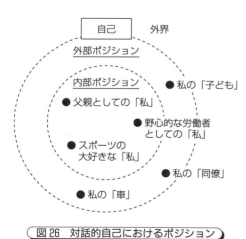

図26 対話的自己におけるポジション

出所：Hermans & Hermans-Jansen, 2001 をもとに溝上，2001 が作成

さの感覚なのです。

たとえば，図27のように，勉強しない「私」は，将来が見えない「私」と結びついています。この結びつきから，この学生の意味の一端がわかります。つまり，将来が見えないのに今何をしたいのか，何をすべきかがわかるはずもなく，その結果，勉強もする気がないのだと思われます。さらに結びつきをたどっていくと，将来を期待する私の「両親」が現れてきます。親の期待が自分の価値観とずれていて反発していたり，親の期待が重すぎて結果として将来が考えられないかもしれないのです。このように勉強する気がない「私」の意味の構造が，それに結びついている他のポジションとの関係によって見えてくるのです。

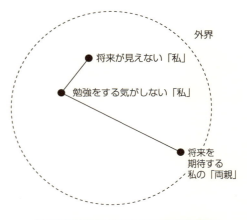

図27　ポジション・ワールドの世界

出所：溝上，2004を一部改変した

2　対話的自己の理論にもとづく研究例

溝上慎一は，大学生の学び支援を計画するためには，大学生固有の文脈に迫る必要があり，そのためには大学生の学びをめぐる意味の構造を明らかにするべきだとして，対話的自己の理論を導入しています。医学生1年のO君の事例で具体的に考えてみましょう。

O君は医師になろうと医学部に入り，講義にたくさん出て一生懸命勉強しようと考えていました。1年では医学部の専門の授業は一つもないばかりか，教養科目はおもしろくなく，かといって何をするのでもなく，何もせず漠然として過ごしていました。O君は学び支援プロジェクトが企画する授業に出て，学生にアンケート調査をしたところ，ほとんどの学生が教養科目に不満を感じており，不満は自分だけではないことがわかりました。しかも，ほとんどの学生は諦めており，結局は何もしていませんでした。この結果を議論するなかで，大学や教授の側の問題は当然あるにしても，学生の態度にも改善の余地があることが知らされます。たとえば，履修時にサークルの先輩から「楽勝科目」を教えられ，そのまま受講したのですが，行ってみると同じように集まった学生でマスプロ化しており，講義がおもしろくないという結果になりました。おもしろい講義を探す努力を怠った自分をまず反省しなければならないと，O君は考えさせられたのでした。

これを対話的自己の理論から読み解くと以下のようになります。O君はアンケート調査をすることで，他の学生が「他者」としてO君の自己の世界に位置づきました。当初は，他の学生に同一化してはいけないと思いつつも，「私」の本質の主張はできていませんでした。自己のなかの「他者」が「私」に批判し反発するという対話的関係のなかで，O君は探す努力を怠った自分を反省し，これからは努力しようという未来の展望を手に入れたのです。

（白井利明）

▷4　Hermans, H. J. M., & Hermans-Jansen, E. 2003 The dialogical processes and the development of the self. In J. Valsiner & K. J. Connolly (Eds.) *Handbook of developmental psychology*. London: Sage, 534-559.

▷5　溝上慎一 2004 学び支援プロジェクトの背景——内面世界における学業の意味構造　溝上慎一（編）　大学生の学びを支援する大学教育　東信堂　4-19.

▷6　溝上慎一 2003 学び支援プロジェクトで見られる自己への気づき現象——自他の往復運動と物語作成の推進力　京都大学高等教育研究，9，75-98.

参考文献

ハーマンス, H.・ケンペン, H.　溝上慎一・水間玲子・森岡正芳（訳）2006　対話的自己——デカルト／ジェームズ／ミードを超えて　新曜社

Ⅳ 自己とアイデンティティ

独立的自己と相互協調的自己

1 文化的自己観

　私たちが人との関係を築いていく時，自分自身をどう理解しているかということは大変重要な意味をもってきます。自分をどう捉えるかは，他者をどうとらえるかと裏腹ですし，さらに自他の関係をどのように理解するかという問題につながっているからです。自分という人間に対する基本的なとらえ方のことを「自己概念」(self-concept) あるいは「自己観」(view of self) といいます。青年期はこの「自己観」が明瞭に内省されたイメージとして確立する時期と考えられます。私たちがどのような自己観をもつかについては，もちろん個人差が大きいわけですが，これは単なる個人差の問題ではなく，実はその個人が属する文化の特質が自己のあり方に深く関わっていることが知られています。このように自分自身についてのイメージが文化という大きな歴史的・社会的枠組みによって規定されていることを「文化的自己観」といいます。

マーカスと北山の理論

　マーカスと北山は，アメリカ人と日本人における自己のとらえ方を比較検討し，「相互独立的自己観」(independent view of self) と「相互協調的自己観」(interdependent view of self) という文化的自己観の2つのモデルを提唱しています。相互独立的自己観は，アメリカはじめ欧米諸国（西欧文化）において広く見られる自己の捉え方で，自己は他者とは明確に区別された自立的主体として理解されます。ここでは自己はあくまでも「個人」として意識されるため，自己の発達課題としては自律性，独自性，創造性などが強調されることになります。端的にいえば，個人主義的文化における自己観ということになります。これに対して，相互協調的自己観は，日本をはじめ多くの非西洋諸国で典型的に見られる自己の捉え方だとされます。その特徴は，自己を関係的に捉えるという点にあります。つまり自分という人間はそれ自体独立した主体というより，対人関係という社会的文脈に埋め込まれ，その対人的文脈の一部をなす項として他者と相関的に捉えられるということです。こうした相互協調的自己観においては，発達的方向性として，どちらかといえば自己の独立よりは協調，独自性よりは仲間との共通性，自律性よりは相互依存性が強調される傾向にあります。

▷1 Markus, H. R. & Kitayama, S. 1991 Culture and the self : Implications for cognition, emotion and motivation. *Psychological Review,* **98**, 224-253.

3 日本人の自己

　日本人の自己の特徴については，これまで日本人論と呼ばれるテーマ領域においてさまざまな興味深い研究が行なわれてきました。ルース・ベネディクトの『菊と刀』をはじめ，土居健郎の『甘えの構造』，木村敏の『人と人との間』，濱口恵俊の『間人主義の社会 日本』など一連の日本人論の系譜において，日本人が一般に（とくに欧米人と比べて）自我の独立性に弱く相互依存的であること，強い関係志向性をもつこと，個人プレーよりも集団の和を重んずることなどが共通して指摘されてきましたが，これらの特徴はまさにマーカスと北山のいう「相互協調的自己観」のあり方を指し示しているといえるでしょう。こうした関係志向性，相互依存性は，主語をはっきり言わない日本語の言語構造や，恥や世間体を重んずる日本人の対人行動などにも現れています。

4 日本的自己かアジア的自己か

　問題は，こうした特徴が，どこまで日本人に独自のものであるかです。マーカスと北山の「文化的自己観」は，たしかに日米の文化比較がきっかけとなって生み出された理論ですが，それは自己と文化との関わりを示すより一般的な図式として理解されるものです。ですから，これまで主として欧米人との比較の中で語られてきた日本人の自己の特徴とされるものが，実は，「相互協調的自己観」の特徴として，非西洋諸国の多くの地域，たとえばアジア諸国に広く見られる共通の現象かもしれないわけです。その意味で，従来の日本人論において指摘されている「日本的なもの」が本当に日本文化あるいは日本人に独自のものであるかどうかについては疑問があります。

▷2　文化比較研究の問題点として，サンプルの代表性や尺度の等価性とならんで，その研究で得られた結果がどの程度まで一般化可能かという問題がある。

5 問題点と課題

　「相互独立的自己観」と「相互協調的自己観」という定式はたしかに明快で分かりやすいため，発表以来，広く引用され，有名な理論となりました。しかし世界にさまざまな文化が存在する中で，それぞれの文化に特徴的な自己のあり方を，この2つの類型にまとめてしまえるのかどうかという疑問が残ります。これは文化と心との関係を論じる際に，とかく「個人主義文化」（欧米）と「集団主義文化」（非欧米）という二分法に陥りがちであることへの批判とも関連しています。「文化的自己観」を，世界に存在する文化的多様性を考慮に入れてより精緻で多次元的なものへと洗練させてゆくことは，今後の重要な研究課題といえます。またグローバル化にともなう多文化共生状況において，相互独立的自己観の持ち主と相互協調的自己観の持ち主とが出会った場合，どのような問題が生じやすいか，そしてそれを解決してゆくにはどうしたらよいかを国際理解という観点から考察してゆく必要があるでしょう。

（小林　亮）

参考文献

柏木惠子・北山忍・東洋（編）　1997　文化心理学——理論と実証　東京大学出版会

増田貴彦・山岸俊男　2010　文化心理学——心がつくる文化，文化がつくる心（上）（下）　培風館

Ⅳ 自己とアイデンティティ

9 青年期の自己形成支援のポイント

1 「個」－「関係」の葛藤

　自己形成の問題を考えるにあたっては，「『個』としての自己」と「『関係』の中での自己」の両者を考慮に入れる必要があります。「個」としての自己とは，自分自身としての独自性をもった自己のことであり，「関係」の中の自己とは，他者との関係や集団の中で定位される自己のことです。アイデンティティの形成とは，まさにこの2つの自己を統合することにあるといえるでしょう。

　しかし，この2つの自己は，対立的になることがあります。自分独自の自己である「『個』としての自己」は，他者との関係や集団内の関係によって左右される「『関係』の中での自己」と矛盾する場合があるのです。とくに，関係性を重視する**相互協調的自己観**を前提とするとされる日本の社会文化的環境においては，「『個』としての自己」を形成しようとすることは，関係性の否定という意味をもつことがあるために，「『関係』の中での自己」との間で葛藤を起こしやすいのです。谷冬彦は，このような相互協調的自己観を前提とする日本の社会文化的環境の中で，アイデンティティ危機において生じると考えられる「個」としての自己と「関係」の中での自己との間の葛藤を「『個』－『関係』の葛藤」として概念化しました。そして，この「『個』－『関係』の葛藤」は，対人恐怖症のような心性，すなわち対人恐怖的心性を引き起こすものであることを明らかにしました。対人恐怖症は，日本特有の神経症といわれ，笠原嘉によれば「他人と同席する場面で，不当に強い不安と精神的緊張が生じ，そのため他人に軽蔑されるのではないか，他人に不快な感じを与えるのではないか，いやがられるのではないかと案じ，対人関係からできるだけ身を退こうとする神経症の一型」と定義されます。しかし，健常な青年でも一過的にこれに似た心性をもつことが多く指摘されており，これを対人恐怖的心性といいます。谷は，「『個』－『関係』の葛藤」が伴う日本人青年のアイデンティティ危機において，この対人恐怖的心性を感じることを明らかにしています。

　したがって，青年の自己形成支援のポイントは，「個」としての自己と「関係」の中の自己の統合を促すようなアプローチにあるといえるでしょう。そしてこのことが青年の自己形成にとって重要なテーマであるアイデンティティ形成の支援につながるものなのです。

▷1　相互協調的自己観
文化心理学においては，ある文化において共有されている自己に関する暗黙の見解を「文化的自己観」と呼び，これは相互独立的自己観と相互協調的自己観に大きく分けられる。相互協調的自己観とは，相互協調関係の維持を重視し，他者との関係が自己を定義するような自己についての見解であり，日本をはじめとするアジア文化の多くにみられるとされる。

▷2　谷冬彦　1997　青年期における自我同一性と対人恐怖的心性　教育心理学研究，**45**，254-262.

▷3　笠原嘉　1993　対人恐怖　加藤正明ほか（編）新版精神医学事典　弘文堂　515.

2 アイデンティティ形成支援への基本的視点

○「個」としての自己と「関係」の中の自己の間で

　森岡正芳は，アイデンティティ形成支援の基本的視点として，いくつかのポイントを指摘しています。森岡は，先述した「個」としての自己と「関係」の中の自己のどちらに傾斜しているかによって，実際の支援の見立てが違ってくるとしています。「個」としての自己に偏っている場合には，凝り固まった自己を揺さぶる方向を検討することがポイントとなります。つまり，この場合，失われている場への交流を促し，その場に応じて生き生きとした自己に作り変えてゆくような支援が必要とされます。それに対して，「関係」の中の自己に傾斜している場合には，自己の変容が場当たり的でまとまりを欠くため，「個」としての自己を支える恒常性を維持するような支援がポイントとなります。すなわち，この場合には，自己が場によって変化してしまい，一貫した自己というものが持ちにくくなっているため，自分らしさの核をつくるような働きかけが必要となるのです。

○私と私をつなぐ

　また森岡は，時間的な軸の中で「私と私をつなぐ」という作業が，アイデンティティ形成の基本的な支援のポイントであるとしています。これは，自分の身にこれまで生じた出来事が体験として自己に内面化され，心におさまることへの支援で，将来の自己の姿が明確に描けるような「時間イメージ」を持つことが目標となります。具体的には，まず過去の自分の姿を整理させ，未来の自己イメージを明確に語れるような関係づくりをすることが必要となります。この過程で，情緒の不安定さや自己の一貫性のなさがあらわれることもありますが，それは本人が自己探索の途上にあるためだという接し方や環境づくりが必要です。何になろうとしているのかまだ輪郭ははっきりしないが，本人は転機，移行期間にあるのであり，支援をする者は，その移行期間に同行していくような感覚で本人と関わることが重要なのです。

○「自分らしさ」の回復

　さらに森岡は，社会的役割と自己の不一致というアイデンティティの心理社会的側面における困難性を本人が抱える場合の支援についても指摘しています。この支援の過程では，最終的には，生き方の「平均値」といったものに惑わされずに，その人の「自分らしさ」を見出せることが支援の目標となります。この際，本人が現実の社会的関係に入っていけるように，現実の中での具体的な出会いへと促す役割を支援者が果たすことが，アイデンティティ形成支援における重要なポイントとなります。いずれにせよ，アイデンティティ形成支援は，さまざまなアプローチがあるものの，本人の「私らしさの回復」を目指すものといえるでしょう。

（谷　冬彦）

▶4　森岡正芳　2004　アイデンティティのサポートへの基本的視点　谷冬彦・宮下一博（編著）さまよえる青少年の心──アイデンティティの病理　発達臨床心理学的考察　北大路書房　74-79.

V　家族と友人

1　青年期の親子関係の特徴

1　心理的離乳―依存と自立の葛藤

青年期の親子関係の特徴として最も代表的なものの一つとしては「依存と自立の葛藤」が挙げられます。古くはホリングワース（Hollingworth, L. S.）が「**心理的離乳**（psychological weaning）」という言葉によって児童期から青年期にかけての子どもの心理的自立を説明しています。心理的離乳とは青年の心に生じる「家族の監督から離れ，一人の独立した人間になろうとする衝動」です。青年は主に両親の価値観に基づいた躾を通して培ってきた児童期までの古い習慣を捨て去り，自らの意思で選択した新しい習慣を獲得しようとします。しかし，親からの完全な自立はそう容易ではありません。一人ですべてのことを意思決定し，自分で行動の責任をとることはまだ青年にはできません。そのため，まだ親に依存していたいという気持ちと自立したい欲求との間に葛藤が生じる傾向があります。

また，青年の心理的自立は多面的に理解する必要があります。ホフマン（Hoffman, J.）は表11に示される4つの異なった心理的自立の側面を記述しました。これらの4つの側面は互いに関連していますが，必ずしも同時に進行するものではありません。たとえば，日常生活においては親の援助を必要としていない人，すなわち機能的自立を果たしている人が子ども時代の親に対する不満感や怒りなどを潜在的に持ち続け，葛藤的自立を果たしていないということもあるでしょう。

2　反　抗

「**第2反抗期**」という言葉も一般によく知られた青年期の親子関係の特徴です。反抗は青年が親の権威に従う他律的態度から自律的態度へと向かおうとする自我の成長の証しであると見なされてきました。

しかし，親の子どもに対する養育態度には個人差があります。権威主義的な親の態度と民主的な子どもの意思を尊重する親の態度とでは，おのずと子どもの反応も異な

▷1　Hollingworth, L. S. 1928 *The psychology of the adolescent.* D. Appleton-Century Company.

▷2　心理的離乳
心理的離乳に関するわが国の研究者によるモデルとしては次の2つの文献が参考になる。
西平直喜　1990　成人になること――生育史心理学から　東京大学出版会
落合良行・佐藤有耕　1996　親子関係の変化からみた心理的離乳　教育心理学研究，**44**，11-22．

▷3　Hoffman, J. 1984 Psychological separation of late adolescents from their parents. *Journal of Counseling Psychology,* **31**, 170-178.

表11　青年期における自立の4つの側面

1. 機能的自立　functional independence
   両親の援助なしに個人的で実際的な問題を管理し，それに向かうことのできる能力
2. 態度的自立　attitudinal independence
   青年と両親との間の態度や価値，信念などに関する分化
3. 感情的自立　emotional independence
   両親からの承認，親密さ，一緒にいたい気持ち，感情的なサポートなどの欲求に過度にとらわれていないこと
4. 葛藤的自立　conflictual independence
   両親との関係のなかで過度の罪悪感，不安，不信，責任感，抑制，憤り，怒りの感情を抱いていないこと

出所：Hoffman，1984に基づき作成

ると考えられます。反抗は子どもの側だけの問題として理解するのではなく，親子の関係性，あるいは両親の夫婦関係やきょうだい関係などを含めた家族全体の関係性のなかでその行動の意味を理解する必要があります。

❸ 親子関係の発達プロセス

　青年期の親子関係のあり方は，青年期を通じて連続しているのではなく，変容していくものであるとみなされています。たとえば，ホワイトら（White, K. M., Speisman, J. C., & Costos, D.）[5]は，青年期から初期成人期までの両親との関係の発達プロセスを大きく6つの段階に分けています。初期の段階においては，青年が両親から分離した自己を強調し，両親を批判する態度が顕著ですが，やがて，子どもは両親との関係において自分が何らかの形で寄与しているという視点や，続いて両親の立場に身を置き，両親の目で物事を見るようになる視点が獲得されます。そして，両親が自分をひとりの個人としてどのように眺めているかということについて明確なイメージをもつようになります。他方，両親も子どもが親に対してアドバイスやケアができ，自分自身の意見をもっている存在であることを理解するようになります。そして，最終段階では互いに個別の人間としてみなしはじめ，仲間のような相互性（mutuality）を示す段階に至るとされています。

　ホフマンらの研究以外にもさまざまな親子関係の発達プロセスのモデルがありますが，青年と親が共に相互調整的な態度変容を示し，青年期前期には分離が強調され，後期では再び親密な結びつきを取り戻すことを多くの研究が指摘しています。

❹ 分離と結合のバランス

　心理的離乳や自立・自律，反抗などの概念は，青年が心理的に親離れすることの重要性を強調しています。しかし，心理的分離については，青年の健康な発達の指標として理解できるものだけではなく，情緒的問題を伴った不適応状態における指標として理解できるものも含まれており，両者を区別する必要が唱えられてきています。

　さらに，今日の青年研究では青年－両親関係における愛着や親密性など結びつきの側面も重要であり，結びつきがベースにある関係性の元で青年の健康な心理的自立が促進されるという知見も出されています。たとえば，親子のコミュニケーションにおいては，青年が親に対して自己主張や反対意見を率直に表明できることが大切ですが，同時に親の見解に対する配慮や傾聴する姿勢も健康な青年の特徴とみなされています。このように青年と親との関係においては，分離と結合のバランスが大切であると言われています。

（平石賢二）

▷ 4　第2反抗期
第2反抗期を関係性の視点でとらえる文献としては次のものが参考になる。
　白井利明　1997　青年心理学の観点からみた「第二反抗期」　心理科学, 19, 9-24.
　平石賢二　2011　思春期の反抗がもつ意味――反抗する子としない子　児童心理, 65, 81-86.

▷ 5　White, K. M., Speisman, J. C., & Costos, D. 1983 Young adults and their parents: Individuation to mutuality. In H. D. Grotevant & C. R. Cooper (Eds.), *Adolescent development in the family. New Directions for Child Development,* **22,** Jossey-Bass, 61-76.

参考文献
　平石賢二　1995　青年期の異世代関係――相互性の視点から　落合良行・楠見孝（編）　講座生涯発達心理学第4巻　自己への問い直し――青年期　金子書房　125-154.
　平石賢二　2014　親子関係　後藤宗理・二宮克美・高木秀明・大野久・白井利明・平石賢二・佐藤有耕・若松養亮（編）　新・青年心理学ハンドブック　福村出版　304-314.

Ⅴ 家族と友人

現代青年の親子関係は変わったか

1 現代青年の親子関係の特徴

　現代青年の親子関係の特徴に関する指摘の多くは，子どもの親からの「自立」，言い換えれば「親離れと子離れ」をめぐる問題に焦点があてられています。たとえば，山田は学校生活を終え，社会人になりながらも親元から離れようとはせず，住まいや食事，その他日常生活の面で親に依存し続ける若者を「パラサイト・シングル」と呼び，この言葉はまたたく間に一般大衆に広まりました。また，親子の結びつきの強さを強調した造語として「一卵性母娘」という言葉もあります。

　そして，青年期後期から成人期への移行における課題としては，職業決定や就労が大切なテーマになりますが，今日ではフリーターやニートの増加が深刻なものとしてとらえられています。これも青年の親からの自立に関連したテーマです。

　深谷は中学生に対する質問紙調査の結果，母子関係が中心ではあるが家族の間で良好なコミュニケーションが保たれていること，総じて親子関係はうまくいっている中学生が多く，第2反抗期的な険悪な親子関係ではなく，仲のよい親子の姿がみえてくると述べています。しかし，深谷はこの良好な親子関係に対してむしろ否定的な評価をしています。第2反抗期的な危機の消滅は子どもが自立のステップを踏んでいないことの表れであり，子どものパラサイト化傾向に拍車がかかるのではないかと危惧しています。ぬるま湯にも似た親子関係の居心地のよさは，そこから脱出すること，すなわち親元からの自立への意欲をスポイルしてしまうのではないかと述べています。

2 現代青年の親子関係の背景にあるもの

　現代青年が自立できず依存期が長期化している背景としては実に様々な要因が指摘されています。宮本・岩上・山田は，親の子どもに対する投資期間の長期化と投資量の増大を挙げています。「親の愛情のあかし」という名のもとに親から子への一方的な援助が拡大し，子どもの役割や責任については問われない関係に陥っているために，親は子どもに自立した大人として生きていく力を与えることができていないのではないかと指摘しています。また，「子どものために」という長期的な援助が可能になっている背景には，「子どものために

▷1　山田昌弘　1999　パラサイト・シングルの時代　筑摩書房

▷2　さらだたまこ　1998　パラサイト・シングル　WAVE出版

▷3　ニート
ニート（Not in Employment, Education or Training）とは「職に就いておらず，学校教育機関にも所属しない，就労に向けた職業訓練にも参加していない15歳から34歳までの若者」を指しているが，社会問題になったイギリスの労働政策のなかで使用され始めた言葉である。

▷4　深谷昌志（監修）2004　中学生にとっての家族──依存と自立の間で　モノグラフ・中学生の世界 **77**　ベネッセ未来教育センター

▷5　深谷昌志（監修）2005　モノグラフにみる中学生のすがた　モノグラフ・中学生の世界　特別号　ベネッセ未来教育センター

▷6　宮本みち子・岩上真珠・山田昌弘　1997　未婚化社会の親子関係──お金と愛情にみる家族のゆくえ　有斐閣

表12 青年－両親関係に関する古いモデルと新しいモデル

古いモデル	新しいモデル
親からの分離，自律 親と仲間の世界は隔たっている 青年期を通じて強く，ストレスフルな葛藤がある 親子関係は疾風怒濤に満ちている	愛着と自律 両親は重要なサポートシステムであり愛着の対象である 青年－両親関係と青年－仲間関係には重要なつながりがある 適度な親子間の葛藤が一般的であり，それが肯定的な発達を機能させる 親子間の葛藤は青年期初期により大きくなる

出所：Santrock, 2012 に基づき作成

すること」が親のアイデンティティになり，他に生きがいが見つからないという心理的条件と，親に経済的余裕ができたという経済的条件の2つが揃ったことを挙げています。

その他，高学歴化，少子化，非婚化・晩婚化，親の長寿化と親側の親子同居願望，若者のリッチ生活指向と住宅事情（住居取得の困難さ）などが親子双方に相互依存関係を求める気持ちを抱かせていると指摘されています。

3 青年－両親関係に関する古いモデルと新しいモデル

日本において自立できない青年像が議論される一方で，海外の青年心理学においては，青年期の親子関係の特徴に関する見方が修正されてきています。表12はサントロック（Santrock, J. W.）が近年の研究の動向を踏まえて整理したものです。

古いモデルとは，青年の親に対する心理的分離や反抗，親子間の葛藤，ジェネレーションギャップが青年期の親子関係の特徴であるとする見解です。これは20世紀初頭から1960年代くらいまでに主流であった青年期を疾風怒濤の時期とみなす伝統的な青年期危機説の立場によるものです。

他方，新しいモデルでは，青年の自立や自律も重視しますが，それに加えて，愛着や結びつきの重要性も指摘しています。これは，①青年の親子関係に見られる葛藤の多くは，日常生活における些細な出来事において現れており深刻なものではないこと，②青年の親に対する反抗や葛藤のなかには健全な発達や適応の観点からは必ずしも適切でないものが混在していること，③愛着や親密性は児童期までの親子関係に限らず，青年期においても依然として重要な意味をもっていること，などの研究知見によって支持されてきている最近の見解です。

親子間における反抗，葛藤あるいは親密性は，その存在の有無の是非について議論するよりも，内容の質を丁寧に吟味，区別しながら，それが生涯発達的な観点から親子双方にどのような意味があるのか検討する必要があると思われます。社会的に問題視されやすい現象を過剰に一般化し，すべての青年と親の特徴としてみなさないように気をつける必要があります。　（平石賢二）

▷7 Santrock, J. W. 2012 *Adolescence 14th edition.* McGraw-Hill.

Ⅴ 家族と友人

親の養育態度と青年の育ち

1 養育態度のタイプと子どもに与える影響

▷1 Baumrind, D. 1991 Parenting styles and adolescent development. In R. M. Lerner, A. C. Petersen, & J. Brooks-Gunn (Eds.), *Encyclopedia of Adolescence*, Vol.Ⅱ, Garland Publishing.

▷2 Maccoby, E. E., & Martin, J. A. 1983 Socialization in the context of the family. Parent-child interaction. In E. M. Hetherington (Ed.), P. H. Mussen (Series Ed.), *Handbook of child psychology : Vol. 4. Socialization, personality, and social development*. Wiley, 1-101.

バウムリンド（Baumrind, D.）は，幼児期から青年期までの子どもに対する親の養育態度は，要求性（demandings）と応答性（responsiveness）の2つの次元によって構成されるとしています。表13はこの2つの次元の高低によって類型化された親の養育態度のタイプです。バウムリンドは要求性と応答性が共に高い「権威ある親の態度（authoritative parent）」が子どもの有能感の形成に強く関与していることを示唆しています。権威ある態度とは，親が子どもに対して自らの価値観に基づいた行動の指針を示し，要求もしますが，同時に，子ども自身の自己主張や要求に対しても応答的で，それを支持，尊重している態度です。他方で応答性の低い要求的な態度は，「権威主義的な態度（authoritarian parents）」として区別され，子どもに従順さを強いる権威指向的な態度とされています。このような態度は，とりわけ自我の成長著しい青年期前期の子どもにとっては，独断的，干渉的で自分たちの心を認めてくれていない大人として見られ，生きる力を与えてくれる重要な他者や理想化の対象として彼らに受け入れられることは期待できません。

次に要求性が低い態度には，甘やかしの親（permissive or nondirective parents）と放任的な親（rejecting-neglecting or disengaged parents）のタイプがあります。甘やかしは応答性は高いが要求性が低い態度です。一見，寛大で子どもの欲求に応えようとする肯定的な態度とみなされそうですが，実際は親に自信がなく子どもに毅然とした態度で接することができない場合が多く見られます。そして，そのような態度の元では子どもも自分の欲求や衝動を統制できず結果的に親への依存が長引くことになります。最後に放任は要求性も応答性も共に低い態度です。これは親の子どもに対する無関心，拒否，ネグレクトなどがあてはまります。

また，バウムリンドは，養育態度と青年の有能感，自律性，向社会性，問題行動との関連を検討し，権威ある親の子どもが最も発達的に望ましい特徴を有していることを明らかにしています。そして，青年の心理社会的発達は指示的でおせっかいか，あるいは無関心な態度によっ

表13 親の養育態度の類型

応答性		高い 受容的・応答的・子ども中心	低い 拒否的・無反応・親中心
要求・統制	高い	権威ある相互的な態度 双方向のコミュニケーション	権威主義的な態度 権力の行使
	低い	甘やかし	放任・無視・無関心

出所：Maccoby & Martin, 1983 に基づき作成

て抑制され，逆に，互恵的で（reciprocal）バランスのとれた相互作用によって促進されると述べています。

日本における親の養育態度の研究としては，親子関係診断尺度を開発した辻岡らの研究が有名です。彼らは親の子どもに対する養育態度の構造を詳細に検討し，情緒的支持，同一化，統制，自律性の4つの因子を抽出しています。また，これらの4つの因子は自律性対統制と受容（情緒的支持と同一化）の第2次因子に集約されており，バウムリンドの提唱した要求性と応答性の2次元に類似した構造が見出されています。

▷3 辻岡美延・小高恵 1994 小・中・高校生における親子関係の認知構造の発達 関西大学社会学部紀要，26, 65-84.

2 養育態度の個人差はどこからくるのか

養育態度も態度一般と同様に，認知・感情・行動の3つの要素でとらえることが可能です。認知レベルでは親の価値観，理想や期待，信念，子育てや発達に対する知識などが関係しています。感情レベルでは子どもに対する感情と同時に親自身の心身の健康さに影響を受けている感情統制のあり方や，情緒的安定さなどが関係しています。そして，行動レベルは技術的な側面であり，効果的な子育てのための行動のレパートリーが備わっているかどうかが関係していると考えられます。これらの側面は相互に関連したプロセスのなかで理解する必要があります。

また，養育態度は子育てにおける限定された態度ではなく，「他者に対する支配性対服従性」や「特性不安」のような状況に依存しないパーソナリティ特性によって影響を受けているものとしても考えることができます。

さらに，親の養育態度は親個人の心理的問題という以上に親子を取り巻いている様々な文脈のなかで理解する必要もあります。たとえば，子どもの側の育てやすさに関わる要因（気質，心身の発達上の問題など），親の夫婦関係，祖父母との関係，家族全体の心理力動，家族の経済状況，親の職業，ストレスイベント，近隣との関係，地域や学校の風土（要求や期待などを含む）など多くの要因の影響を受けている可能性があります。

以上のような諸要因が背景にあり，親の養育態度に個人差が生じています。

▷4 久世敏雄・平石賢二 1992 青年期の親子関係研究の展望 名古屋大学教育学部紀要 教育心理学科，39, 77-88.

3 養育態度は変わらないのか：共変関係

親の養育態度は様々な要因に規定されているとはいえ，先に述べたようなパーソナリティ特性の安定性を考慮すれば一定の連続性を想定することができると思われます。しかし，青年期の子どもは心身の急激な成長を経験し，親に対する態度を変化させていきます。他方，親も子どもの変化を認識し，相互調整的に子どもに対する態度を変化させていくことが指摘されています。青年期の親子関係の変容過程は，一方向的な権威の型から相互性へと再交渉されていくものであると理解できます（久世・平石を参照）。　　　　　（平石賢二）

(参考文献)
渡邉賢二 2013 思春期の母親の養育態度と子育て支援——母親の養育スキルとは ナカニシヤ出版
平石賢二 2014 親子関係 後藤宗理・二宮克美・高木秀明・大野久・白井利明・平石賢二・佐藤有耕・若松養亮（編）新・青年心理学ハンドブック 福村出版 304-314.

V 家族と友人

 家族システムとコミュニケーション

 家族システムとは

　人の心には様々な機能がありますが，それを切り離して個々に分析するのではなく個人を全体としてとらえる（person as a whole）という考え方があります。同様に家族を個々のメンバーの単なる総和としてではなく，家族を全体としてとらえ（family as a whole）ひとつのまとまりのあるシステムあるいは有機体としてみなす見方があります。これが家族システム論の基本的な考えです。

　家族関係は夫婦関係，親子関係，きょうだい関係などのようにメンバー間の関係を二者関係の単位で切り取って理解することも可能ですが，システム全体のなかでその関係（サブシステム）を位置づけ，その意味を理解することが重視されます。例えば，家族療法では，ある問題を抱えた患者（例えば，不登校に陥っている子どもなど）をIP（患者とされている人 Identified Patient）と呼びます。そして，その個人が抱えている問題の原因を個人だけに帰属するのではなく，家族全体の心理力動における問題の現れとして理解するのです。

 健康な家族システムの特徴

　オルソン（Olson, D. H.）ら[1]は，家族関係を形成している3つの機能的次元を唱えています。1つめは凝集性（cohesion）で，家族メンバーの互いの情緒的なつながりや心理的な距離の近さを表しています。2つめは適応性（adaptability）です。これは，何か危機的な状況や家族メンバーの成長に伴う変化などに対して，家族内の勢力構造や役割関係などを柔軟に変化させる能力を表しています。親子の上下関係が硬直化せず，子どもの意見が反映されること，家庭の決まりも状況に応じて変えられること，家事の役割分担などが必要に応じて変えられることなどがこれにあてはまります。3つめは，コミュニケーションです。コミュニケーションは家族内で凝集性と適応性をうまく機能させるために重要となるもので，コミュニケーション技法，表現の自由，話題の一貫性，互いの尊敬と信頼などの要素が含まれます。オルソンは凝集性と適応性が適度なレベルでバランスよく機能している家族が健康な家族であるとしています。

　要するに適度な情緒的結びつきと距離を保ち，状況に応じて家族が望ましい状態に変化する能力を持つことが健康な家族の条件といえます。そのためにお互いが良好なコミュニケーションをとれることが大切なのです。

[1] Olson, D. H., Sprenkle, D. H., & Russell, C. S. 1979 Circumplex model of marital and family systems: I. Cohesion and adaptability dimensions, family types, and clinical applications. *Family Process*, **18**, 3-29.

表14　家族コミュニケーションの2つの次元とその指標

独自性　individuality
- 自己主張 self-assertion：自分の意見をはっきりと伝える責任
    例）行き先やそこでの行動についての直接的な提案
- 分離 separateness：自分と他の人との意見の違いの表明
    例）他の人の提案に対して直接的・間接的に反対意見を表明

結合性　connectedness
- 滲透性 permeability：他の人の意見に対する応答性
    例）他の人の提案に対して同意する，他の人に意見を求めたり質問をする，他の人の意見を受けとめる
- 相互性 mutuality：他の人の意見に対する感受性や敬意
    例）行き先やそこでの行動についての他の人を配慮した間接的な提案，対立する意見に対する妥協案や歩み寄りの発言，他の人の考えや感情を述べる

出所：Cooper, Grotevant, & Condon, 1983に基づいて作成

3　家族システムの類型

　家族システムのパターンには幾つかの類型が指摘されています。たとえば，亀口は臨床心理学的見地から，家族システムを8つに類型化しています。健康な家族システムは「均衡型」と呼ばれ，家族成員間の心理的距離が適度に保たれており，親子の世代間の境界が明確にあるパターンです。他方，問題を抱えている家族システムの類型には，「父親孤立型」，「世代断絶型」，「離散型」，「密着型」，「分裂型」などがあげられています。

▷2　亀口憲治　1992　家族システムの心理学──〈境界膜〉の視点から家族を理解する　北大路書房

4　青年の心を育む親子のコミュニケーション

　クーパー（Cooper, C. R.）とグローテヴァント（Grotevant, H. D.）らは，青年のアイデンティティ探求や視点取得能力を育む親子関係におけるコミュニケーションの特徴について研究しました。彼らは親子で家族旅行の計画を立てるという集団で意思決定する課題を呈示し，そこで展開される親子の発話を分析しました。表14は彼らが明らかにした発話の機能の基本的な2つの次元とその行動指標です。まず，「自己主張」と「分離」は，自分自身の意見をはっきりともち，それを示すことができるということを表しており，これは個人の「独自性（または個別性）」を示すものとみなされています。続いて，「滲透性」と「相互性」は，他の人に対する応答や配慮，敬意といった，他者との「結合性」を示すものです。

　クーパーらはアイデンティティ探求や視点取得能力において健全な心理社会的発達の特徴を示す青年の親子間コミュニケーションの特徴は，この独自性と結合性の側面がバランスよく表明されていることだと述べています。とりわけ親のあり方としては，子どもの発言に対する配慮や敬意が失われず，結びつきが維持された状態のもとで，互いが自分を個別で独自な存在として感じており，それを自由に表現し合っているのが特徴だとしています。　　　　（平石賢二）

▷3　Cooper, C. R., Grotevant, H. D., & Condon, S. M. 1983 Individuality and connectedness in the family as a context for adolescent identity formation and role-taking skill. In H. D. Grotevant & C. R. Cooper (Eds.), *Adolescent Development in the Family*, New Direction for Child Development, **22**, Jossey-Bass, 43-59.

▷4　平石賢二　2007　青年期の親子間コミュニケーション　ナカニシヤ出版

Ⅴ 家族と友人

青年期の友人関係の特徴

1 青年期の友人関係の意義

　青年期は，一生の友が出来る時代だといわれています。友人関係はこの時期の若者にとって，何より大事な人間関係だと考えられています。では，なぜ，青年期にそれだけ友人関係が重視されるのでしょう？　青年期の友人関係については多くの研究者が注目し，その意義について述べています。

　岡田は，これについて以下のようにまとめています。1）青年自身が両親など大人の生活や規範に疑問を持ちはじめ，自分なりのあり方を模索する時期であり，そのため両親よりも同世代の人間のいうことに共鳴できるようになってくること，2）身体的成熟と精神的未熟のアンバランスから情緒状態が不安定になりやすく，友人との深い情緒的関係は，不安定さから立ち直る意味で重要な役割を果たすこと，3）緊密な友人関係をもつことは，両親からの心理的離乳，自立を促す，などです。

　宮下は，青年期の友人の意義として，1）自分の不安や悩みをうちあけることによって情緒的な安定感・安心感を得る（「自分だけではない」という気持ちをもてる）。2）自己を客観的に見つめる：友人関係を通して自分の長所・短所に気づき内省する。3）人間関係が学べる。楽しいことうれしいことだけでなく，傷つき，傷つけられる経験を通して，人間としてよいこと，悪いこと，思いやりや配慮を学ぶ，などをあげています。

2 友人関係の機能

　松井は青年期の友人関係が若者の社会化に果たす役割として，1）緊張や不安，孤独などの否定的感情を緩和・解消する存在としての「安定化機能」，2）対人関係場面での適切な行動を学習する機会となる「社会的スキルの学習機能」，3）友人が自分の行動や自己認知のモデルとなる「モデル機能」を挙げています。

○友人像と自己評価

　岡田は，中学，高校，大学生の現実自己像・理想とする自分像（理想自己像）間の隔たりと自己評価得点の相関係数（関連の大きさを示す統計的な指標）を求めたところ，年代が高い群ほど関連が強く，統計的に調べたところ，中学，高校生と大学生の間で相関係数の大きさに違いが見られました。このことから，

◁1　岡田努　1992　友人とかかわる　松井豊（編）対人心理学の最前線　サイエンス社　22-26.

◁2　宮下一博　1995　青年期の同世代関係　落合良行・楠見孝（編）講座　生涯発達心理学4　自己への問い直し──青年期　金子書房　155-184.

◁3　松井豊　1990　友人関係の機能　斎藤耕二・菊池章夫（編著）社会化の心理学ハンドブック──人間形成と社会と文化　川島書店　283-296

◁4　岡田努　1987　青年期男子の自我理想とその形成過程　教育心理学研究，35，116-121

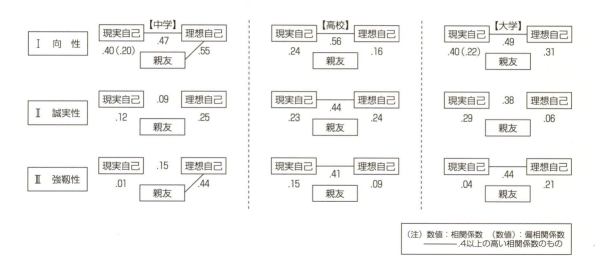

図28　現実自己像，理想自己像，親友像間での相関

出所：岡田，1987　Figure 1に基づいて再構成した

中学生・高校生の年代（青年期前期・中期）においては，現実自己と理想自己の隔たりによって自己を評価するような自己評価のための内的基準は形成されておらず，大学生期以降において内的基準が形成され，現実自己と理想自己の比較による自己評価が可能になると考えられました。

○モデル機能

また，親友像が理想自己像のモデルとして取り入れられていく過程を検討するため，親友像・現実自己像・理想自己像の間での相関係数も求めました。その結果，中学生では親友像と理想自己像の間に関連が見られ，高校・大学生では，現実自己像と理想自己像の間で強い関連が見られました（図28）。このことから，中学生段階での同性同年代の友人像と理想自己像の間での同一化の過程の後に，高校生以降において理想自己と現実自己の比較によって自己評価が規定されるようになることを見出し，友人関係におけるモデル機能が自己評価の発達に関わることを実証的に確認しました。

○友人関係と発達

こうした友人関係は，健康な成熟の促進（西平）[5][6]，発達の促進（倉持）[7]などといった形で，発達や精神的健康を促進させる役割も果たすと言われています。精神分析学者であるブロス（Blos, P.）は，青年期前期での親密な友人関係に注目しています。ここでの関係の特徴は「自己愛型対象選択」とよばれるもので，相手があたかも自分自身の延長であるかのように見てしまうような関わり方です。それによって，相手の価値観や理想を自分に取り入れ，自分の価値観や理想が獲得されていくのです。そして自分で納得して受けいれられる行動の基準（自我理想）ができ，自己愛的な関係は姿を消し，相手を自分とは別の人格として受けいれた関わりがもてるようになっていくのです。[8][9]　（岡田　努）

▷5　西平直喜　1973　現代心理学叢書7　青年心理学　共立出版
▷6　西平直喜　1990　成人になること　生育史心理学から　東京大学出版会
▷7　倉持清美　1996　仲間関係　青柳肇・杉山憲司（編著）パーソナリティ形成の心理学　福村出版　143-152．
▷8　Blos, P. 1962　On adolescence : a psychoanalytic interpretation. New York : Free Press.
▷9　皆川邦直　1980　青春期・青年期の精神分析的発達論――ピーター・ブロスの研究をめぐって　小此木啓吾（編）青年の精神病理2　弘文堂　43-66．

参考文献
岡田努　2010　青年期の友人関係と自己――現代青年の友人認知と自己の発達　世界思想社
松井豊（編）1992　対人心理学の最前線　サイエンス社
遠藤由美　2000　青年の心理　サイエンス社

V 家族と友人

現代青年の友人関係は変わったか

▷1 栗原彬 1996 やさしさの存在証明——若者と制度のインターフェイス[増補新版] 新曜社

▷2 豊泉周治 1998 アイデンティティの社会理論——転換期日本の若者たち 青木書店

▷3 小谷敏 1998 若者達の変貌——世代をめぐる社会学的物語 世界思想社

▷4 大平健 1995 やさしさの精神病理 岩波新書

▷5 栗原 前掲書

現代の青年の友人関係の特徴として,お互いに傷つけ合わないように,互いの内面に立ち入ることを避け,表面的に円滑な関係を取ることで満足してしまう,といった希薄な関係になっているのではないかという指摘がされています。

○やさしさの変容

こうした背景として「やさしさ」概念の変質をあげる論者もいます。栗原,豊泉,小谷は,1960年代末から70年代にかけて「やさしさ」が連帯感を示すキーワードとして機能し,若者はそこに自分らしさを感じていたとします。そこには「管理社会に抵抗する自分」としてのアイデンティティを感じることも可能だったわけです。しかし管理社会の進行とともに,やさしさは自他を傷つけることへの恐れの感情を意味するものへと変質し,相手を自分の内面に立ち入らせない,相手を傷つけないといった表面的な対人関係で事足りるようになってきてしまったとされています(大平,栗原)。

○関わり方の変容

上野・上瀬・松井・福富は,周囲との同調性が高い若者は,他の人の視線を気にする傾向が高く,表面的な友人関係を持つ若者は他人から自分がどう見られているかを気にする傾向が高いことを見出しました。

岡田は,大学生に対して,友人関係様式および友人選択理由に関する調査の結果,楽しさを求め,友人といつも一緒にいようとする「群れ志向群」,対人関係の深まりを避ける「関係回避群」,心を打ち明け,一人の友人との関係を大切にするなど,従来からの青年期の友人関係に近い「個別関係群」の3群の青年を見出しました。友人選択理由の特徴として,「群れ志向群」は遊び仲間として,「関係回避群」は物理的近接によって,「個別関係群は」自分の価値観にもとづいてそれぞれ友人選択をする傾向が見られました。

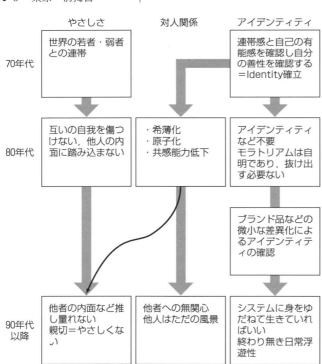

図29 現代青年の自己と対人関係の背景

出所:小谷,1998などをもとに作図

◯さまざまな現代青年

しかし，現代の若者の対人関係は単純に希薄化しただけというだけではとらえ切れない面もあります。

岡田は，大学生に対する友人関係と自己像に関する質問紙調査を行い，「群れ関係群」「気遣い関係群」「関係回避群」の3つの群を見出しました。「群れ関係群」は，自分自身を内省的に見る傾向が低かった反面，「気遣い関係群」では内省が高く友だちとの関わりの中で自己形成をはかる傾向が見られました。

◯周囲への同調

また青年個々人は，お互いの内面を通した親しい関わりを持ちたいと願っているのに，一方で，周りの友人たちからそうした態度を茶化されバカにされるのではないかと恐れて，お互いが自分の内面を見せなくなっているのではないかという指摘もあります（高垣）。岡田は，自分自身の友人関係，友人が行なっていると推測する関係のとり方，自分が理想とする関係のあり方について比較する調査研究を行いました。その結果，内面的な関わりに関しては，友人が行なっているだろうと推測する関係よりも，自分が理想とする関わり方の方が，高い値を示していました。このように，青年自身は表面的な関係を肯定しているのではなく，表面的な関係をしているのは周りの友人の方であると考えていることが示されました。さらに，内省のなさ，親に依存的な傾向，積極性など現代青年について言われる様々な特徴についても，自分よりも友人の方により当てはまると考えていることが明らかとなりました（図30）。

◯適応との関係

岡田は，中学・高校・大学の各学校段階での友人関係と適応感および自己像，親友像の関係を検討しました。その結果，軽躁的関係が優位な青年は全般的に適応感が高く健康的であるものの，高校生年代の心理的，身体的側面については，軽躁的関係が優位な青年は現実自己と理想自己の距離が高く，自己不一致的な状態であることが示唆されました。この他，発達的に表面化しやすい自己の側面において，友人関係において「内面的な関わり」を持つ青年の方が親友像と理想自己像を共通の枠組みとしてとらえる傾向が見られました。

このように，現代の青年の友人関係の質的変化については，必ずしも青年全体の変化とは言い切れない可能性もあり，今後の研究の発展が期待されます。

（岡田　努）

▷6　上野行良・上瀬由美子・松井豊・福富護　1994　青年期の交友関係における同調と心理的距離　教育心理学研究，**42**，21-28.

▷7　岡田努　1993　現代青年の友人関係に関する考察　青年心理学研究，**5**，43-55.

▷8　岡田努　1995　現代大学生の友人関係と自己像・友人像に関する考察　教育心理学研究，**43**，354-363.

▷9　高垣忠一郎　1988　自分をつくる　心理科学研究会（編）　かたりあう青年心理学　青木書店　55-82.

▷10　岡田努　1999　現代大学生の認知された友人関係と自己意識の関連について　教育心理学研究，**47**，442-449.

▷11　岡田努　2002　友人関係の現代的特徴と適応感及び自己像・友人像の関連についての発達的研究　金沢大学文学部論集，**22**，1-38.

参考文献
岡田努　2007　現代青年の心理学――若者の心の虚像と実像　世界思想社

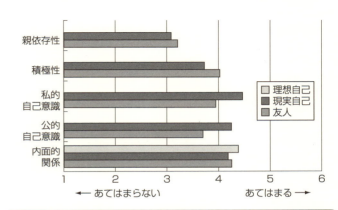

図30　友人及び現代青年の特質に関する自己及び友人に対する認知

出所：岡田，1999より引用，再構成

V 家族と友人

7 自己開示

◯ 自己開示とは何か

あなたは，自分のことをどのくらい他の人に話すことができるでしょうか？自分の生い立ち，趣味，性格，恋愛や人間関係の悩み，進路の悩み，家族との葛藤，自分の自慢や欠点……どのくらい立ち入ったことまで話すことができるでしょう？特に青年期は，身体的・性的にも心理・社会的にも子ども時代から大人になる過渡期であり，多くの悩みを抱えやすい時期です。子ども時代ならば何でも親や先生などに相談できたという人でも，青年期には，ごく親しい親友の他には話せない悩みも増えてきます。

多くの人は，よく知らない相手，さほど親しくない相手と，親しく信用できる相手とで，おそらく話す内容を使い分けているのではないでしょうか？ また，相手が自分の話に関心をもって親身に聞いてくれるかどうかによっても，自分をどこまで開けるかには違いがあるでしょう。いわゆる「聞き上手」な人の前で，ついつい自分のことを喋りすぎてしまった，という経験をお持ちの方も少なくないでしょう。

「自分自身に関する情報を，本人の意志のもとに（強制されることなく）特定の他者に対して言語を介して伝達すること」を「自己開示」と呼びます（安藤）。

▷1 安藤清志 1990 「自己の姿の表出」の段階 中村陽吉（編）「自己過程」の社会心理学 東京大学出版会 143-198.

◯ 自己開示と健康

社会心理学者のジェラード（Jourard, S. M.）によれば，自己を開示することは

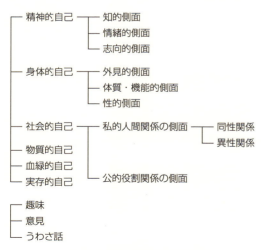

図31 EQDQ の下位分類

出所：榎本，1997, p.235に基づいて作成

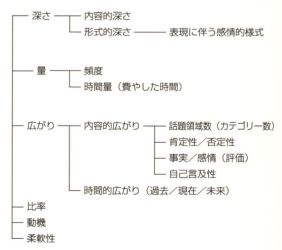

図32 自己開示の次元

出所：榎本，1997, p.8 図1-2に基づいて作成

精神的健康にもつながるとされ，その機能として安藤は「感情表出」「自己明確化」「社会的妥当化」「二者関係の発展」「社会的コントロール」「親密感の調整」などをあげています。こうした個人の自己開示の程度を測る調査項目としてジェラードはJSDQという尺度を開発しました。また榎本はこれを改良したESDQという尺度項目を開発しています（図31）。榎本は自己開示には，深さ，量，広がり，比率，動機，柔軟性などの次元からとらえることができるとしています（図32）。このうちもっとも基本的な次元は「深さ」と「広がり」（あるいは「量」も含む）であるとされています。

● 聞き手の要因

一方，聞き手の側の要因も，自己開示のしやすさには大きな役割を果たします。相手の話を引き出し自己開示させるのが上手な人を「オープナー」と呼びます。宮崎は，面接調査に基づいて，自己開示をする人がどのような情報を元に相手を「聞き上手だ」と判断するかについての尺度項目を作成しました（表15）。

このように自己開示は開示者自身だけでなく相手となる人の態度もかかわるダイナミックな構造をもっています。

● 自己開示と孤独

青年期は，児童期までの外に向けられていた視線を内面に向け，孤独感の中で自己を見つめる時期です。しかし単に一人で孤独感に耐えるのではなく，内面的生活を共有し孤独感を癒してくれる親友の存在もまた必要となってくると榎本は述べています。このように青年期は友人関係の深まりを通して，新たな自己を発見していく時期と考えることができ，友人に対する自己開示は青年期において大きな役割を果たします。

榎本はその青年の孤独感と自己開示に関する実証的研究から，自己開示と関係する孤独感は「結局人間は1人である」という個別性の認識ではなく，「人と人はわかりあうことができる」という共感性への信頼を獲得しているかどうかと関わることを見出しました。松島は中学生の自己開示と，様々な指標との関係を調査しました。その結果，私的自己意識（自分自身の内面に意識しやすい傾向）が高い者は，明確な自己認識を持っており，一層明確な自己理解を得るために自己開示傾向も高いこと，また自己開示ができない者は，そのことから孤独感をつのらせ，人間関係の不安定感を強く感じることなどを見出しました。また，基本的な対人スキルよりも，友人への信頼や安定感が自己開示に影響していることも見出しました。これらのことから，自己開示は，青年期において，精神的健康や安定性と関係することが示唆されています。

（岡田　努）

表15　聞き上手さの判断を規定する行動項目

1	あなたの話が一段落するまでさえぎらずに聞いてくれる
2	話をしているときに，聞く以外の動作をしないで聞いてくれる
3	話をしている最中にきょろきょろと視線を動かさない
4	あなたにプラスになるアドバイスをくれる
5	話を持ちかけたときに，落ち着いて話が出来る時間，場所を提案してくれる
6	あなたの考えを頭ごなしに否定しない
*7	聞き手が自分の意見ばかりを言い続ける
8	あなたの考えを非難せずに聞いてくれる
9	あなたが何を話したいのか理解してくれる
10	あなたの会話のペースに合わせて聞いてくれる
11	あなたが話したくないことを，興味本位に聞き出そうとしない
12	あなたの話の内容を，自分のことのように受け止めて聞いてくれる
*13	聞き手が自分の関心事ばかりを話す
14	必要以上に聞き手自身の経験を引き合いに出さない
15	問題の深刻度をくみとって聞いてくれる

＊　項目は逆転項目だが因子分析の結果除外されている
出所：宮崎，2004

▷2　榎本博明　1997　自己開示の心理学的研究　北大路書房

▷3　宮崎貴子　2004　被開示者の聞き上手さの判断を規定する情報　日本社会心理学会第45回大会発表論文集　374-375.

▷4　榎本　前掲書

▷5　松島るみ　2004　青年期における自己開示を規定する要因の検討　風間書房

Ⅴ　家族と友人

8　孤 独 感

▷1　フォーサイス, D. R.・エリオット, T. R. 友田貴子（訳）2001 集団はメンタルヘルスにどんな影響を与えるか――グループダイナミックスと心理的幸福　R. M. コワルスキ・M. R. リアリー（編著）安藤清志・丹野義彦（監訳）臨床社会心理学の進歩――実りあるインターフェイスをめざして　北大路書房 397-422.〔Kowalski, R. M., & Leary, M. R. (Eds.) 1999 The Social psychology of emotional and behavioral problems : Interfaces of social and clinical psychology. American Psychological Association.〕

▷2　川野雅資・宗像恒次 1988 背景別にみる医師, 看護者の燃えつきと精神健康　土居健郎（監修）燃えつき症候群――医師・看護婦・教師のメンタルヘルス　金剛出版 56-95.

▷3　宗像恒次・椎谷淳二 1988 中学校教師の燃えつき状態の心理社会的背景　土居健郎（監修）燃えつき症候群――医師・看護婦・教師のメンタルヘルス　金剛出版 96-131.

▷4　Erikson, E. H. 1959 Identity and the life cycle. International Universities Press : New York．（エリクソン, E. H. 西平直・中島由恵（訳）2011 アイデンティティとライフサイクル　誠信書房）

人は社会的動物であるとも言われています。完全に一人で生きていくということは，物理的な面だけでなく，心理的にも困難を伴います。

人は，他者から孤立せず他者との関係を保ちその集団に所属していたいという「所属欲求」を持っています。そして，これが満たされないとき孤独感を覚えます。

● 孤独感と不適応

フォーサイスとエリオット（Forsyth, D. R., & Elliott, T.）によれば，孤独感は恋人や配偶者など親密な接触がないことからくる情緒的孤独感と，社会的な対人関係が全般的にないことからくる社会的孤独感に分けられます。そして抑うつ・不安・人格障害・敵意などがある人ほど孤独感があらわれやすく，さらに，こうした孤独感が長く続くと免疫力が低下しアルコール乱用，肝硬変，高血圧，心臓病，白血病など身体的な病気にもかかりやすくなるといいます。またソーシャルサポート（助言や援助，共感的な関係などを通して，相手の心の支えになること）を与えてくれるような集団に属している人は，たとえストレスが高い状況におかれても，その集団によってストレスの悪影響が緩和され適応が可能になります（緩衝効果）。川野・宗像，宗像・椎谷も対人援助職（医師，看護者，教師など）に見られる燃えつき症候群について，情緒的支援者を保有していることが，燃えつき状態を抑制する効果があることを見出しています（図33）。

このように，孤独であること，社会的に孤立していることは，一般に人の身

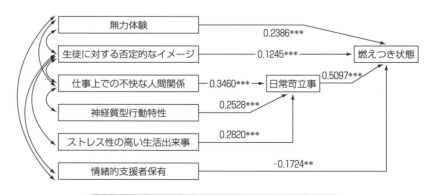

図33　中学校教師の燃えつき状態の心理社会的背景

（注）　＊p<0.05　＊＊p<0.01　＊＊＊p<0.001。
　　　説明変数間の相関係数については原図には記載されているが，本図では省略した。

出所：宗像・椎谷，1998, p. 125　図3-6-2に基づき作成

体的，精神的健康に否定的な影響を及ぼすことが知られています。

○孤独感と親密性

エリクソン（Erikson, E. H.）[4]はその漸成発達図式において，青年期に引き続く成人期初期（第6段階）での心理-社会的危機として「親密性対孤立」をあげました。異性との関係や結婚といった対人関係や自分自身の重要な局面で，相手と真の親密さを築くことができるかどうかが，この時期には問題となるということです。しかし，そうした親密さを持てる前提として，その前の第5段階に，自分自身のアイデンティティ感覚が十分確立されていなければなりません。さもなければ，人は，自分自身のアイデンティティが失われ，相手に呑み込まれてしまうといった対人的融合への不安感から，関係から引きこもってしまうことにもなりかねません。（こうした関係が治療場面で見られる場合，これを「アイデンティティ抵抗」と呼びます。）[5]

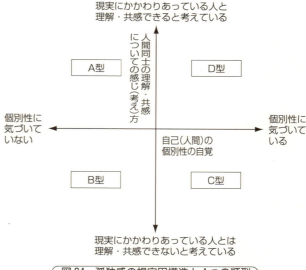

図34　孤独感の規定因構造と4つの類型

出所：落合，1989，p. 73　Figure 3-1-3に基づいて作成

○孤独感と適応

一方，青年期は深い対人関係を求めると同時に，他人との関係から離れて孤独を求め，そこで自分自身を見つめることを求める傾向も顕著になります。落合は青年期の孤独感を以下の4つのタイプに分類しました（図34）。[6]

A型　個別性の自覚なく他人と何となく融合
B型　個別性の自覚なし　理解者欠如としての孤独
C型　個別性自覚，共感不可能と諦めている孤絶者タイプ
D型　個別的だから理解できる　充実感のある孤独者

これらの類型は，落合が作成した孤独感の類型判別尺度（LSO）によって判定することができます。臨床的なケースでの治療過程においてA型からD型にかけて各段階を移行していくことが確認されており，このプロセスには心理的な発達の変容過程が想定されています。その上で落合は，孤独感を感じることは，必ずしも否定的な影響ばかりではなく，人間であることの自覚，人間存在に関する見方の変化を伴う時には，人格形成上意味ある望ましい影響を与えるとしています。また，パーソナリティ障害の一つである境界性パーソナリティ障害の人は見捨てられることをなりふりかまわず避けようとし，1人でいることができないことなどが指摘されています。このことも，孤独に耐え一人でいられることが，心理的健康の一つの条件であることを示しているといえるでしょう。[7]

（岡田　努）

▷5　小此木啓吾　1993　アイデンティティ論の成り立ちとその臨床的課題　精神分析研究，**37**（1），15-40

▷6　落合良行　1989　青年期における孤独感の構造　風間書房

▷7　The American Psychiatric Association 2013 *Diagnostic and statistical manual for mental disorders.* 5th edition　アメリカ精神医学会　日本精神神経学会（日本語版用語監修）髙橋三郎・大野裕（監訳）2014　DSM-5精神疾患の診断・統計マニュアル　医学書院

参考文献
落合良行・斎藤誠一・伊藤裕子　2002　ベーシック現代心理学4　青年の心理学［改訂版］サイエンス社

V 家族と友人

青年期の社会的スキル指導のポイント

▷1 江村理奈・岡安孝弘 2003 中学校における集団社会的スキル教育の実践的研究 教育心理学研究, 51, 339-350.

▷2 森川澄男（監修）菱田準子 2002 すぐ始められるピア・サポート指導案&シート集 ほんの森出版. 園田雅代・中釜洋子 2000 子どものためのアサーショングループワーク 日本・精神技術研究所・心理臨床センター. パット・パルマー eqPress（訳）1991 自分を好きになる本 径書房.

▷3 飯田順子 2004 ソーシャルスキル・アサーション 諸富祥彦（編集代表）水野治久・大竹直子（編）シリーズ・学校で使えるカウンセリング1 教師が使えるカウンセリング

1 社会的スキルとは

社会的スキル（ソーシャルスキル）とは、私たちが人と効果的にかかわっていくために必要な技能をいいます。相手の話をよく聴いたり、相手と仲良くしたり、自己を主張したり、自分の怒りを統制することに、社会的スキルは関係します。表16は、実際に中学生に訓練した社会的スキルの例です。

上手な断り方を例に考えてみましょう。まず、「ごめんね。声をかけてくれて嬉しいんだけど」など、相手の期待に応えられないことに謝り、自分を期待してくれたことに感謝します。言い方としては、「あなたは、いつも返してくれないじゃない！」といったように「あなた」を主語にすることは避けます。「私は気が乗らないのです」というように、私メッセージ（私を主語にする言い方）で事情や気持ちを伝えます。そして、最後に、できれば違うプランを提案します。「○○さんに頼んでみたらどうでしょう」などと、相手に立った案を出してみます。

2 社会的スキルの教え方

社会的スキルを計画的に教えるには手順があります。まず、「教示」です。これから学習するスキルがどんなふうに役立つのかを話し、動機づけを高めます。指導者が自分の体験談を話したりして、安心できる雰囲気を作ります。

表16 中学生に対する社会的スキル教育実施計画とねらい

セッション	実施日	標的スキル	ねらい
1	6月3日	自己紹介	自分自身について考え、自分を他の人に伝えることができるようにする。
2	6月17日	仲間の誘い方	仲間に入ったり、誘うことの難しさや、仲間に誘われたり、入れたときのうれしさを体験し、日常生活での友人関係の形成・拡張を促す。
3	7月15日	あたたかい言葉かけ	自分の発する言葉が、相手にどのような影響を与えるかに気づき、あたたかい言葉かけとは何かを知り、状況に応じた言葉かけができるようにする。
4	9月16日	協力を求める	体育祭や文化祭を前にみんなで協力する大切さを知り、また、適切に協力を求めることができるようにする。
5	9月30日	お互いを大切にする	お互いの大切さを理解し、仲間はずれがおこらないような関係をつくる。
6	10月7日	上手な断り方	相手と対等な関係を形成するために相手の要求に応じられないことや応じたくないことを適切に断る方法とその正当性を学ぶ。
7	11月4日	気持ちのコントロール	自分のイライラに気づき、気持ちを鎮め、解決策を考えることで、感情をコントロールする方法を身につけさせる。
8	11月18日	まとめ	社会的スキル教育についての理解と今後の社会的スキル使用の動機づけを高める。

出所：江村・岡安, 2003

「冷やかさない」などのルールも説明しておきます。次に，「モデリング」です。指導者が実際に手本を示して，そのなかに含まれるスキルを説明します。そして，「リハーサル」（繰り返し）です。実際にスキルを繰り返し練習します。ロールプレイといって，話し手と聞き手の役割を交代で演技してみることもします。そして，「フィードバック」です。うまく実行できた場合はほめ，そうでない場合は具体的にアドバイスをします。最後は「般化」です。学習したスキルが日常場面でも発揮できるように促します。宿題を出したり，スキルを発揮できる場面を作ります。

3 社会的スキル指導のポイント

第1に，人とのかかわりを豊かにすることを目的とします。試行錯誤や葛藤も経験しながら，他者の視点も取り入れて，自分をつくっていくようにします。第2に，上手に言えるかどうかだけに目を向けないで，相手とかかわろうとする気持ちや相手も自分も大切にしようとすることにも目を向けます。こんなことを言ったら相手を傷つけないかという不安を取り除き，どういうふうに言ってもらえれば大丈夫なのかを探ります。いつでも完璧でなくてもよいということも気づかせたいと思います。第3に，相手に何か言われたときの自分の気持ちや相手に何か言ったときの自分の気持ちをいったん受け止めて，自分を対象化するよう促します。そのときの気持ちを，できるだけ自分にぴったりする言葉で表現し，みんなで共有するよう促します。

4 現代青年の社会的スキルの特徴

青年期の発達的特徴も考慮します。中学生は，自分の気持ちを言語化する能力が十分でないうえに，友人と一緒であるという親密さを求めるため，友人が自分の発言をどう思うか気にしがちです。高校生は自分の気持ちを大切にし，相手に率直に話せるようになりますが，相手の自己表明を尊重できるとはかぎりません。自己主張と他者への配慮は別の社会的スキルのようです。性差もあります。男子は他者との関係よりも自分を強く打ち出そうとする気持ちが強く，女子は自分を抑えても他者にあわせようとする気持ちが強いのです。

現代青年は，互いに深くかかわることで傷つけあうことを恐れるため，広く浅くつきあう傾向があるといわれます。これは本人が望んでいるというより，社会的スキルが不足しているために，結果として深まりのない友人関係になっている可能性があります。また，内省的でもなく他者への気遣いも少ないという，自分にも他人にも関心が薄い青年の場合，対人ストレスが低く，精神的健康は高く，本人は社会的スキルを持っていると考えています。しかし，他者にとっても傍若無人に見える場合も考えられることから，自他の認知のズレについても検討する必要がありそうです。

（白井利明）

ぎょうせい 66-72．片野智治 1998 構成的グループエンカウンターとは何か 國分康孝（編集代表）片野智治・小山望・岡田弘（編）学級担任のための育てるカウンセリング全書2 サイコエジュケーション「心の教育」その方法 図書文化社 30-34．

▷4 高橋あつ子 2000 自分に気づく力を高め，さまざまなありかたを交流しあう教室 近藤邦夫・岡村達也・保坂亨（編）子どもの成長・教師の成長——学校臨床の展開 東京大学出版会 15-33も参考にした。

▷5 柴崎祐子 2004 青年期の友人関係における「自己表明」と「他者の表明を望む気持ち」の心理的要因 教育心理学研究，52，12-23．

▷6 橋本剛 2000 大学生における対人ストレスイベントと社会的スキル・対人方略の関連 教育心理学研究，48，94-102．

（研究例）
次の文献に学校における実践研究が展望されている。金山元春・佐藤正二・前田健一 2004 学級単位の集団社会的スキル訓練——現状と課題 カウンセリング研究，37，270-279．

（参考文献）
吉岡和子・高橋紀子（編）2010 大学生の友人関係論——友だちつくりのヒント ナカニシヤ出版

Ⅴ　家族と友人

10　青年期の集団づくりのポイント

1　友だちづくりと集団づくり

　青年期の悩みを誰に相談しますかという問いには，友人という答えが最も多く，また，一番気持ちがゆったりとするのは誰といるときですかと聞くと，これもまた「一番親しい友人」というのが多いですね。青年期にとって友人というのはとても大切な存在です。しかし，現在この友人関係がうまくないという人も多いのが現実です。そこでここでは，友人づくりや集団づくりを考えてみたいと思います。

　自然発生的にできる友だち集団（仲間）と公的に目的があってそこに集まる目的集団とに分けて考えていくことにしましょう。

2　インフォーマルな友だち集団

　感性的・性格的にいわゆる「ウマが合う」仲間たちからなる集団がこれにあたります。これは誰が呼びかけるわけでもなく，自然発生的にできあがるわけですから，仲のいい，気の合う仲間集団であるわけです。遊び仲間がその典型でしょう。しかし，外から見ると仲の良いグループに見えても，単にそのグループに属していることによって居場所＝安心を得ているようなことがあります。その集団で信頼しあってといいながら，心からではなく表面的なつきあいのなかで安心を得ようとしているようなのです。集団からはずれることに恐れを抱いているように見えます。一人でいるのが不安だから，何となくウマが合うように見えるグループで仮の安心を得ているような気がします。相手を思いやり，相手のことを考える人間関係をつくることが苦手なのではないでしょうか。このような場合には「人と違ってもいい」「自分は自分であって大丈夫だ」という気持ちを持たせていくことが大切になります。

3　目的集団

　何らかの目的があってつくられる集団のことです。たとえば，クラブ活動のように，一つの目標があって，それをもとに集まる人々によって形成されるのです。目標があるわけですから，性格が合うからとか価値観が合うからといって集まっているのではありません。ですから，人間関係において，気にくわない，ソリが合わないといった問題も発生します。だからこそ目標の明確化が重

要になります。またリーダーのあり方も大きな要素でしょう。集団をまとめ，目標に向かって成員をひっぱっていくために成員による信頼，自身の判断力・決断力などが求められます。

集団の目標を効果的に達成するための働きかけをリーダーシップといいます。リーダーシップの要件は，表17にまとめられるとおりです。PM理論によれば，リーダーシップは，目標達成のために方向づける課題遂行機能（これを「P機能」といいます）と，集団をまとめあげる集団維持機能（これを「M機能」といいます）の2つがあります。この2つともが高い場合のリーダーシップが最も効果的であるとされています。

メンバーに求められるのは協力の精神です。たとえばスポーツの集団では，試合でチームの誰かがけがをして出場できなくなったとしましょう。そのときは残ったメンバーでその人の分を補おうとする協力が必要となります。ただし，集団の凝集性（まとまり具合）が強すぎると，メンバーの多様性が抑えられ，集団と違う特性をもつメンバーが排除されるという問題点も出てきます。メンバーの自律性を尊重した上で，互いに連帯していくことが求められます。

❹ タテの人間関係とヨコの人間関係

青年期の集団には昔は，年長者をリーダーに地域に根ざした青年団というものがありました。とくに，男子はその人たちを中心に，地域の伝統を学び，地域に還元するさまざまな活動をおこないました。さらにはいろいろな悩みを聞いてもらい，アドバイスをもらうということもあったようです。良い面もまた悪しき面もあったようですが，とにもかくにも年長者というリーダーがいたのです。

現代社会では，地域性が薄くなったため，その伝統が残っている地域は少なくなってしまったようですが，いわゆるタテの関係はなくなり，ヨコの関係が中心になっています。年齢が同じもの同士の集団です。ですから，ともすると社会的経験が少ないもの同士，判断が少ない知恵のなかであることを決断し，過ちを犯すこともある可能性があります。このときには第三者としての大人の人の意見も参考にすることが望ましいと思います。

ただ同じ年齢のもの同士の集団では，みんなが同じ地位にあって自由にものを言い，対等につきあえるわけですから，自由というものを優先して，みんながワイワイ親しみのある民主的な集団運営をしていくことができるでしょう。

個人主義の世の中になっている現在，人間関係で悩む青年が多いようです。地域性も希薄になってきています。そこで地域の公の団体が主導となって集団づくりの世話をしているケースが多いようです。そこではグループ活動のリーダーの養成を**プロジェクト・アドヴェンチャー**という体験学習の方法があります。

（山野　晃）

表17　リーダーシップの要件

①目標を具体的に設定したり，明確にする
②目標を達成するための具体的な方法を示す
③目標達成に向けてメンバーを動機づける
④メンバー相互の望ましい人間関係をつくる
⑤リーダーやメンバーの人脈を活用する

出所：狩野，1985

▷1　狩野素朗　1985　個と集団の社会心理学　ナカニシヤ出版

▷2　三隅二不二・吉﨑静夫・篠原しのぶ　1977　教師のリーダーシップ行動測定尺度の作成とその妥当性の研究　教育心理学研究，**25**，157-166．

▷3　プロジェクト・アドヴェンチャー
「冒険」活動を通じて，人間関係における信頼や協力，成功体験や達成感などから自信というようなものを身につけるためのプログラム。行動心理学・認知心理学を基礎にアメリカで開発された。

参考文献
國分康孝（編集代表）1998　育てるカウンセリング　学級担任のための育てるカウンセリング全書1　図書文化社

Ⅵ 学校と学習

1 なぜ学校に行くのか

1 なぜ学校に通うか

なぜ学校に行くのでしょうか。内閣府が2007年に18〜24歳の青年に「学校に通う意義」を調査しました。ほかの国の場合と比較したものが表18です。日本の1位は「友達との友情をはぐくむ」というものです。アメリカ・イギリス・フランスでは「一般的・基礎的知識を身に付ける」、韓国では「学歴や資格を得る」が1位となっています。「職業的技能を身に付ける」は欧米で高い割合で、韓国でも37.0％なのに、日本では30.6％と低い値となっています。

2 なぜ学校を欠席するか

本間友巳によると、表19に示されるように、中学生の欠席願望（休みたい気持ち）は、「疲れている」などの促進理由が大きいのですが、抑制理由で見ると、勉強がわからず友人との人間関係が悪くなると促進され、学校に行かせようとする親の圧力のもとで強められてしまいます。「学校に行くのが当然だから」といった規範意識は欠席願望とは関係がありませんでした。このことから、中学生の登校を促すには、生徒一人ひとりがわかる授業を展開し、中学校が友

▷1 内閣府 2009 第8回世界青年意識調査 http://www8.cao.go.jp/youth/kenkyu/worldyouth8/pdf/gaiyou.pdf（2014.5.5閲覧）

▷2 本間友巳 2000 中学生の登校を巡る意識の変化や欠席願望を抑制する要因の分析 教育心理学研究, 48, 32-41.

表18 青年にとっての学校に通う意義

国名 \ 順位	1位	2位	3位	4位	5位
日本	友達との友情をはぐくむ 65.7	一般的・基礎的知識を身に付ける 55.9	学歴や資格を得る 54.5	専門的な知識を身に付ける 51.1	自分の才能を伸ばす 34.0
韓国	学歴や資格を得る 58.8	専門的な知識を身に付ける 53.9	一般的・基礎的知識を身に付ける 44.9	友達との友情をはぐくむ 41.2	自分の才能を伸ばす 39.6
アメリカ	一般的・基礎的知識を身に付ける 79.1	学歴や資格を得る 54.1	専門的な知識を身に付ける 50.5	先生の人柄や生き方から学ぶ 46.0	職業的技能を身に付ける 42.8
イギリス	一般的・基礎的知識を身に付ける 63.0	学歴や資格を得る 45.5	職業的技能を身に付ける 44.6	友達との友情をはぐくむ 40.2	専門的な知識を身に付ける 37.3
フランス	一般的・基礎的知識を身に付ける 66.9	専門的な知識を身に付ける 57.4	学歴や資格を得る 45.3	自分の才能を伸ばす 44.6	職業的技能を身に付ける 43.5

出所：内閣府, 2009

3 なぜ学校に進むのか

高校や大学に進学するのはどんな理由からでしょうか。高校進学は「みんなが行って当たり前」などと考え、理由を聞かれても答えられません。しかし、大学進学を目指している高校生の姉を見ながら、中学生である自分の進学動機を構成するといったように、他者との相互行為のなかで意味づけられます。

山田礼子によると、同志社大学の場合、最も多かったのは、大学進学の理由では「学生生活を楽しんでみたかったから」（48.0％）でした。大学の入学動機では「伝統のある有名大学だから」（71.7％）でした。現在の学生生活の意義では「広く教養を身につける」（54.3％）でした。このように理由は単一の次元ではなく、さまざまな次元で考えられています。

伊藤美奈子は、不本意入学者の進学動機を検討しました。志望校に入学し満足している学生は、進学動機は専門的知識の習得や人間的成長で、内容面から受験校を選択していました。志望校だったものの入学後がっかりした学生は、学問志向が強い反面、享楽的・功利的な動機も強く、偏差値を基準に受験校を選んでいました。第一志望ではなかったものの入学後満足している学生は、人間的成長を重視しており、内容面から受験校を選択していました。第一志望でもなく入学後も不満が強い学生は、享楽的・モラトリアム動機あるいは学歴獲得という功利的動機が強く、「第一志望に落ちて仕方なく入った」という理由でした。彼らは周囲の学生との違和感も抱いていました。偏差値にこだわって、自分の興味や能力、人生について考慮していない場合、学生生活を否定的に見ていました。

4 なぜ学校を辞めるのか

文部科学省の調査によれば、2012年の高校中途退学（高校中退）は51,780人、中退率は1.5％でした。理由は「高校生活に熱意がない」（16.6％）「就職を希望」（13.8％）などとなっていますが、理由は単一ではなく複合しています。中退者の手記を読んでみると、必ずしも辞めたくて辞めたというより、高校になじめなかったために辞めざるを得ない場合があることがわかります。調査でも、高校を中退した後も後悔が大きいとされています。生徒の特性や要求に応じた高校生活の構築が必要です。

（白井利明）

表19　中学生の欠席願望に影響を及ぼす原因

理由		男子	女子
欠席促進理由	身体・気分（疲れている）	.406***	.331***
	学校不満（きらいな授業がある）	.244***	.125**
	学校不安（いじめる子がいる）		.134*
	学校外誘因（出かけたい所がある）	.093*	
欠席抑制理由	自己基準（勉強のため）	−.099*	
	親圧力（親が行けと言う）	.128*	.196***
	習慣（行くのは当たり前）		−.094*
	学校魅力（学校が楽しい）	−.193***	−.301***

（注）重回帰分析の結果。数値は標準偏回帰係数であり、影響を与えているものだけを示した。マイナスの符号のものは欠席願望を抑える効果がある。括弧内は項目例の説明。有意水準は*p＜.05, **p＜.01, ***p＜.001。
出所：本間, 2000

▷3　森重拓三　2004　あいまいな進学動機の意味構成　年報社会科学基礎論研究，**3**，116-131.

▷4　山田礼子　2004　わが国の導入教育の展開と同志社大学での実践　溝上慎一（編）大学生の学びを支援する大学教育　東信堂　246-271.

▷5　伊藤美奈子　1995　不本意就学類型化の試みとその特徴についての検討　青年心理学研究，**7**，30-41.

▷6　稲泉連　2003　高校中退から8年，「学校」にいま思うこと　中央公論，**1434**，204-212.

▷7　友清由希子・森川友子　2004　高校中退研究の動向と課題　福岡教育大学紀要（第4分冊），**53**，235-245.

参考文献

大田堯　1984　なぜ学校へ行くのか　岩波書店

森田洋司（編）　2003　不登校――その後　教育開発研究所

伊藤美奈子　2009　不登校――その心もようと支援の実際　金子書房

VI 学校と学習

なぜ勉強するのか

▷1 Dweck, C. S. 1986 Motivational processes affecting learning. *American Psychologist*, **40**, 1040-1048.

▷2 **動機づけ**
やる気を起こすことを心理学では動機づけという。動機づけとは，ある行動を喚起し，方向づけ，維持する過程のことである。青年期は自律性が強まる時期なので，自律的な動機づけが求められる。つまり，成績目標よりも学習目標によって動機づけられる時期といえる。たとえ成績に動機づけられるとしても，自分なりに意味づけて，主体的な取り組みとする時期である。

▷3 Hayamizu, T., Ito, A., & Yoshizaki, K. 1989 Cognitive motivational processes mediated by achievement goal tendencies. *Japanese Psychological Research*, **31**, 179-189.

▷4 速水敏彦・伊藤篤・吉崎一人 1989 中学生の達成目標傾向 名古屋大学教育学部紀要, **36**, 55-72.

▷5 速水敏彦・潘益平 1991 子どもの達成目標傾向——親の働きかけの認知と達成行動に関連して 名古屋大学教育学部紀要, **38**, 33-45.

▷6 Simons, J., Dewitte, S., & Lens, W. 2004. The role of different types of instrumentality in motivation, study

1 勉強の目標

人はなぜ勉強するのでしょうか。たとえば，勉強がわかるのが楽しいからであり，自分が賢くなるのが嬉しいからかもしれません。こうした理由は学習目標（learning goal）と呼ばれます。それに対して，よい成績をとったり，みんなに認められたりするために勉強している人もいるでしょう。これは成績目標（performance goal）といいます。能力は変化するものだと考える人は学習目標を持ち，能力は変化しないと固定的に見る人は成績目標をもちがちです。これはアメリカの心理学者のドヴェックが提唱しました。

2 青年の動機づけ

速水敏彦らが日本の中・高校生に勉強の目標を調査したところ，成績目標は，みんなからほめられるために勉強するという場合と，高い成績そのものを得るために勉強するという場合との二つを分けたほうがよいことがわかりました。そこで，中学生に対して調査した結果が図35のとおりです。これを見ると，勉強は有能になるためにするという学習目標は，暗記よりも理解を深めることを重視して学業成績を高めますが，競争場面では勉強する気が奪われています。他方，勉強は他からほめられるためにするという成績目標は，理解よりも暗記を重視し，競争場面で一生懸命勉強して学業成績を高めています。

このように，本来の勉強の目標である学習目標が発揮しにくい現状にあります。競争的な環境にあるからです。学習目標で勉強する人は自律的なので，大人になっても自ら学んでいけるのですが，成績目標で勉強する人は他律的なので，試験を受ける必要がなくなれば勉強しなくなるという問題点があります。

速水敏彦らによると，中学1年から中学3年へと学年が進むにつれて非競争的な学習から競争的な学習に，また能力と努力を相対視する見方から能力を固定的に見る見方へと変わっていくことが示されました。中学生の学習への動機づけが変化し，学習目標が低下していっているのです。

3 親の養育態度の影響

青年期は自律への要求が高まる時期なので，親が自律的動機づけを重視すると，子どもの要求と合致するため，動機づけが高まります。

速水敏彦らは，小学6年生を対象に，親のしつけと目標の立て方と学習態度の関連について調査しました。その結果，親が子どもの学習過程を大切にし，長期的視点にたって励ますという間接的励ましのしつけをすると，子どもは学習目標を採用しました。他方，学校の成績結果だけに関心をもって，親が勉強について指示したり，罰や報酬を与えるという直接的統制のしつけをすると，子どもは親に承認されたり，良い成績をとるために勉強するという成績目標をもちました。また，学習目標であるほど，勉強への集中度を高めたり，自主的に勉強したり，学校行事などに積極的に参加しました。成績目標はそれらを低めるか，それらとは関係がありませんでした。

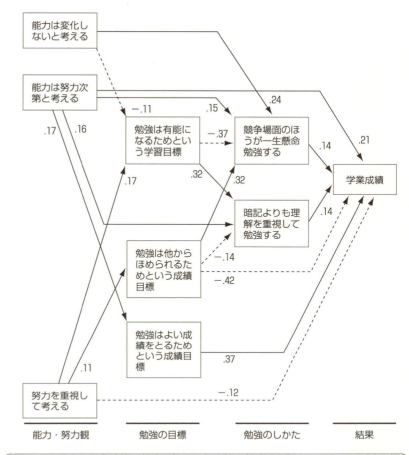

図35 中学生の学業成績に対する能力・努力観，勉強の目標としかたの及ぼす影響

（注）数値はパス係数。
出所：Hayamizu *et al.*, 1989 から作成

以上から，親の間接的励ましが学習目標を高め，子どもの学習態度が高まることがわかります。

4 将来展望の影響

青年期は時間的展望が拡大し，現在の行動を未来や過去と関連づけて考えるようになります。そのため，たとえば，青年期になると将来展望が学習意欲に影響を与えるようになります。シモンズ（Simons, J.）らは，学習の目標が近いか遠いか，内的調整か外的調整かをかけあわせて，4通りの学習の意義のタイプによる影響を比較しました。内的調整というのは勉強の課題を自ら設定している場合で，外的調整は外から強制される場合をいいます。ベルギーの看護学生（女性）に調査を実施した結果，遠い目標で内的調整のタイプ（「栄養学を学ぶのは，立派な看護師になり，きちんと仕事をこなせるようになりたいからだ」などと考える学生）が最も高い学習意欲と成績を示しました。　　　（白井利明）

strategies, and performance: Know why you learn, so you'll know what you learn! *British Journal of Psychology*, **74**, 343-360.

研究例

教職志望が学習の動機づけに及ぼす影響を検討した研究として，伊田勝憲 2003 教員養成課程学生における自律的な学習動機づけ像の検討――自我同一性，達成動機，職業レディネスと課題価値評定との関連から　教育心理学研究，**51**, 367-377.

Ⅵ 学校と学習

学校移行

1 学校移行の影響

◯学習意欲の低下

小学生から高校生までの学習意欲の変化を見ると，図36に示されるように，学年とともに低下します。「勉強するといろいろなことがわかってくるから」「将来，今の勉強が役立つから」といった主体的な理由が減少し，「高校・大学に進むには勉強しなければならないから」といった他律的な理由が増えてきます。いったいなぜこのようになっているのでしょうか。

◯発達段階―環境適合理論による説明

上級学校に行くと学習意欲や学業成績が低下する現象は欧米でも見られます。**発達段階―環境適合理論**によれば，青年期の発達的特徴と学校環境との不適合によって，学業への動機づけや成績の低下が生じていると考えます。青年期前期は，自律への欲求，仲間志向，自己注視と自意識，アイデンティティ問題の浮上，異性関係の関心，抽象的な知的活動能力によって特徴づけられます。そのため，青年は安心して知的に挑戦できる環境を求めています。ところが，中

▷1 荻原武雄 1980 学習意欲の傾向とその要因 児童心理，**34**，729-734.

▷2 発達段階―環境適合理論
Eccles, J. S. 2004 Schools, academic motivation, and stage-environment fit. In R. M. Lerner & L. Steinberg (Eds.), *Handbook of adolescent psychology.* Hoboken, NJ: John Wiley & Sons, 125-153.

▷3 社会的比較
社会的比較とは他人と比較することをいい，前の自分と比較することを継時的比較という。

▷4 成績目標
成績目標とは人に認められたり高い成績を取ることを勉強の目標とすることをいう。

▷5 性的ステレオタイプ
性的ステレオタイプとは，男性はみんな行動力があり，女性はみんな献身的であるなどといった性に応じた固定観念のことをいう。

▷6 Eccles, J. S., & Wigfield, A. 2002 Motivational beliefs, values, and goals. *Annual Review of Psychology,* **53**, 109-132.

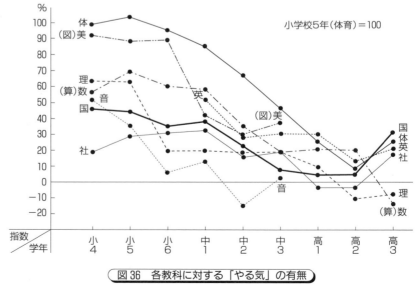

図36 各教科に対する「やる気」の有無

（注）「とてもやる気になる」から「ぜんぜんやる気になれない」までの5段階に，それぞれ＋2，＋1，0，－1，－2の点を与え，合計点を算出した。
出所：荻原，1980

学校に上がると，競争と**社会的比較**，**成績目標**，能力の自己評価が過剰に求められる環境に置かれます。この不適合が学業への動機づけや成績の低下を招いていると考えるのです。アメリカでは青年期の発達的特徴を考慮した中等教育の改革が進められています。

○ 性的ステレオタイプの影響

たとえば，小学校の高学年から中学校にかけて，男子に比べて女子は数学や理科を苦手と感じ，国語を得意とする傾向が出てきます。理数系に優れた素質を持っている女子でも成績が伸び悩んでしまうことがあります。エコルズ（Eccles, J. S.）らは，思春期に入って自我が目覚めると性的ステレオタイプが動機づけに影響し，男らしさ・女らしさにかんする自己概念にあうような教科が勉強の目標として選択されるからだと説明しています。

② 転校の問題

転校は，住み慣れた地域社会を離れ，新しい学校に適応することが求められるので，一つの危機といえます。それは，転校の理由，環境の変化のしかた，受け入れ先の状況，本人の特性によっても違っています。転校の理由は，保護者の転勤や転宅に伴う場合だけでなく，施設からの復帰，海外からの帰国によるものなど多様です。転校に伴う環境の変化のしかたでは，たとえば地域の言葉になじむ場合ほど学級適応が促されることが示されています。受け入れ先の特性では相互の交流の活発化が望まれます。対人交流の面では転校後2，3ヵ月後の時点が一つの目安になるようです。集団のなかの地位にかんして受け入れ先の児童との違いがなくなるからです。本人の特性としては，過去に転校経験があるほど適応に有利であるとか，日常場面で不安を感じやすい人ほど級友や教師との交流が時間とともに活発化するといわれますが，状況によっても違うでしょう。転校に対する教育的介入プログラムとしては，転校体験にかんする感情や関心を共有する機会の提供が有効であるとされています。

③ 上級学校との接続とその支援

上級学校への移行前に，不安よりも期待を高め，楽観でなく現実的になることが，移行をスムーズにします。そうした過程を保障するために，たとえば，学校を訪問したり，卒業生の体験談を聞いたり，上級学校教員による出張講義を受けるなど，上級学校の学業や生活を具体的に知る機会を作ります。

入学後の取り組みとしては，たとえば大学では導入教育があります。アメリカでは，1970年代から取り組まれていますが，わが国では1990年代の後半になってはじめられました。わが国の大学の導入教育では，学生生活を送るために必要な心構えやスキル，大学での新しい学習のしかた，パソコンや図書館の使い方など情報の活用スキルの獲得と補修授業が行われています。　（白井利明）

▷7　古川雅文・小泉令三・浅川潔司　1991　小・中・高等学校を通した移行　山本多喜司・ワップナー，S．（編）人生移行の発達心理学　北大路書房　152-204.

▷8　山田礼子　2004　わが国の導入教育の展開と同志社大学での実践　溝上慎一（編）大学生の学びを支援する大学教育　東信堂　246-271.

〔研究例〕

学校移行に伴う時間的展望の縦断研究として，都筑学　2009　中学校から高校への学校移行と時間的展望──縦断的調査にもとづく検討　ナカニシヤ出版

ストレスの累積効果の研究として，平石賢二・杉村和美　1996　中学生の役割緊張に関する研究──コンピテンスおよびストレス反応との関連から　青年心理学研究，8，27-40．

外国の研究展望として，平石賢二　1993　思春期への移行に伴う諸問題──学校移行と対処行動について　中等教育研究（名古屋大学教育学部），4，111-124．

〔参考文献〕

古川雅文・小泉令三・浅川潔司　1991　小・中・高等学校を通した移行　山本多喜司・ワップナー，S．（編）人生移行の発達心理学　北大路書房　152-204．

橘良治・西田保　1990　青年期の動機づけ　速水敏彦・橘良治・西田保・宇田光・丹羽洋子　動機づけの発達心理学　有斐閣　71-107．

VI　学校と学習

　学業的自己疎外感

① 大学生の「学業ばなれ」を考える

「大学の授業ってつまらないなあ…でも単位を取らなくちゃいけないし……」こんな声を学生の口から聞くこともしばしばあります。最近では，**大学生の学力低下**も話題になり「大学生の学業ばなれ」がいっそう問題になっているといえます。

こうした現象の背景としては，学習意欲のなさといった**個人的要因**だけではなく，学生の能力を十分に発揮できない，学ぶ意味や目的を見いだせなくなっている学業状況といった社会的要因も考えなくてはならないでしょう。このような状況では，学業は苦痛をもたらす義務的な活動になってしまうのです。つまり，学業が「**自己疎外的**」な活動になっているといえます。

② 「学業的自己疎外感」尺度

山口昌澄は，自己疎外的な学業状況で生じるであろう「大学生の学業における異和感や距離感」といった認知的感情を「学業的自己疎外感」と定義しました。そして，39項目からなる「学業的自己疎外感尺度」を作成しました（表20）。

因子分析の結果から，学業的自己疎外感には，①所属学部（学科）のあり方と自分の興味・関心とのずれの感覚である「学部異和感」，②学業活動と自分の生活や生き方との距離感である「学業距離感」，③大学により制度的に定められた時間・期限への圧迫感である「時間拘束感」，④授業場面における存在感のなさをあらわす「授業疎外感」という4つの次元から構成されることがわかりました。

③ 大学不適応との関連について

学業的自己疎外感の高さは，授業の遅刻傾向や欠席意識，レポートなどの提出物の不備，退学意識といった大学不適応（感）の高まりと関連することがわかりました。また**大学生活不安**とも比較的高い関連がみられました（表21）。

上記の結果は，たとえば自分の所属学部（学科）へなじめないこと（「学部異和感」）や，日々の学業活動に意味や意義が見いだせないこと（「学業距離感」），授業の課題に追われたり（「時間拘束感」），授業についていけなかったりするこ

▷1　大学生の学力低下
大学生の学力低下論争にかんしては，例えば，市川伸一　2002　学力低下論争　ちくま新書を参照のこと。

▷2　個人的要因
大学生の学業からの退却にかんしては，スチューデント・アパシー（学生の無気力や無関心）についての研究がある。詳しくは，笠原嘉　2002　アパシー・シンドローム　岩波現代文庫

▷3　「自己疎外的」
個人の活動が，個人をはなれ，よそよそしくなること。詳しくは VIII-5「疎外感」を参照のこと。

▷4　山口昌澄　2002　大学生の「学業的自己疎外感」に関する研究――「学業的自己疎外感」尺度の作成および信頼性・妥当性の検討　神戸大学発達・臨床心理学研究，**2**，11-22．

▷5　山口昌澄　2003　大学生の学業的自己疎外感に関する研究――外的統制・非社会的志向性・学業態度・大学生活への満足度との関連から　人間科学研究，**10**（2），63-72．

▷6　大学生活不安
大学生の日常生活における不安の程度を測定するために作成された30項目からなる尺度。下位尺度として，「日常生活不安」・「評価不安」・「大学不適応」がある。藤井義久　2000　大学生活不安尺度の作成および信頼性・妥当性の検討　心理学研究，**68**，441-448を参照．

と（「授業疎外感」）が，大学不適応においても深刻な影響をもたらす可能性が示唆されています。「学業ばなれが顕著だ」とか「勉強しない」などといわれることも多い今の大学生においても，学業の重要性が示唆されたといえます。

 4　大学生をとりまく教育状況への問いかけ

先の山口の研究では，所属学部（学科）や学業にたいする異和感や距離感が解消されないまま，ゼミナールや卒業論文など高い専門性をもった活動に取り組んでいかなければならない学生のつらさについてもふれられています。

「学業的自己疎外感」は，専門性の高い学問の魅力をいかに学生に伝えることができるのかや，進路指導のあり方など，学生を取りまく教育状況・環境のあり方に問題提起をおこなっていると考えることもできます。もっと広い視点から考えてみると，「学ぶこと」や「専門的な教養」にたいする価値の低下やゆらぎといった時代的・社会的背景も考えられます。

以上のように，学業的自己疎外感は，現代の大学生の実感や大学の実情に根ざしたものでありながら，ひろく社会のあり方にもかかわっている問題といえます。今後，幅広い観点からの研究知見が蓄積されることが期待されます。

（山口昌澄）

表20　学業的自己疎外感尺度

項　目

●学部異和感
　今所属している学部（学科）の理念は，自分には合わない気がする。
　今所属している学部（学科）は，自分の興味・関心とは合わない。
　今所属している学部（学科）では，自分の能力を十分に生かすことができない。
＊今所属している学部（学科）は自分が学業をする上で居心地のよい環境である。＊
　他の学部だったら，こんなはずはないのに，と感じることがある。
　入学当初もっていた学部（学科）のイメージと異なり，失望している。
　今所属している学部（学科）の雰囲気になじめない。
　大学において自分が知りたいことと，大学で学ぶこととのギャップを感じる。
　大学で勉強していても，これが自分のやりたいことであるとは思えない。
　今所属している学部（学科）は，学生の進路や悩みへの配慮に欠ける。
　今所属している学部は，あまり社会の役に立っていないと思う。
　自分はこの学部に特に必要な人間ではないと感じることがある。

●学業距離感
＊学生生活の中で学業は重要だと思う。＊
＊大学での学業を通じて，何かを学び取ろうと思う。＊
＊自分の生き方を形成する上で，大学における学業は不可欠なものである。＊
　落第しない程度の成績をとっていればそれで良い。
　大学で受ける授業は，時間と労力の無駄である。
　学校の勉強に費やす時間があったら，何か他の有意義なことをした方が良い。
　どうしてきちんと授業に出なければならないのか，疑問に感じるときがある。
＊大学での学業は自分や社会を理解することに役立つ。＊
　大学での学業が自分の将来に役立つとは思えない。
　授業の履修は，その内容よりも単位の取りやすさで選択するものである。
　学校で勉強していても発見したり理解したりする喜びを感じることができない。

●時間拘束感
　授業の時間割が息苦しく感じるときがある。
　課題やレポートは，決められた期限で提出しなければならなく，苦痛である。
　授業に間に合うように急がなくてはならないとき，精神的な苦痛を感じる。
　4年間できちんと卒業しなければならないことにプレッシャーを感じる。
　今から授業に出なくてはならないかと思うと気がめいる。
　要領よく単位を取得しないと，みんなから置いていかれるような気がする。
　卒業するために取らなくてはならない単位があまりにも多い。
　授業中じっとしていなくてはならないのは苦痛である。

●授業疎外感
　授業の進行についていけないときがある。
　授業が自分の理解とは関係なく進んでいるように感じる。
　授業の流れがうまくつかめないときがある。
　どのようなことを学んだか，その内容を思い出せない授業が多い。
　大学で受ける授業は，内容が抽象的でしっくりこない。
　授業には，参加しているというよりも，ただ出席しているという感じがする。
　今受けている授業のカリキュラムには，興味の湧かない授業が多い。

（注）　＊がついている項目は逆転項目を示す。
出所：山口，2002

表21　学業的自己疎外感と大学不適応（感）との関連

	学業的自己疎外感
授業遅刻傾向	.18**
授業欠席意識	.43***
提出物不備	.29***
退学意図	.29***
大学生活不安	.55***

（注）　**p＜.01　***p＜.001。
出所：山口，2002，2003より作成

VI 学校と学習

進学競争

▷1 乾彰夫 2000 「戦後的青年期」の解体 教育, **650**, 15-22.

中西新太郎 2004 受験競争から教育競争へ——企業社会下の教育問題 後藤道夫（編）日本の時代史28 岐路に立つ日本 吉川弘文館 195-223.

苅谷剛彦 1990 学校・職業・選抜の社会学——高卒就職の日本的メカニズム 東京大学出版会

大脇康弘 2001 日本における進学競争の変容——認識枠組と分析課題 大阪教育大学紀要（第Ⅳ部門）, **50**(1), 13-25.

▷2 大田堯 1983 総括と提案 日本教育学会入試制度研究委員会（編）大学入試制度の教育学的研究 東京大学出版会 207-218.

▷3 高垣忠一郎 2004 生きることと自己肯定感 新日本出版社

▷4 Ames, C. 1984 Competitive, cooperative, and individualistic goal structures: A cognitive-motivational analysis. In R. Ames & C. Ames (Eds.), *Research on motivation in education*, Vol.1 : *Student motivation*. London: Academic Press, 177-207.

▷5 Horner, M. S. 1972 Toward an understanding of achievement-related conflicts in women. *Journal of Social Issues*, **28**, 157-175.

1 進学競争の原因と弊害 ◁1

○進学競争の原因

進学競争は，入学定員を上回る志望者があるために起こると考えられていますが，実際には学校間格差によって起こされています。いわゆる「よい学校」を目指す競争です。学校間格差は，明治時代以来，近代化を目指すために，国家が必要な人材の養成と配分を行うための教育から生じました。

政府は1960年代，産業界の要請にしたがって，3～5％のハイタレントと技術革新に対応する即戦力を確保するため，高校の多様化を推し進め，進学競争を加熱させました。今日，政府は進学競争の弊害を指摘しつつも，「産業社会の成功因でもある」（1991年の中央教育審議会答申）とし，むしろ競争に負けない人材の養成が課題だとしています。競争を教育の場にもち込むことにより，国際競争力に打ち勝つ日本経済の活力を作るとしているのです。

○進学競争の弊害

日本教育学会は，1970年代の進学競争による高校生への影響を調査し，自分の興味や関心よりも学業成績によって進学が決定されており，自分の人生を自分でしっかりと考える機会が奪われていることを明らかにしました。◁2

高垣忠一郎は，子ども・青年が今日の競争社会のなかで「相手を値踏みする」ような他者のまなざしに囲まれているばかりか，彼らにとって大切な他者の期待に応えないと見捨てられるという不安にかられ，競争で勝つことでしか自分の価値を見出せない状況にあると指摘しています。

○進学競争は揺らぐか

1980年代までの進学競争は，学校から雇用へのスムースな移行システムの安定や終身雇用制といわれる企業社会の成熟によって支えられてきました。1990年代以降，若年者の労働市場が不安定化し，大企業に就職してもリストラされることから，「頑張って勉強して，よい学校，よい企業に入る意味があるだろうか」などと進学競争に対する疑問が生じてきました。

2 競争が動機づけに及ぼす影響

○学習への影響

エームズ（Ames, C.）は，勉強の目標による競争・協同・個人主義の場合の ◁4

影響を比較しています。競争とはだれかが目標を達成すると他のだれかは達成できない場合です。協同とはみんなが目標を達成できると自分も目標に到達できることで，協力して勉強します。個人主義の場合では個々の目標に向かって勉強します。

競争では，自分がいかに努力したかよりも，勝ったか負けたかが重要となります。図37に示されるように，競争場面は，非競争場面と比べて，満足度に成功経験では違いがありませんが，失敗経験では落ち込んでいます。競争場面では，他人と比較するため，失敗の原因は自分の能力の欠如に帰属され，自尊感情が傷つくからです。協同では，協力しあうという道徳性に裏づけられた志向性を引き出し，低い達成者に恩恵を与えます。個人主義の場合は，競争と似たものになりますが，以前の自分と比べて伸びようとする場合は現実的な目標を設定して達成志向を高めます。

教師の評価は，競争場面では高い達成者と低い達成者とで彼らに対する評価の違いが拡大しました。教師の評価によって生徒の意欲の違いが拡大しますから，生徒間の格差が教師の評価によっても作られることになります。

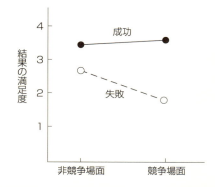

図37　競争による成功または失敗に伴う満足度の違い
出所：Ames, 1984

○自己への影響

ホーナー（Horner, M. S.）[5]は，女性には達成を恐れ，成功を回避しようとする動機があることを見出し，成功不安と名づけました。女性は成績が一番になると，女らしさを失い，周囲の人に嫌われ，不幸になると考えるからだと考えました。堀野緑[6]は，成功恐怖は，成功によって人から妬まれたり敬遠されることへの怖れだけでなく，人を蹴落としたり踏みつけることになる競争への恐れによって生じることを見出しました。岡本直子[7]は，親友や恋人という親密な友人が競争相手になる場合の成功恐怖を検討し，男性は競争で親密な友人を負かすことへの怖れによるものであり，女性は自分の成功と相手への配慮との葛藤を経験することを明らかにしました。こうした研究は，競争が青年の身近な友人関係にも影を落としており，競争への忌避感が現代青年に生じていることを示しています。

3　進学競争を変える教育実践

春日井敏之[8]は，生徒は中学3年の2学期になると，受験を意識し，放っておけば自分のことに精一杯で，ばらばらな状態に追い込まれるといいます。そこで，このようなときこそ，同じような希望や不安で揺れている仲間の出番だと考えました。生徒一人ひとりの将来の夢や受験の悩みを発表しあい，生徒どうしでアドバイスを書きあって渡しました。すると，仲間の気持ちを受け止め，自分の将来や生き方について考えを深めました[9]。　　　　　（白井利明）

▷6　堀野緑　1991　達成動機と成功不安との関係　心理学研究，62，255-259.

▷7　岡本直子　1999　親密な他者の存在と成功不安の関係について　教育心理学研究，47，199-208.

▷8　春日井敏之　1995　「いじめ・登校拒否」と子どもの未来——今，学校と家庭でできること　あゆみ出版.

▷9　このような進路公開の実践は，子どもどうし，子どもと教師の信頼関係がないとできない。教師は，授業を大切にした基礎学力の定着，学級を基礎にした集団づくりとあわせて，この進路公開の実践を行った。

研究例

調査からみた研究として，青年の進路意識研究会　1988　「大学生の進路選択に関する意識調査」報告——学生の進路選択等に関する意識の現状と特徴　大学進学研究，58，4-42.

参考文献

高垣忠一郎　2008　競争社会に向き合う自己肯定感——もっとゆっくり／信じて待つ　新日本出版社

Ⅵ　学校と学習

6　教師・生徒関係

1　教師のリーダーシップ

　心理学のテキストにおいて，学校での「教師のリーダーシップ」を取り上げているものが多い（民主的リーダーシップを強調している▷1）のですが，現場では教師の「ヘッドシップ」はあっても，民主的リーダーシップはほとんど実在しません。民主的リーダーシップとは，役割としての上下関係はあるとしても，あくまで仲間と同じ立場にあって，リーダー自らが先頭に立っていることを意味し，その影響が仲間に波紋を広げるように伝わっていくことをいいます。しかし，ヘッドシップとは命令が上役から伝わり，人間関係は上下関係から成り立っている状態をさしています。教師の命令が生徒を動かす現在の学校現場では，ほとんどヘッドシップなのです▷2。学校社会は民主的であるべきはずなのですが，残念ながら，管理主義の考えが強く，生徒は教師の指示に従わざるを得ません。だからこそ，教師は学校の管理主義を変えていく努力をすると同時に，教師自らが民主的に行動し，見本を示さなければなりません▷3。

2　生徒・教師関係のつくりかた

　教師と生徒の関係をよくするには，まず信頼関係を構築する必要があります。常にそばで見守っているよ，何かあれば支えになるよというサインを出しておくことが必要でしょう。気安く安心して相談しやすい雰囲気の先生だと思ってもらえるようなことも条件かもしれません。まずえこひいきは絶対にしてはなりません。ものを見るときは，視線は生徒のそれと同じ目の高さにまで下ろし，同じ位置で考えることも出来るよう努力も欠かさない姿勢でいたいものです。教師は上で生徒は下だと考えがちですが，見下げる姿勢は示さないことです。このような心構えは，普段の心がけでもあり，時間をかけて創り上げていくものなのです。生徒が困っているようであるならば，やはり声をかけるようにしましょう。しかし，結論はあくまでも生徒本人が出すのですから，結論を押しつけず，本人が気づかない広い視野で多方面からの考え方などをアドバイスし，いろいろな選択肢の中から最終結論がでるよう，指導するにとどめた方がいいと思います。

　ある教師は新学期の初めにはもう自分のクラスの生徒の名前をすべて覚えている人がいます。それは，生徒が「先生は自分のことを覚えてくれているん

▷1　民主的リーダーシップとは，集団の討議によって決定し，その決定を生徒が尊重するように教師が方向づけることをいう。
　河野義章（編著）1993　教育心理学　第8章−4　教師の役割　1）教師のリーダーシップ　川島書店　141-142.
　柳井修・林幹男・古城和子（編著）1998　教育心理学の探究　第3章　教師の心理　ナカニシヤ出版　224-226.
　梶田正巳（編著）2002　学校教育の心理学　第4部　第2章　教師のはたらき　名古屋大学出版会　229-230.

▷2　ヘッドシップは，リーダーシップの観点からは専制的リーダーシップという。

▷3　教師の実践としては，生徒一人ひとりが教師の指示を待って指示どおりに動くのではなく，生徒自らが集団の主人公となるように，自ら提案し，討議し，決定し，決定したことを守るよう教育をしていくことが集団づくりの課題となる。

だ」という気持ちを引き起こすからです。また，ある教師は，なるべく職員室にいるよりは生徒たちの中に融け込んでいるよう教室にいたり，朝，校舎前で挨拶をしたり，にこやかに「きょうも一日元気で過ごそう」と声をかけるように心がけています。

生徒だけでなく，保護者との連絡を密にしている教師もいます。何かあると必ず家庭と連絡を取り，任せっきりという姿勢にはしません。まず基本は家庭にあるからです。子どもが親の姿勢を見て育つのは，今も，昔も変わりはありません。連絡を取りあうことで子どもが置かれている状況を把握し，接するとともに，親にも信頼される存在ならば，子どももそれに気づいて，教師にも心を許すようになるでしょう。ただし，各家庭のプライバシーもあり，根掘り葉掘り詮索はしないことが大切です。状況は自然と理解できることがあり，そのタイミングで，親に「お子さんがこのような状態であり，家庭とともに苦しんでいる状態を脱せることができるようにしたい」と，協力を呼びかけるのです。

最近の子どもはいろいろな直接経験が非常に乏しいということに注目しておきたいものです。落語家が，最近はいろいろな道具の解説をしておかなければ意味が分からないので，笑うところでも笑いがないと嘆いていたということを耳にしたことがあります。同じことなのです。情報化社会であるだけに知識はいろんな所から簡単に入ってきますし，手に入れることもできます。しかし，それが実感を伴う意味理解ができていないのです。頭でっかちなのですが，内容が詰まっていない場合が多いのです。ゆえに教師は生徒に接するときに，話した内容が本当に心からわかったのか，実感を伴っているのかを注意する必要があります。それも時間を要するので「待つ教育」の視点も必要とされるでしょう。

③ 教師自らが絶えず自己研鑽を

教師になりたいという人は，「生徒に何らかの影響を与え，人生に役立ててもらいたい」という希望をもって教師になります。しかし，実際現実はというとそういうことができるとはかぎりません。教師自身が成長する，またその姿勢がなくなったとき，生徒からは信頼を失い，心がとぎれることになります。いつまでも生徒の見本であるためには，自分を磨き，人間的に魅力あるように努力を怠ってはなりません。

（山野　晃）

- 教師である前に，一人前の社会人たる常識を身に付けよう。
- 自らに厳しく，いつまでも自己研鑽を忘れないように
- 信頼される教師であれ（えこひいきは絶対にダメ，約束は守る）
- 生徒の目線でものを見，生徒の立場になって考えてみる
- 人間味のある心を失わず（機械的になるな）
- 心の交流をわすれずに

▷4　人を殴ってはいけないということはわかっているようである。しかし，その痛みはわかっていなかったり，どこを絶対に殴ってはいけないかというものはわかっていない。そのため，みんなでテレビゲームの調子で人を殴り・蹴りしてもその程度はわからず，大けがをさせてしまうことにもなりかねない。

▷5　たとえば授業法の研鑽とか，生徒に話す内容を勉強するとか，単に自分の専門科目の勉強だけでなく，教師として身につけなければならないホームルーム指導をはじめとする生徒指導を勉強するとか，教師向けに出版された実用書がたくさんあるので，それらを読んで取り入れてみるとか，人生の幅を広げるための社会的活動をしてみることも含まれる。たえず新しい何かを身につけて生徒に披露すると生徒の教師に対する目が変わってくる。

参考文献

瀧野揚三　1997　教師－生徒関係　加藤隆勝・高木秀明（編）青年心理学概論　誠信書房　124-143.

VI 学校と学習

7 学校ストレスと対処

▷1 これを焦点理論という。コールマン, J.・ヘンドリー, L. 白井利明・若松養亮・杉村和美・小林亮・柏尾眞津子（訳） 2003 青年期の本質 ミネルヴァ書房

▷2 平石賢二・杉村和美 1996 中学生の役割緊張に関する研究——コンピテンスおよびストレス反応との関連から 青年心理学研究, 8, 27-40.

▷3 大久保智生・青柳肇 2003 中学生の問題行動と学校および家庭環境への適応感との関連——個人—環境の適合性の視点から 日

1 青年の学校ストレス

ストレスとは，環境の圧力によって生体内にひずみが生じることをいいます。環境の刺激をストレッサー，生体の反応をストレス反応といいます。中・高校生のストレスは，受験や成績，学校の規則や教師との関係，友人との人間関係，親との家族関係によってもたらされます。

ストレッサーが重複すると，ストレス反応は格段に高まります。青年期の課題を一つひとつ別々の時期に直面するとよいのですが，同時に複数をかかえると，対処しきれなくなって葛藤や危機が生じます。日本の中学生の怒りや抑うつで考えてみると，教師のかかわりかたに対する不満が出発点となり，勉強に対するわからなさが加わり，さらに友人とのあいだでトラブルをかかえて高まります。

以上のように，青年と学校環境との適合性が低くなると，青年が学校を居場所と感じることができなくなり，問題行動が生じる原因にもなるのです。青年期は自律の欲求が高まりますが，学校がその欲求と隔ると，環境と個人のあいだに不適合が生じて，ストレスが高まります。学校や教師が中学生の自律性を否定したり，他人と比較して評価したりするのでは，生徒にイライラを生じさせます。勉強がわからなかったり，友人とのトラブルを起こしたりすることが引き金になって，問題行動が発生します。青年期の自律の欲求と適合するように中学教育を見直すことが必要です。

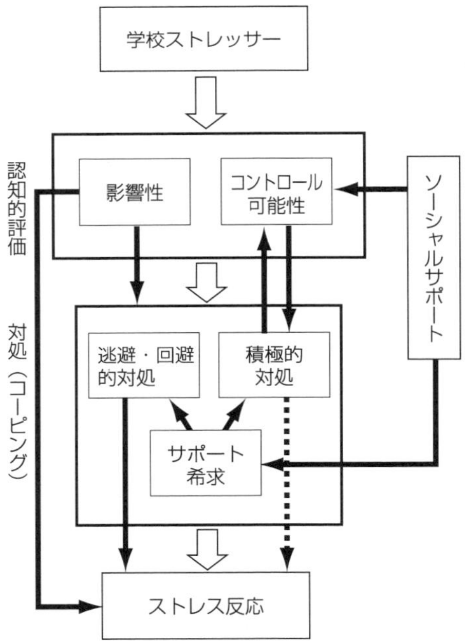

2 青年の対処

ストレス反応には個人差があります。三浦正江はラザラスらのモデルを下敷きにして，図38のようなメカニズムを考えています。「大変なことだ」という影響性が高かったり，「どうしようもないと諦める」といった逃避・回避的対処をとると，ストレス反応が高まります。影響性が高いとさまざまな対処（コーピング）を行うものの，ストレス反応は低まりません。「何とかできる」というコントロール可能性が高かっ

図38 中学生の心理的ストレス過程

（注） 直線は正，点線は負の相関関係を表す。
出所：三浦，2002

たり，「問題を整理する」といった積極的対処はストレス反応を低めていました。両親・教師・友人からの援助であるソーシャル・サポートがあると，他者に助けを求めるサポート希求が可能となったり，コントロール可能性が高まるため，ストレス反応を低めます。本人の認知的評価も重要ですが，このように他者からの援助が認知に対して大きな影響を及ぼします。

中学生はソーシャル・サポートを母親や友人に多く求め，父親や教師は相対的に求めない傾向があるのですが，ストレスの軽減効果で見ると，表22に示されるように，父親や教師の果たす役割も大きいのです。[5]

表22 中学生のストレスに対するソーシャルサポートの軽減効果

		父親	母親	教師	友人
ストレッサー	友人関係				○
	学業				
	教師との関係			○	
	部活動			○	
認知的評価	影響性				
	コントロール	○	○	○	○
対処	積極的対処	○	○	○	○
	諦め		○	○	
	思考回避		○	○	
ストレス反応	不機嫌・怒り	○	○		
	抑うつ・不安	○	○	○	
	身体反応		○	○	
	無気力	○	○	○	

（注）効果がある場合を○とした。きょうだいはいずれも効果がなかったので省略した。
出所：嶋田，1998

3 教師のストレスと対処

ストレスを感じているのは生徒だけではありません。教師も多大なストレスを感じています。大阪の教師1,952名に対する調査によると，バーンアウト[6][7]の危険域は30.9％，それを越えた教師が21.5％もいました。良い状態にある教師は37.5％にすぎませんでした。

松浦善満[8]は教師のストレスの原因として，第1に，教職の構造の変化と多忙化をあげます。中学校では部活関係や生活指導で時間がとられています。高校教師では会議が多くなり，生徒と話し込んだり勉強をできるまで教えたり教職員の親睦にあてたり集金をするための時間がとれなくなっています。教師の仕事が形式化・官僚化しているのです。第2に，かつての多忙はやればやるほど子どもとの絆が強まったのですが，今の多忙は「やってもやっても子どもが乗ってこない」という無力感を伴う消耗する多忙なのです。第3に，ストレスを感じるのは「管理が厳しくなり無理やり仕事をおしつけられたとき」や「ミスをおかして職員室で教頭から罵声を浴びせられたとき」といったように，教職の自律性が減少していることです。

八並光俊ら[9]は，教師のバーンアウトは，単なる忙しさや教師個人の問題ではなく，組織の問題であると指摘します。バーンアウトとは，対人援助活動で過度な要求のもと，情緒的な力を出し尽くし，消耗している状態をいいます。バーンアウトを減らすために，職場で教師が悩んでいる子どもの事例を出しあって話しあうことを提案しています。そのことで職場の人間関係を改善し，組織を変えていくことができるのです。子どもの問題を前にして教職員が共同し，保護者とも共同する関係を築いていくことが求められます。

（白井利明）

本福祉教育専門学校研究紀要，11，11-19.

▷4 三浦正江 2002 中学生の学校生活における心理的ストレスに関する研究 風間書房

▷5 嶋田洋徳 1998 小中学生の心理的ストレスと学校不適応に関する研究 風間書房

▷6 大阪教育文化センター教師の多忙化調査研究会（編）1996 教師の多忙化とバーンアウト――子ども・親との新しい関係づくりをめざして 法政出版

▷7 久保真人 2004 バーンアウトの心理学――燃え尽き症候群とは サイエンス社

▷8 松浦善満 1997 現代の学校と教師――教師像の再検討 現代教育科学研究会（編）教育学のアイデンティティ――学校批判を超えて 八千代出版 203-226.

▷9 八並光俊・新井肇 2001 教師バーンアウトの規定要因と軽減方法に関する研究 カウンセリング研究，34，249-260.

VI 学校と学習

青年期の学習指導のポイント

1 答えのないものに答える力

　最近授業をやっていて感じることは，生徒にとって，受験のためにいかに点数につながるかという教え方をしている教師がいい教師であり，わかりやすい先生であるという評価になりがちだということです。また，練習問題を解くにあたって，「すぐ答えが欲しい」，「答えがなければ不安です」という生徒が多いのです。小学生時代から受験競争の真っ只中で育ってきた彼ら・彼女らにとってそれは当たり前のことなのでしょう。しかし，これからの時代「答えのあるものの答えを出すことよりも，答えのわかっていないものに対して，答えを導き出す努力やものの考え方の方が大切」なのではないでしょうか。苦しいことを乗り越えてこそ自信がつき，意味があるのです。

2 わかる授業のポイント

　受験に役立つ・役立たないは別として，やはりわかる授業が大切なことには違いはないでしょう。そこで授業に際して注意すべき点を整理してみましょう。

○授業に興味を引きつける

　授業の導入になるべく驚きと興味を引くような工夫をしてみることです。実物をもってきて，いったいこれはどこで，どんなふうに使うのでしょうと問いかける教師。ある単元が終わるとそこで出てきた重要事項を生徒にいくつか選ばせ，それをビンゴゲーム式にして興味を持たせる教師。最近取り入れられつつある「**参加型**」の授業を工夫しながら用いる教師。みんないくつかの工夫をしているのです。

○生徒が主体の授業

　今までの一斉授業は，教師が黒板に重要事項を記入し，生徒がそれをノートに写し，教師が説明をしていくという方式が中心でした。しかしこれからの授業は，受け身の姿勢ではなく，生徒をいかに主体にした授業が求められるかということです。そこでは，単なる書く・読む・見る・計算するといったようなものではなくて，生徒の意欲・興味関心・既有知識などを中心に生徒相互の作用を応用した（助け合い・教え合いなど）授業が，コンピュータを用いて行われるようになるでしょうし，何よりも黒板に代わる**コンピュータを介在した教材**が登場してくるでしょう。教師は知識の伝達が中心になるのではなく，考え方

▷1　「参加型」の授業
従来のチョークと話を用いた生徒が受け身の授業ではなく，生徒が何らかの作業をしたり，ゲームやシミュレーションをしたりしながら授業に参加する授業。たとえば，ディベート学習などがこれにあたる。

▷2　コンピュータを介在した教材
あるメーカーでは「レフヴィジョン」と呼んでいるようであるが，ホワイトボードに書いたものをコンピュータに取り入れ，それをプリンターで打ち出すとか，プロジェクターを使ったホワイトボードで投影者の書き消し可能なものもできている。現在はおもに会社の会議において，アイディアを出し合い，それをまとめるといった具合に使用されている。

▷3　五感をもちいる工夫
文字を単に黙読するのではなく，声を出しながら，それを耳で聞きながら，目で確かめる。速聴といわれる２倍～４倍の速さで読み上げられる文章を聞くと，集中しなくてはならないので，脳全体に刺激が働くようになるといわれているのがその例である。

の援助者としての、そして教材使用の補助者としての役割が中心になるのではないでしょうか。

◯視聴覚に訴える授業

最近の子どもは活字離れが進んでいるといわれます。勉強の出発点はやはり活字を読んで、内容を頭で理解し、整理することからはじまります。だから、この基礎を飛ばしてしまってはなりません。これをきちんとしたうえで、考える補助として、図表や写真や現物など用いることが学習をより進めることになるでしょう。しかし、単に目に見せるだけではなく音を用いたり、より**五感をもちいる工夫**が興味になり、心に残るものになると思います。図は理解をよりすすめ、表は比較をすることにより定着化を図るいい方法です。それらも最初からすべてを埋めてあるのではなく、生徒たちが自分たちで学習しながら完成させていく方式の方がいいと思います。

◯くりかえし

一度学んだことをより定着させるには「くりかえし」や積み重ねが必要です。エビングハウス（Ebbinghaus, H.）の忘却曲線に見られるように、ものの保持には繰り返しが効果的であり、現在さかんに行われている**百マス計算**はこれを応用したものです。しかし、盛りだくさんのことを学ばせる内容である学習指導要領に沿って書かれた教科書では、じっくり練習問題を解き、納得がいくと次へというペースをとることができないのが現状であり、それが学力低下をもたらした最大の原因なのです。塾などでは、繰り返し同様の問題を解かせ、完全にマスターできたところで次の段階へ進む方式を採用しています。

◯ポイントを明確に

授業に当たっては、その授業時授業時ごとに目標を明確にします。そしてそのポイントを整理して、わかりやすく、丁寧に、目立つように、強調して、繰り返し示すことです。多くのポイントを示すとややこしくなりますから、なるべく多くとも3点ぐらいにとどめるようにします。そして、ある視点から比較をしていくと、違いが分かりやすくなるでしょう。また、練習問題では、個々人がどこでつまずき、どこから分からなくなったのかがわかるような**ノート作りの指導**も必要でしょう。

3 生徒の心を引きつける教師に

教師がいくら上手なスキルで授業をしても、それでいいかというと、そうではないと思います。大学生に「中学・高校時代の印象に残った先生の授業方法」といったテーマでレポートをしてもらいますと、一番の問題点として、良い先生・悪い先生いずれにしても、教師の人間性をあげています。ここからも生徒の心を引きつける魅力ある教師になることが、よい指導をおこなえる出発点があるように思われます。

（山野　晃）

▷4　久世敏雄・梶田正巳編著　1991　3章　学ぶことの基礎　福村出版　53-56.

▷5　百マス計算
広島県尾道市立土堂小学校校長陰山英男作のタテ10列、ヨコ10行からなる計算練習法のこと。

▷6　ノート作りの指導
数学でいえば、ノートは大学ノートを用い、1ページの真ん中に縦の線を1本入れる。その左側には自分で例題をどんどん解いていく。右側は間違ったところの行から色を変えて正しい解き方・答えを写していく。英語でいえば、見開き両ページを使い、左側に1～2行おきに教科書の英文を写し、空いた行には、辞書でわからない単語を引いて写す。右側のページには、これもまた1行おきに自分で訳した日本文を書き、授業中に先生が訳すのと比較して間違ったところを色を変えて書き足すようにする。また両ページ下10行ぐらいは、文法や先生の板書を写すための欄として使用する。

▷7　よい教師とは、熱心な、ユーモアのある、何か他の教師とは違う独特の雰囲気を持っているが親しみやすい、よく授業が練れており、わかりやすい教師。何事にも本気で取り組む教師。自分の言葉に責任を持って生徒とかかわっていく教師。反対に嫌な教師では、向上心のない、サラリーマン化した何事もいい加減な教師。

VI　学校と学習

青年期の生徒指導のポイント

生徒指導とは何か

　生徒指導とは，「本来，一人一人の生徒の個性の伸張を図りながら，同時に社会的な資質や能力・態度を育成し，さらに将来において社会的に自己実現ができるような資質・態度を形成していくための指導・援助であり，個々の生徒の自己指導力の育成を目指すもの」です。

　生徒指導というと，非行・問題行動への対応のみに限定して考えられがちですが，日々の学級経営や個別指導，学習習慣の形成ということが基本にならなければなりません。非行や問題行動が起きてからの対処ではなく，生徒が自分の生活目標と責任をもって行動できるようにしていくことが大切なのです。

2 誰でも存在価値があると認められる社会に

　その場をつくろって，さもわかったかのように振る舞い，表面的には大人に従う生徒もいます。内面はまだ心から改心したり，内容を理解できていない生徒もいます。彼らは心の傷をもっており，仲間同士では強がってみたり，集団で威圧してみたりしているのです。それは，真の意味での愛情や信頼を味わったことがないからです。また，目標もなく，自分に自信がなく，だけど目立ちたい，そんな気持ちの発散しかできない子どもたちもいます。そんな彼らも，一人になると優しい一面を見せたり，気前のいい子もたくさんいます。

　本当は，愛情に餓えていたり，人から認めてもらえなかったり，成績というモノサシによってふるい分けされて，自分はダメなのだと思い込んでしまったりと，本来の何かをわかっていないように思えるのです。ですから本気になって自分のことを思ってくれる人には，心を開けてくれますし，慕うようになります。ですから，生徒の心に寄り添う教師や兄的・姉的存在の人が必要になるでしょう。

　それにもまして，必要なことは社会の考え方にも変化をもたらすことではないでしょうか。学校社会にうまく適応できる生徒もいれば，適応できない生徒もいます。しかし，社会に出れば，それこそ生き生きとしている人も多く見受けられます。社会に反抗し，非行に走る子どもの多くは，学校でのたった一つのモノサシ，すなわち「成績」でしかはかられないのです。そして成績が悪ければすべてに自分はだめな人間なのだと，勝手に判断し，そのような方向に走

▷1　文部省（現在は文部科学省）1988　生活体験や人間関係を豊かなものとする生徒指導

ってしまっている生徒も多いのです。世間の目がそれこそ多様化していろんな仕事に，いろんな存在に価値を認め，人間一人ひとりが胸を張って行ける社会に大人がしていかなければならないのではないでしょうか。またそのような方向へと変化しはじめている兆しもあります。生徒にも「一つのモノサシで物事を見なくてもよい」「モノサシにはいろいろある」ということを気づかせたいと思います。

3　ある教師の実践例から

　ある30歳代の教師を例に考えてみましょう。

　彼の1日は，朝校舎前に立って生徒に「おはよう！」と声をかけることからはじまります。まず，名前を覚え，顔と一致させるために，これを行います。当然，生徒の服装などを見ることもありますが，一緒に登校する友人関係を見るのだそうです。そうすることによって，1学期，2学期と経つうちに友人関係の変化などもわかるといいます。友人関係を把握することによって，友だちを通じて休みがちな子に働きかけをするなど生徒指導に役立てることができるのです。

　授業は，まず熱心な授業研究に裏打ちされ，頭の良さと巧みな話術，ユーモアで，生徒の注意を引きながら展開され，要点をわかりやすく説明するそうです。年齢の関係もありますが，エネルギッシュな彼の行動は，中学生・高校生の兄貴的な存在なのです。生徒たちもよく相談に乗ってもらい，的確なアドバイスを与えてもらって，信頼をさらに増しています。クラス活動も生徒中心の自主性を重んじた見守る指導を行い，生徒たちの失敗もかぶってやる度量の大きさも兼ね備えているのです。また，保護者との連絡を密にし，保護者の話をよく聞き，子どもの成長を具体的に示しながら，保護者の心も開かせていきます。

　この教師から学べるところは多々あると思います。その基本は，教師としての枠組みをしっかりもったうえで，生徒と同じ視点に立って考え，生徒の成長を前に保護者と共同するところにあるのです。　　　　　　　　　　（山野　晃）

《叱り方のポイント》
1．必要なときには注意を絶えず与える。
2．厳しく叱るときは，信頼関係を作ってから（ただし，叱る時は，生徒の気持ちを確かめてから）。
3．人前では叱らない（どこかゆっくり話が二人だけでできるところで）。
4．生徒の気持ちを落ち着かせ，なぜ叱られているのか，そのポイントを考えさせ，納得させる。
5．二度と同じ繰り返しをしないように自分で考えさせる。

(研究例)
　山野晃　1987　高校『現代社会』青年と自己探求の実践報告――「人間であること」の認識と「自己実践・アイデンティティの確立」をめざして　青年心理学研究，1，53-61.

(参考文献)
　白井利明　1999　生活指導の心理学　勁草書房

VII 進路と職業

1 青年期のキャリア発達の特徴

1 キャリア発達とは

　人は人生のなかで，年代に応じてさまざまな役割を担います。その役割の組み合わせや変遷をキャリアといいます。このことばは，日常的には職業の経歴を指して使われますが，人は「働く」という役割以外にも「親」「子ども」「余暇を過ごす人」などの役割を多重的に担っていて，それらの役割は互いに制約し合っています。つまり「働く」役割を単独で見ることができず，他の役割とも考え合わせて理解し，組み立てていくのが，キャリアのあるべき選択です。すなわちそれは，その人が「どのように生きていきたいか」の表れです。

　この「役割の組み合わせ」であるキャリアには，①果たすべき役割が果たせているかという側面と，②その人らしく役割が果たせているかという側面があります。これらはともに，年齢とともに変わっていくもので，キャリア発達と呼ばれています。①の側面が重要であることはわかりやすいですが，②の側面も，その人が主体的に，また意欲をもって役割を果たしているかという意味で大切です。これらはともに，進路を選択し，そこに適応していくうえで大切な成長と言えます。ここでは，紙面の制約上，職業に焦点を当てて解説します。

2 キャリア発達のモデル

　職業に関するキャリア発達には，年齢に応じたおおまかな段階があると考えられています。その最も有名なものが職業心理学者であるスーパー（Super, D. E.）のものです。ここでは，青年期に該当する段階について解説を加えます。13～14歳は，成長段階（誕生～14歳）の最後の時期，能力期にあたります。能力に対する自覚が高まり，職業志望の背景に占めるそのウエイトが高まる時期です。続いて探索段階（15～25歳）に入り，まず暫定期（15～17歳）では雇用機会も含めてすべてのことが考慮され，暫定的な選択が空想，議論，教育課程，仕事などのなかで試みられるとされます。続いて移行期（18～21歳）では，実際の労働市場や専門的訓練に入るなかで，現実面がより大きく考慮されるようになり，**自己概念**の実現が試みられるとされています。そして最後に試行期（22～24歳）では，自分が適すると思われる分野がつきとめられ，その分野で入門職業を発見し，それをライフワークにしようと試みられるとされています。

▷1　Super, D. E. *et al.* 1957 *Vocational development: A framework for research.* New York: Teachers College Bureau of Publication.

▷2　自己概念
自分とはこういう人間である（こういう人間になるだろう，なりたい）といったことについて，自分で抱いているイメージや価値観を指す。

３ 日本の若者のキャリア発達

　スーパーが理論化したキャリア発達の段階は，大まかには日本の若者にもあてはまりますが，文化的・時代的な背景が異なることから，異なる部分もあります。たとえば能力期にあたる中学生では，学業成績から大学に行けるかどうかなどは考慮するものの，能力にかんして，それほど現実的な思考がなされていないようです。あるいは高校生は暫定期にあてはまりますが，職業にかんしてそれほど現実的な思考がなされていないようです。むしろ，日本の若者は「やってみたい・面白そう」という興味へのこだわりが長く続くようです。大学３年生の後半になっても，特定の職業の選択肢への志望の強さが興味と最も強く関連しています。調査結果によれば，能力や実現可能性の見積もりと志望の強さにはほとんど関係がありませんでした。また仮に興味を引かれる選択肢がなくても，それを求め続ける「やりたいこと」志向という傾向も指摘されています。つまりスーパーのモデルに照らすと，日本の若者はキャリア発達が遅れているということになります。これはたとえば，日本の高校ではアルバイトが制限され，長く親の経済的援助のもとで暮らしているといった，若者の早い独立を妨げる方向の制度や習慣の違いと関連しているのかもしれません。

４ 学校における進路指導との関連

　若者のキャリア発達は上述のように未熟であっても，学校における進路指導を改善することで，若者のキャリア発達を支援することはできるでしょう。元来，日本の学校で行われる進路指導は，受験指導や進学指導に特化され，成績にかんすることや受かりそうな学校がどこかといったことは熱心に指導してくれるものの，キャリア発達の促進につながることがらは，多くの学校であまり力を入れていないのが現状です。下山は，本来は人格の発達状況と関連しているべき進路決定が，高校生を調べてみると関連が見いだせないと指摘しています。すなわち，一定の成長や発達を遂げたうえで進路を決めているのではなく，自分の成績や親の期待によっていわば無理に（あるいは安易に）決めているのでしょう。もちろん，現実的な計画を立てるためには成績は必要な条件ですし，親の期待を無視してよいというわけではありません。しかし平素の自分を振り返り，自身の能力や興味，価値観を十分に把握し，また進学先や就職先の実情もふまえたうえで，納得のいく結論が出せるまで考えることは，必然的に人格的な成長も伴うものでしょう。

　若者のキャリア発達が未熟であることは，学校だけの責任とは言えませんが，それでも学校の進路指導がこの問題を改善する糸口となりうる，という考え方は有効です。たとえば，VII-3 に述べる職場体験学習やインターンシップなどは，そうしたキャリア発達を高める効果も期待できる手だてです。　　（若松養亮）

▷3　若松養亮　2013　志望進路への適合性の評価観点と進路未決定──文科系大学生を対象として　キャリア教育研究, 32, 21-29.

▷4　下村英雄　2002　フリーターの職業意識とその形成過程──「やりたいこと志向」の虚実　小杉礼子（編）自由の代償／フリーター　日本労働研究機構　75-99.

▷5　下山晴彦　1983　高校生の人格発達状況と進路決定との関連性についての一研究　教育心理学研究, 31, 157-162.

参考文献
文部科学省　2011　今後の学校におけるキャリア教育・職業教育の在り方について　中央教育審議会答申　http://www.mext.go.jp/b_menu/shingi/chukyo/chukyo0/toushin/1301877.htm

VII　進路と職業

2　意思決定

▶1　印南一路　1997　すぐれた意思決定　中央公論社

1　進路意思決定の難しさ

　意思決定は全般に難しい課題です。印南が述べるように，複数の選択肢の中から一つ（ないし複数）の選択肢を選ぶという単純な課題ではなく，ことがらどうしの因果関係を判断し，それを選んだらどうなるかという先のことを予測し，価値や好みという数字に表しにくい基準によって評価するという高度に認知的な活動だからです。それに加えて，職業・進路の意思決定はもっと困難です。たとえば，購買行動などと比べて類似の意思決定経験が少ないこと，職場の雰囲気や同僚・上司の人柄など偶発的な側面が多いことなどです。さらに職業の場合は，選択肢が膨大で，選択基準が不明確であるという難しさもあります。進路・職業の意思決定は，人生の重要な決断であるというだけでなく，これらの難しさのために，なかなか決められない方が当然であると言えます。

▶2　下村英雄　2012　就職はなぜ難しいのか　若松養亮・下村英雄（編）　詳解　大学生のキャリアガイダンス論　金子書房　13-24.

2　進学先を決める意思決定

　就職先の意思決定にくらべて，進学先の意思決定は，成績の良さという現実的要因が非常に大きく影響しています。確かにとうてい合格できそうにないところを受験してもしかたがないですが，重点的に勉強できることが何かといったことや，その学校の雰囲気・校風といったことを二の次にして，「自分の点数で合格できる，最もレベルの高いところ」をねらう受験生が大部分です。また，このようないわば"ブランド志向"は，親の意向も色濃く反映した結果でもあります。また，卒業生の進学先が学校の評価につながると考える先生の指導が加わることもあります。このような成績重視の意思決定は，本人が意欲をもって興味ある学びに取り組むこと，あるいは当人の個性や職業選択の意向に沿った選択を阻害しかねません。
　また，一回の進路選択は後に続く選択の幅や方向性を左右します。たとえば工業高校や教育学部への進学によって就職しやすい業種としにくい業種ができます。つまり進学先の選択は，その学校のことだけを考えて行ってはいけないのです。「選ぶことは棄てること」と考えて，見通しをもつことが大切です。

3　就職先を決める意思決定

　高校生が就職先にかんして意思決定をする場合，必ず学校に来た求人に対し

て出願がなされることから，VII-4 に述べる志願者選考のあり方に大きく影響を受けます。雇用情勢や地域の状況，普通科か専門学科かなどによって志願者選考のあり方は異なりますが，高校と企業の信頼関係が重視されるところでは**一人一社制**という慣行のために，何かと制約が多いものになります。この慣行は，就職後3年間に5割もいるといわれる早期離職者の問題や，就職後に問題化するミスマッチを改善するために，なくそうという動きがあります。特に高卒就職者への正社員の求人が少なくなっており，他方，パートやアルバイトなどの非正規の求人に置き換えられていることもあり，早くから正社員としての就職をあきらめてしまう生徒も少なくありません。

　大学生の場合には，正社員の求人割合は多いですが，十分な業界研究・企業研究をして臨まないと，不本意な意思決定に陥らざるを得ません。3年生の後半になっても VII-5 に述べる進路未決定の状態のまま，就職活動に突入する人も多いです。さらには，近年はインターネットを使った出願の影響も受け，就職活動は激戦化しています。当初に考えていた志望の業界や企業に就職できず，十分に納得しないまま決めて，後悔する人も少なくありません。大学は，就職する直前の学校段階であり，さらには専門性を高めるところでもあるので，大学や学部を選ぶときから，卒業後の進路に対して見通しをもてるように，いろいろ調べておくことが必要です。

❹ 職業の意思決定に見られる特徴

　高校生や大学生が，職業にかんする意思決定を行う場合，いくつかの特徴が見られます。第1に「自分」にこだわりすぎることです。たとえば個性を生かせる，自分がやっていて楽しいといったことです。これらは，尾高が「職業の意義の3要素」として整理したうちの「個性の発揮」という重要な側面ですが，他の2つの「役割の実現」（社会や組織の役に立つことに相当します）と「生計の維持」が相対的に軽視されてしまいます。これと関わって第2には「今の自分に合った職業」を探しすぎることが挙げられます。仕事を始めれば，研修や経験を積む中で能力は向上しますし，考え方も変わってきます。ですから「今の自分」に合った職業も結局はミスマッチになりかねませんし，また見つからない可能性が高いのです。第3には身近な，よく知っている職業から探そうとしてしまい，結果的に一部の業種や企業に志願者が集中することです。よく知らない業種や職種について調べるのは気が進まないものですが，根気強く調べていくと，自分が求める職業の姿や，働くという営みに対する感じ方がうきぼりになってきますので，ぜひ取り組んでほしいことです。

（若松養亮）

▷3　一人一社制
一人の生徒が応募できる企業を一社として，その企業の内定が得られなかった場合にのみ，他の企業に応募できるという制度。内定の辞退が原則としてないことから企業側にとって，また企業と高校の信頼関係の維持にとってメリットがある。

▷4　厚生労働省職業安定局の発表によると，2013年3月の高校卒業者に対する正社員求人数は22万8000人であり，20年前の1993年の168万人から比較すると86％も減少している。

▷5　尾高邦雄　1953　新稿職業社会学　福村書店

【参考文献】
堀　有喜衣　2008　高卒就職・キャリア形成支援の現状と課題──高校側を中心に　ビジネス・レーバー・トレンド，2008年12月号，5-8.

Ⅶ　進路と職業

アルバイトとインターンシップ

青年にとってのアルバイトの効用

　学生にとってアルバイトは，自分の手でお金を得る初めての経験となるだけでなく，実社会に労働者という立場で参加する初めての体験でもあります。それまでは学校における生徒や家庭における子どもという，社会の一員としての義務も責任も最小限の，保護された存在でしかなかった若者が，現実の大人の社会を目の当たりにして，また一人前として扱われる意味は大きいものです。たとえば販売店員の仕事を経験すれば，今まで客の目からは当然に思えた接客側の立ち居振舞いやサービス，店内の清潔さ・整然さなども，目に見えない努力や苦労があってのことであることがわかったり，あるいは昨今では，人件費の削減から働いている人のほとんどがパートやアルバイトで占められているという実態を初めて知ることになるでしょう。そして親から小遣いとしてもらっているときには気づかなかったお金の価値が，自分で働いてみるといかに尊いものかもわかることでしょう。高校では，残念ながらアルバイトを禁じているところがまだ多く目につきます。これは金銭の浪費癖がつく，帰宅時刻が夜間になる，犯罪にまきこまれるといったことを懸念するためですが，早いうちから進路や社会を考える良い契機になる機会が奪われるという点では，むやみに禁じることには再考の余地があります。

インターンシップとは

　インターンシップとは，高校生や大学生が在学中に，教育の一環として企業等でその指導のもと，一定の期間行う職業体験およびその機会を与える制度のことを指し，近年，盛んになってきています。元々，米国の internship は，企業が主催し，そこに学生が参加する形態で，その他に Co-op program と呼ばれる，大学と企業が提携し，大学教育の一環として行うものがあり，日本でのインターンシップは，これらを併せたものになっています。

　アルバイトが企業側の都合で募集され，報酬が出る職業体験であるのに対して，インターンシップは学生に就業体験を与え，ビジネスの現場や働くことを理解してもらい，学業生活や将来のキャリアプランに役立させるためのものです。そのため企業側にとっては基本的に社会貢献の一環という位置づけであり，生徒・学生や学校側にとってメリットが大きいものであると言えます。

3 青年にとってのインターンシップの効用とは

インターンシップは，多くの場合，きたるべき就職活動に有利になるからということだけで考えられていますが，学生にとってのメリットはそれだけではありません。実社会での仕事・職業を体感できるわけですから，体験した個々の職業についてだけでなく，実社会の仕事の多くに共通することがらについても知ることができます。これまで想像でしかなかった「組織で仕事をするとはどういうことか」というイメージが大きく変わることもあるでしょう。

また教育実習など，大学での専門領域の職業を体験する場合には，学んだ知識や技術を実践する場を得ることにもつながります。それを通して，学校に戻ってきてからの学習態度や意欲がより向上することも期待できます。さらに，体験の成功／失敗にかかわらず，自分の進路について考える材料を得られることから，それまで以上に真剣に，将来について考える契機ともなります。

4 職場体験学習の効用

近年，多くの中学校で行われている職場体験学習も，高校生や大学生におけるインターンシップと同じような効果があります。職場体験学習とは，学校の近隣の事業所（お店，工場，病院，役場など）に，生徒の希望を調整したうえで数人のグループで派遣し，数日の職業体験をさせるものです。兵庫県で全県一斉に行われているトライやる・ウィークがモデル事業になっています。[1]

このような体験をした子どもたちは，それまでの学校や家庭とは全く違った立場・扱われ方を経験します。その過程でまず，自分でも気がつかなかった自分の一面に気づくようです。たとえば自分はこのような作業が意外に好きだった，得意だった，人と接することは面倒に感じていたけれど，やってみたらそうではなかった，といったことです。また，一定の責任のもとに仕事に取り組む過程で，自分の楽や得だけで考えていてはいけない厳しさ（今までの甘さ）を知ることにもなります。それまで低く見ていた職業にも，プロ意識をもった人が全身全霊を傾けて従事していること，一見かんたんにできそうな仕事でもやってみるとなかなかうまくできないことなどを感じとります。また，ふだんは接することが少ない異年齢の人たちや立場が違う人たちから指導を受け，あるいは商品を買ってもらうなどの過程で，人とつながっていること，他人から頼りにされることの嬉しさ，有り難さを感じる子も多いようです。以上述べてきたような，初めて気づくという体験を啓発的経験といいます。

職場体験というと，体験した職業のことや社会の仕組み，地域を知る，進路を考える契機といった直接的な効果だけでなく，上で述べたような「自分を知る」，「社会を知る」，「つながりを実感する」など，生きるうえで大切な知識や考え方を身につける意味も大きいです。

（若松養亮）

▷ 1 網麻子（2001）『トライやる・ウィーク』（神戸新聞総合出版センター）に，その立ち上げの経緯や，さまざまな立場の人からの反応などが詳しく紹介されている。

参考文献
古閑博美（編著）2001 インターンシップ——職業教育の理論と実践　学文社

VII 進路と職業

 就職活動

1 高校生の就職活動はどのように進むか

高校生においては7月1日に企業の求人票が公開され始め，9月5日から応募書類の提出開始，そして9月16日が選考開始と決められています。企業は，必ずハローワークや学校を通じて求職することになっています。しかし以前のような継続的な求人が3割程度まで減少し，求人数も少なくなったために，1980年代までのような，校内選考によって一定の成績や生活態度を見て推薦するというあり方は崩れてきています。

2013年3月に高校を卒業した生徒の就職率は97.6％（2013年3月末日時点，厚生労働省発表）と過去20年で最高とのことです。ただしこの数字は就職を希望した生徒数をもとにしており，大学全入と言われるこの時代には就職をあきらめて進学する生徒もいたり，縁故による就職や家業手伝いの割合も少なくないことなどから，卒業を前にして不本意な進路決定をした生徒が少なからずいたであろうことには注意をしておかなければなりません。

2 大学生の就職活動はどのように進むか

大学生の就職活動では，かつてあった**就職協定**が1997年に廃止され，企業の採用活動の開始は3年生の後半にまで前倒しになっています。そのぶん，学生は早いうちに志望する業種や職種について考えなければなりません。しかし，4年時の早々に内定を得る学生がいる一方，卒業前の冬になっても内定が得られない学生もおり，就職活動は長期化する傾向にあります。これは本人にもダメージを与えるだけでなく，4年生になってからの授業出席や卒論指導などの大学教育に与える弊害も少なくありません。

ひと昔前と違うもうひとつの点は，インターネットの利用です。**就職活動支援サイト**に登録し，企業の情報を得たり，エントリー（出願）や説明会の予約をしたりします。しかしエントリーが容易になった分，就職活動は激戦化し，何十社と落ち続ける学生も少なくありません。そのため，就活うつや自殺など，心を病んでしまう学生も見られます。

我が国では，バブル経済が崩壊して以降，正規採用の求人数が減ったままで，就職活動は買い手市場の情勢が続いています。そのため，内定が得られない学生が，長時間労働をさせたうえに給与を十分に支払わないブラック企業と呼ば

▷1　労働政策研究・研修機構　2008　日本的高卒就職システムの変容と模索　労働政策研究報告書，97.

▷2　就職協定
会社訪問の解禁日や採用選考の開始日を取り決めた協定。

▷3　就職活動支援サイト
有名なところでは，リクルートナビ，毎日就職ナビ，日経就職ナビなどがある。

れる会社に入社してしまうという被害も多く報告されています。

3 就職活動を通しての成長

現代の若者は，職住分離の社会に生まれ育ち，またアルバイトも限られた業種でしか経験できないことから，職業・労働・雇用・経済については知らないことが多く，一般的なマナーすら身につけていない場合が少なくありません。また安田が指摘する，企業ニーズと学生の志望のミスマッチも深刻です。このような若者が就職活動を行い，ときには実社会の厳しさに打ちのめされながら，採用担当者に自分という人間の価値を認めさせるためには，かなりの努力が必要になります。ですが，その過程で彼らは，一定の成長をすることになります。浦上が女子短大生を対象に行った研究によれば，自己と職業を理解し，統合すること，就職活動を計画し，実行に移すこと，そして就職活動について振り返り，成功や失敗の原因について考えたり自分を見直したりすることと自己成長の力は関係していることがわかりました。また高村が指摘するように，アイデンティティの変容も起こり得ます。不景気の時代には就職活動も長引く傾向にあり，内定が得られないで悩むことも少なくありません。ですがそうした時期は，「いったい自分は何のために働くのか」「これまでの夢をあきらめてもよいのか」といった自問自答を繰り返すことから必然的に自分を見つめ直し，またふたたび就職活動にとびこむために苦闘します。このような契機や努力が，学生に成長をもたらすのです。そのような成長は，マナーやコミュニケーションのスキルと併せて，若者が一人前の社会人として仲間入りするために，むしろ必要なことであると言えます。

4 女子学生の就職活動

1986年に施行された**男女雇用機会均等法**は，罰則なしの努力義務としてのものでしたが，1999年に改正され，罰則つきの規定になりました。これは，**労働基準法**の**女子保護規定廃止**との交換条件で実現したものです。以前から女性の労働者は，結婚や出産にともなって退職したり休業・早退したりする傾向にあるとのことから，男性の補助的業務を主とした役割（一般職）しか与えられないことが通例でしたが，男女共同参画社会の世の中となり，男性と同等の採用や給与・昇進，解雇等を保証されて働く人（総合職）が誕生しました。

しかし採用に関するかぎり，その実現は遠いようです。たとえば求人票には「男女を問わず採用」とあっても，結果的には男性ばかりが採用されるケースが非常に多くあります。企業側は，採用試験の結果，たまたま男性ばかりが上位にきたと言いますが，疑問が残ることも確かです。女子学生からすれば，「女性を採用するつもりがないならば，初めからそのように明記してほしい」という声が強く寄せられています。

（若松養亮）

▷4 安田雪 1999 大学生の就職活動 中公新書

▷5 浦上昌則 1996 就職活動を通しての自己成長 教育心理学研究, 44, 400-409.

▷6 速水敏彦・西田保・坂柳恒夫（1994）が「自己成長力に関する研究」（名古屋大学教育学部紀要・教育心理学科, 41, 9-24）で提唱した「自ら自分自身を伸ばしていこうとする力」。

▷7 高村和代 1997 課題探求時におけるアイデンティティの変容プロセスについて 教育心理学研究, 45, 243-253.

▷8 男女雇用機会均等法
募集・採用，配置・昇進・教育訓練，一定の福利厚生，定年・退職・解雇について，男女で異なる取扱いを禁止している。女性のみ・女性優遇についても原則として禁止している。

▷9 労働基準法の女子保護規定廃止
時間外労働の上限は男性と同じ年間360時間に，また深夜労働の禁止が廃止された。

参考文献
豊田義博・菊池将 2002 新卒神話の崩壊 大久保幸夫（編著） 新卒無業。東洋経済

現代思想 2013年4月号 特集 就活のリアル

Ⅶ 進路と職業

進路未決定

1 進路未決定とは

ここで説明する「進路未決定」とは,「どんな進路を目指すか,決心できない」という意思決定上の問題です。これは,単に本人が困っているということだけでなく,実現に向けての準備期間が短くなり,結果的に不本意な道に進む可能性が高くなるという意味でも,解決や解明が急がれるべき課題です。

もちろん,初めから進路の意思決定ができている人はいませんから,決めるまではだれでも未決定です。問題視されている未決定とは,一定時期を過ぎても進路の意思決定ができていない場合です。大学生の場合,3年生の後半に就職活動が解禁になりますので,それが近づいた時期になっても決まっていない人を対象に研究が進められています。

そのような人は,筆者の研究によれば,大学3年生の秋から冬に入るあたりで45％程度もいます。文科系の学生に対する調査結果ですが,実に半数弱の学生が未決定でいるのです。とはいえ,進路の意思決定ができないために卒業を延期する人はそれほどいませんので,彼らの多くは意思決定が十分にできないままに就職活動に入っていき,ばたばたと就職先を決めているのではないでしょうか。

2 悩まない未決定者と悩む決定者

未決定の人は「決められないで悩んでいる」と見られがちですが,必ずしもそういう人たちばかりではありません。進路の未決定者には,確かに卒業を延期するほどの慢性的な未決定を訴える人たちもいます（優柔不断という意味でindecisive型と呼ばれます）が,そうでない人たち（undecided型と呼ばれます）のなかには,単に決めていないだけ,遅れているだけで,それほど悩んでいない人たちもいます。したがってundecided型の人たちは,総じて言えば悩んでいる程度が低いのです。ですが必要な時期までに決めていないので,問題であることには変わりありません。

他方,遅れずに決めた人のなかにも,「これで良いのか」と悩む人たちもいます。悩むのは決めていない人であり,決めた人は悩まないと判断するのは危険なのです。また意思決定だけでなく,就職の内定を得た人のなかにもそうした悩みを訴える,「内定ブルー」と呼ばれる状態となる人たちもいます。しか

▶1 若松養亮 2012 大学生におけるキャリア選択の遅延――そのメカニズムと支援 風間書房

▶2 Tylor, L. E. 1961 Research explorations in the realm of choice. *Journal of Counseling Psychology*, 8, 195-201.

しそれは，事前に十分に調べて吟味したうえで意思決定を行わなかったからであると考えれば，やはり決定前の指導や本人の下調べが重要であると言えます。

❸ なぜ進路未決定になるのか

進路未決定の初期の研究は，未決定傾向の強い人と弱い人の違いを見いだし，なぜ未決定になるのか，あるいはどうしたら未決定に陥る人を予測できるのかを探ることが中心でした。しかし両者に大きな差は見いだせなかったのです。これは先に述べたように，未決定者にも決定者にも質的に多様な人たちがいるためです。

筆者の研究によれば，卒業を延期するほどでない未決定の大学生は，自分の思い描く理想の進路を，十分に広くない範囲から探そうとする傾向がありました。特に職業の場合，Ⅶ-2 で述べたように選択肢が膨大にありますし，選択基準が不明確ですから，「私にもっと合った進路がどこかにあるだろう」と思いがちです。そう思いつつも，十分に探さないまま，3年生の後半に至ってしまうようなのです。

もっとも，十分に広くない範囲から選択肢を探そうとするのは決定者も変わらないようです。したがって，たまたまその過程で目指したい進路に出会えたか否かだけが，両者の違いなのかもしれません。

▷3　若松　前掲書

❹ どうすれば決められるか

スムーズに意思決定を行うためには，前項で述べたことをふまえれば，もっと広い範囲から，自分が目指したいと思う進路を十分に探索することです。そして，選択肢は膨大にあるわけですが，一定の探索活動を行った後，「もう，この選択肢に決めよう」というように，ベストな選択肢を探し続けるのではなく，ある程度のところで迷いにけりをつけなければなりません。進路選択は，どこかに「正解」となる進路が存在しているというよりは，一つの進路を選択したあとに，その選択肢が自分にとって「正解」になるように，自分で努力をしていくものなのです。

本人以外の人が，未決定の若者を支援するのであれば，上記のことを十分に理解させたうえで，探索行動をしっかりと行わせてください。理想を高くもっていても，探索行動を進めていくと，「現実はそうはいかない」という「相場」がわかってきます。さらには，一定の探索行動の後，自分がどこまで考えていて，どこで行き詰まっているのかを，言葉にさせて他者に話させてみてください。そうすると，曖昧であった考えが具体的になり，明確になってきます。同じ立場の友人どうしで話をさせて，お互いの話の矛盾や足りないところなどをアドバイスし合うピア・レビューという実践も効果があることが筆者の研究からわかっています。

（若松養亮）

▷4　若松　前掲書

参考文献
若松養亮　2001　大学生の進路未決定者が抱える困難さについて——教員養成学部の学生を対象に　教育心理学研究，**49**，209-218.
若松養亮・下村英雄（編）2012　詳解　大学生のキャリアガイダンス論　金子書房

VII 進路と職業

学校から職場への移行

1 なぜ問題になるか

　進路選択に伴う移行は，学校間のものであっても，いくつかの課題が伴うという意味で"段差"と言えます。たとえば小学1年生の入学後の適応に支障が生じるという「小1プロブレム」，中学校に進学すれば部活動や教科担任制などに戸惑うという「中1ギャップ」の問題がそれです。しかし学校から職場への移行はもっと大きな段差です。生活サイクルの変化，責任がのしかかる役割，さまざまな年齢や立場の人とのコミュニケーションなど，いくつもの課題が突きつけられます。

　このことも反映してか，3年以内で離職する者は中卒で7割，高卒で5割，大卒で3割もおり，七五三問題と言われています。これは，若者が損をするだけでなく，学校にとっては企業からの評価が下がり，企業にとっては採用や教育・研修にかけたコストがむだになるという大きな問題です。また早期退職者は，知識や技能を十分に身につけていないので次の職に就くことも容易でなく，フリーターや無業者になる可能性も高く，国全体の税収や社会保障の枠組みを崩す一因にもなります。したがって，学校から職場への移行を支援することは進路指導の大きな課題であり，2004年以降に我が国でも始まったキャリア教育が目指すところです。

　なお，障害者における学校から職業への移行も難しい問題ですが，紙面の都合から，ここでは健常者の問題のみを扱います。

2 変わってきた時代と求められること

　移行が難しいということは，若者の側が未熟であるとか不勉強であるというよりは，受け入れる職場の側とのミスマッチと見るべきです。それによって，お互いにどのように歩み寄れば改善されるかが考えられるからです。

　職場は，果たすべき一定の責任を求めるという意味で厳しさがあって当然なのですが，それでも近年は，参入してくる若者側にとってとても高い要求になってしまっているようです。近年は経済のグローバル（地球規模）化やIT（情報技術）の進展などによって，変化のスピードがたいへん速くなり，企業間の競争が激しくなりました。さらに不況が長引いていることで，労働者の非正規雇用者への置き換えが進み，したがって正規採用される人に対しては過酷な要

▷1　文部科学省　2011　今後の学校におけるキャリア教育・職業教育の在り方について　中央教育審議会答申　http://www.mext.go.jp/b_menu/shingi/chukyo/chukyo0/toushin/1301877.htm

▷2　たとえば近年の著作では，尾崎祐三・松矢勝宏『キャリア教育の充実と障害者雇用のこれから』（ジアース教育新社，2013年）が参考になる。

求がなされるようになりました。

　このような変化は，働く人たちに，変化する状況に即応して自分で判断することを求めるようになりました。就職希望者に対しては，従来のように学校の成績や学歴も重視しつつ，それ以外のさまざまな力が求められる時代になったのです。たとえば経済産業省が提唱する「社会人基礎力」では，①前に踏み出す力，②考え抜く力，③チームで働く力を挙げています。本田はこうした傾向を，「人間存在のより全体，ないし深部にまで及ぶもの」として，ハイパーメリトクラシーと呼んでいます。端的に言って今の若者は，高いことを要求されているのです。

3 若者の側に見られる"合わなさ"

　そうした雇用側や受け入れる社会側の変化に比して，若者の側はそれに対応しきれていないばかりか，働くということにまだ十分な備えができていないところが見受けられます。それは大きく2つの観点から指摘できます。

　ひとつは「エンプロイアビリティ」と呼ばれるもので，どこに就職してやっていくうえでも必要とされる資質です。生徒や学生のうちは，一定の責任やノルマをもって課題に取り組む経験が少ないために，職場で戦力としてやっていく技能やノウハウを十分に有していません。もうひとつは，働くということをどのように考えるかという職業観・労働観が，職場の実情に合ったものではないことです。これはⅦ-8で詳しく述べることとしましょう。いずれにせよ若者の側にも，すなわち進路指導やキャリア教育の側にも課題はあると言えます。

4 職場への受け入れ側ができること

　若者を職場に受け入れる側の大人たちは，特に民間企業の場合，日々激しい競争にさらされていることから，若者に手取り足取り教えてあげるゆとりはないかもしれませんが，環境も立場も大きく変わって戸惑いがちな若者が，職場にうまく適応していけるように配慮してあげることが大切です。

　たとえば，職場に迎え入れるまえに，どのような職場で仕事がどのように進められているのか，見せたり教えたりしてあげることは効果があります。リアリスティック・ジョブ・プレビューといわれるこうした営みには，①組織参入後に現実をみて受けるショックへの耐性をつける，②組織が誠実さをもって就職者のことを気にかけてくれると感じさせる，③組織に関わろうという気持ちを高める，という効果があります。

　また，年上の経験ある先輩が，これから先の見通しをもたせたり，新人の成長に対する支援や方向付けを行うなどするメンターと呼ばれる人の存在も，職場に入ってきたばかりの若者を定着させ，適応を促進するためには，効果的であると言われています。

（若松養亮）

▷3　就職しようとする人に求められる力として挙げられているのは他にも，学士力（文部科学省），就職基礎力（厚生労働省），キーコンピテンシー（OECD），人間力（内閣府）などがある。

▷4　本田由紀　2005　多元化する「能力」と日本社会　NTT出版

▷5　Wanous, J. P. 1992 *Organizational entry: Recruitment, selection, and socialization of newcomers* (2nd. ed.). Reading, M. A.: Addison-Wesley.

▷6　小野公一　2003　キャリア発達におけるメンターの役割——看護師のキャリア発達を中心に　白桃書房

参考文献

中野育男　2002　学校から職業への迷走　専修大学出版局

竹内常一・高生研（編）2002　揺らぐ〈学校から仕事へ〉　青木書店

VII 進路と職業

 フリーター

フリーターの定義と推定数

　フリーターとは，アルバイトだけで生計を立てている人という意味ですが，その実数を把握したり研究の対象者を明確にするうえでは，その定義が必要になります。内閣府がまとめた『子ども・若者白書』（平成25年版）では，フリーターの定義を，15～34歳で学生でも主婦でもない人のうち，パートタイマーやアルバイトの人，またはそういう立場を希望している人，としています。この定義によれば，180万人（人口に占める割合は6.6%）が該当します。他方，ここ10年ほど使われている**ニート**(▶1)（NEET）とは，Not in Employment, Education or Training の略語で，進学も就職もしない若者を指します。統計上でこれに相当する「若年無業者」（15～34歳の非労働力人口のうち，家事も通学もしていない者）は63万人（人口に占める割合は2.3%）です。

▶1　ニート
⇒V-2 参照。

どんな人たちなのか

　フリーターは，『厚生労働白書』（平成25年版）によると，年齢層でみると15～24歳の層が43%で次第に減ってきていることに対して，25～34歳の層が57%と増えています。すなわち正規採用に移行できない年長フリーターが増えてきていると言えます。学歴では大卒より短大卒，短大卒より高卒と学歴が下がるほどフリーターの経験率が高く，特に高卒女性の割合は高いです。またどの学校段階の場合でも中退の人のフリーター経験率はほぼ8割という調査結果もあります(▶2)。

　フリーターというと，「腰を据えて，責任をもって働く気のない人たち」といった否定的な見方をされることも少なくありません。そのような人たちもいないわけではありませんが，まずは複数のタイプがあることに注意しなければなりません。フリーターになった理由をもとに労働研究・研修機構が分類したものでいえば，次の3つになります。

　（a）夢追求型

　　　仕事以外にしたいことがあり，当面の生活の糧を得るという理由による

　（b）モラトリアム型

　　　やりたいことを探したい，正社員になりたくないなどの理由による

　（c）やむを得ず型

　　　正社員になれない，または家庭の事情などでやむなく，という型

▶2　労働政策研究・研修機構　2012　フリーターへの経路と離脱　大都市の若者の就業行動と意識の展開——『第3回若者のワークスタイル調査』から　労働政策研究報告書, 148, 57-86.

夢追求型ややむを得ず型のように，決して未熟な進路意識をもった人たちではない場合が少なくないことに注意しなければなりません。2001年・2006年・2011年と3回の調査を行った「若者のワークスタイル調査」によれば，次第にモラトリアム型が減り（47%→44%→37%），替わりにやむを得ず型が2011年調査で40%と，この3類型では最も多いとのことです。長引く不況によって正社員の採用が減らされ，非正規労働が占める率が高くなったこと，経済的な格差が進行したことという世の中の状況に左右され，フリーターが生み出されているという側面も忘れてはいけません。

3　フリーターにまつわる個人差の問題

まず，上にも述べたように，フリーターが気ままで未熟な進路意識の産物であるという一元的な見方を改めなければなりません。高卒や短大卒を想定した正規労働の求人が減っていること，大学生も新卒一括採用の時期を逃すと正規の職に就きにくくなること，また大学全入と呼ばれる時代になって，求人数に比した大学生の数が多くなっていることといった，雇用・経済・教育の政策のしわ寄せが，フリーターの多さや，フリーターが正規就労に転換していくことの難しさと関わっています。

しかし他方，同じ時代・世代でもフリーターになる人とならない人がいるということからは，フリーターになる人，フリーターから抜けられない人は，そうでない人と何が異なるのかを考えなければなりません。川﨑らが，ハローワークに来る不安定就労者に応対するワーカーに聞き取った結果によれば，適職へのこだわりや失敗に対する恐れ，自己開示（自分のことを他者に話す）の困難さ，時間を守るなどの社会的ルールが守れないこと，求人への応募などの行動力の欠如，自己肯定感の低さ，自己理解の不足，生きがい・やりがいなどの価値の追求などが見いだされました。ただしこれらの特徴は，相談機関に来た人たちという偏りがあることに留意する必要があります。

また性差も指摘されています。フリーターになる人は男性より女性に多く，なおかつ女性は結婚して専業主婦になることがまだまだ一般的と考えられていることから，女性にとってフリーターでいることとネガティブな意識はあまり結びつきません。しかし男性は「正社員になれなかった人」と見られがちで，なおかつ結婚後に主たる家計維持者になることが一般的に期待されています。したがって，本人も周囲の人たちもネガティブな見方をする傾向があります。しかしこうした差異は，男女共同参画が謳われる現代の世の中には合わない考え方であり，性によって偏って考えるという意味でジェンダーバイアスと呼ばれています。一定の年齢になれば経済的・社会的に自立して生きていく大切さは男性も女性も変わらないはずです。現代は変化が激しい社会ですので，なおのことそれが求められると言えるでしょう。

（若松養亮）

▷3　川﨑友嗣・若松養亮・安達智子・白井利明・下村英雄　2010　キャリア形成支援によるフリーターのキャリア自立――支援者へのヒアリングに基づくキャリア自立プロセス・モデル構築の試み　キャリア教育研究, 28, 47-56.

▷4　下村英雄　2014　フリーター・ニート　後藤宗理他（編）　新・青年心理学ハンドブック　福村出版　562-572.

▷5　本田由紀　2002　ジェンダーという観点から見たフリーター　小杉礼子（編）　自由の代償　フリーター　労働政策研究・研修機構　149-174.

参考文献
白井利明・下村英雄・川﨑友嗣・若松養亮・安達智子　2009　フリーターの心理学　世界思想社
堀有喜衣（編）　2007　フリーターに滞留する若者たち　東洋経済新報社

VII 進路と職業

職業観と労働観

1 職業観・労働観がなぜ問題となるか

　ここ VII で解説してきたさまざまな進路選択上の問題は，現代の景気や雇用の情勢などの外的な要因の影響があるとはいえ，若者の側にも見直し，改善していく余地があります。そのひとつが彼らの職業観や労働観の問題です。これらは，キャリア教育でも養い，深めていくことのひとつに挙げられています。

　職業観や労働観は，まず職業を選択する際に関わりがあります。つまり，「自分は何のために働くのか」「働くとはどういうことか」についての考えや価値観が十分に吟味されていなかったり，表面的な理解に基づくものであったりすれば，給与の高さや自分の好きなことだけで選んでしまったり，あるいはフリーターなどの不安定な道を選んでしまうかもしれません。スーパーら (Super, D. E. et al.) [1] も，キャリア発達に影響を与える要因として「価値」を「役割」とともに重視しています。

　次に働き始めてからのことにも関わりがあります。いったん就職した先で仕事にいきづまったとき，そもそもなぜこの職業を選んだのか，そのことに今でも迷いはないのか，あるいは転職するならば何を大切にしたらよいのかといったことは，今後どうしていけばよいのかの指針を与えてくれるでしょう。

2 現実に即さない職業観・労働観

　職業を選ぶ際に問題となる職業観・労働観としてはまず，VII-2 でも紹介した「個性の発揮」へのこだわりが挙げられます。現代の若者は，個性重視の教育方針のもとで育ったことも関係してか，「自分らしさを生かせる職業を選択したい」という気持ちが強いのです。しかし，現実の職場で働いたことがない若者が考えるそうした職業や働き方は得てして非現実的なものであり，したがってなかなか思うような選択肢が見つからないか，就職後に「こんなはずではなかった」と思うことになります。

　また「個性の発揮」とも関わって，多くの若者にとって「クリエイティブ（創造的）であること」はとても魅力的に映るようです。その結果，企画や広報といった職種や，編集・教育などの業種に人気が集中しています。確かに人の営みにおいて，何かを創造することには大きな魅力があります。これまでは客や読者，生徒といった「受け手」の側であったその営みに，自分のセンスと

▶1　Super, D. E., Sverko, B., & Super, C. M. 1995 *Life roles, values, and careers: International findings of the work importance study*. Jossey-Bass.

経験を生かして新しいものの「送り手」となることに惹かれることは理解できます。しかし職業は趣味とは違います。仕事として何かを創造するということは，高い水準のものを，予算や時間の制限のなかで，また場合によってはいくつもの課題をかけもちで，また継続して作りあげていかなければなりません。

　もうひとつの点として，若者は純粋で真摯な態度で職業をとらえている人が多いですが，結果的に職業や職場の現実と乖離するとらえ方も多く見られます。たとえば，職業の社会的価値を重視するあまり，一部の企業の利潤追求・経営重視の姿勢を嫌悪する発言が聞かれます。しかし利潤を追求し，経営を考えなければ，いかなる企業もその存続はあり得ません。近年は公務員においても「投資に見合う政策・計画か」という，いわば経営の視点が欠かせないのです。

3　就職後のいきづまり

　前項に述べてきたような，現実に即さない職業観・労働観のために，多くの場合，就職したばかりの若者はさまざまなギャップにうちのめされます。これをリアリティ・ショックといいます。またシャイン（Schein, E.）は，「就職後の社会化の課題」として，①人間組織の現実を受け入れる（組織の他の人々が自分の行いたいことの障害になっている），②変化への抵抗に対処する（問題に対する良い解決策が受け入れられるわけではない），③働き方を学ぶ（仕事内容が曖昧でフィードバックがない，または指導が多すぎて独立した行動がとれない），④上司に対処し，報酬システムの仕組みを解明する（上司および報酬システムの解読），⑤組織における自分の位置を定め，アイデンティティを解読する，の5つをまとめていますが，すなわちこれらの点において，若者の労働観・職業観は現実に即していないということになります。

▷2　E. シャイン　二村敏子・三善勝代（訳）　1991　キャリア・ダイナミクス　白桃書房（Schein, E. H. 1978 *Career dynamics.* Addison-Wesley.）

4　求められる視点の転換

　ここでみてきた若者の職業観・労働観の性質をまとめると，「客や消費者の視点でしか職業を見ていない」という共通する特徴に気づきます。しかし，モノやサービスを送り出す側に立つと，あるいは組織のなかで働いていくことの現実を考えると，職業を選ぶためには，もっと「働く側・雇われる側の視点」で職業を見ることが大切です。就職する前のアルバイトや実習などの経験のなかで，そうしたことをもっと学んでおくとよいでしょう。

　働くことの現実は厳しく，ともすると進路選択や働くことに対して後ろ向きな気持ちにもなりますが，そういう現実のなかで働くからこそ，給料がもらえるのであり，またお客さんもモノやサービスにお金を出してくれるのだということを忘れてはいけないのでしょう。

（若松養亮）

参考文献

若松養亮　1993　大学生の進路意志決定の評価的研究——卒業生の追跡調査を通して　進路指導研究, 14, 27-35.

梅澤正　2008　職業とは何か　講談社現代新書

VII 進路と職業

青年期の進路指導のポイント

1 「進路指導」と「キャリア教育」

　国立教育政策研究所の中学教員向けキャリア教育推進パンフレット（1991年）から一部をまとめると，大きく両者に違いはないといっていいのですが，厳密にいうと，前者の「進路指導は卒業時の進路選択をどう選択するのかを含めて，…（中略）…どう生きていくことが望ましいのかといった長期的展望に立っての人間形成をめざす教育活動である」とされ，生き方の指導も含まれているのです。ところが現実は出口指導が中心になっていました。後者の「キャリア教育は，職業生活，家庭生活，市民生活等における様々な立場や役割をキャリアとしてとらえ，一人一人にふさわしいキャリアを形成し，自立していくために必要な意欲，態度や能力等を育てること」がめざされています。

2 進路指導とキャリア教育の現状

　中学校においても高等学校においても，現状は，いかにして上級学校へ多くの生徒を進学させるかということが主たる目標になっています。未だに「よい高校へ，よい大学へ，一流企業へ」という進路が幸せになれるという考えが根強く残っているように思えます。「成績」という物差し一本で振り分けられ，学校名・企業名で判断され，個人の人間性が無視されている現状は，果たして人間形成のための教育といえるのでしょうか。

　ここで「リクルート進学総研」が行った『2012年　高校の進路指導・キャリア教育に関する調査』報告書から，高校での現状を探ってみましょう。「進路指導は難しい」と感じているのは91.2%で，実際指導はしているものの多くの問題を抱えていることがうかがえます。

▶1　リクルート進学総研（編）2012「2012年　高校の進路指導・キャリア教育に関する調査」報告書　リクルートマーケティングパートナーズ

　その要因は「生徒の進路決定の能力不足」（67%），「家計面の悪化」（61%），「教員の進路指導に関する時間不足」（59%），「生徒の学習意欲の低下」（58%），「生徒の職業観・勤労観の未発達」（57%）で，教員・保護者・生徒にそれぞれ問題があります。教員がみる問題は，時間不足以外に校内教員間の連携不足や教員の実社会に関する知識不足，あらゆる多忙な仕事量で忙殺されている現状，旧態依然とした教員の価値観などがあげられています。進路環境については，労働・雇用環境の変化，入試の多様化，高卒就職市場の変化，仕事や働くことへの価値観の変化などが問題としてあげられ，生徒の問題に関しては，先にあ

げた要因を掘り下げると，自分のこととして受け取れない，いつも受け身，自己を改善しようという意識が低いなど主体性のなさがめだちます。保護者については，経済的理由で進学を諦めざるをえない家庭状況，旧態依然の考え方や甘い考え方，資格にこだわる親や環境の変化を考えず有名企業ばかりを望むこと，子どもに対する過剰な期待，反対に無関心・放任などがみてとれます。

進路指導の取り組みでは，「進路ガイダンス」(95%)「進学面接指導」(95%)，「小論文指導」(92%)と進学に関することが多く，進学率の低い学校では「就職面接指導」「資格取得・検定奨励」「適性検査」等が実施されている率が高いようです。また，独自なプログラムを作成し，高大連携を利用した講演会，職業研究，インターンシップ，ハローワークによる指導などが実践されています。

③ 自己理解と職業の意義を考える

キャリア形成の出発点は「自分をよく知ること」から始まります。自分のやりたいことは何か？自分にはどんな能力・適性があるのか？自分の性格は？などを考えさせることから始めます。つぎに「どんな生き方をしたいか」を考えさせます。いろいろな生き方があり，これは価値観とも関連してきます。将来展望を考えさせてみるのも一つの方法です。さらに〈働く〉ことの意義について考えさせ，職業についての知識を持たせることが大切なことになります。就きたい仕事のプロといわれるような人に話を聞いて，それをレポートにまとめる作業などが役に立つでしょう。

なるべく早い時期からの指導を始める方がいいと考えます。兵庫県の中学生が1週間実社会に出て実際に仕事体験をする「**トライやる・ウィーク**」は，全国に広がっています。そのとき，社会の一員として働き，モノを創り出し，役割を担い，責任を果たし，自分の能力を活かし，そして，生活の糧としてのお金を手に入れる，という仕事の意義をキャリア形成と共に考えていくことが必要かと思います。フリーターとか**ニート（NEET）**といわれている若者も増えている現状では重要なことだと思われるからです。

④ 進路指導・キャリア教育の原点にもどる

「成績」で進路を選択・決定するのではなく，その個人の希望や価値観・生き方など個人全体の視点からの指導が原点です。表面的な教育や狭い視点からの指導では，のちのちその本人の不満や我慢をせず安易な転職などを招きやすいと思います。また，送り出したらそれで終わりというのではなく，卒業後も進路についての相談にのるというような追指導も含む継続的な指導が望まれます。責任を感じ真剣に考える教師ほど現実に悩みながらも日々教育の原点を考えながらことに当たっている，というのが実情なのです。

（山野　晃）

▷2　**トライやる・ウィーク**
兵庫県で1998年からおこなわれている県下の中学2年生を対象とした1週間の体験学習のこと。「生きる力」を備えた生徒の育成をめざして実施された。この中に職場体験（販売・製造・建築・幼児教育・役所・消防署など）が含まれ，他にボランティア活動，文化・芸術・創作活動などがある。
⇒ⅦⅠ-3 参照。

▷3　**ニート（NEET）**
小杉礼子（労働政策研究・研修機構）の研究では，日本では現在約68万人ぐらいおり，働くという意味での社会参加ができず，孤立化しているといわれる（特定非営利活動法人「育て上げ」ネットのウェブサイトwww.sodateage.net／より）。
⇒Ⅴ-2 参照。

参考文献
国立教育政策研究所　生徒指導・進路指導センター　1991　自分と社会をつなぎ，未来を拓くキャリア教育──中学校におけるキャリア教育推進のために　FAQ 14-16．

VIII 社会と政治

流行とファッション

1 ティーン・エイジャーのファッションの変遷

　各時代に特徴的なティーン・エイジャーのファッションの変遷をみてみましょう（図39）。まず1960年代は，アイビールックが流行しています。1970年代は暴走族や校内暴力などの社会背景を反映してか，「ツッパリ」ファッションがみられました。1980年代には，TV番組の影響で「おニャン子クラブ」が流行し，セーラー服人気が高まりました。1980年代後半は，とくに私立学校の学生服のモデルチェンジが増加し，制服の個性化，差異化を図った時期です。1990年代には，街には女子では「コギャル現象」が巻き起こり，男性では，女性ファッションを取り入れた「フェミ男」とよばれる若者たちが出没。いわゆる性ボーダレス化現象です。近年は，多様なファッションが増加し，外見的な見栄えを気にして，清潔感を求める若者たちが増えてきたようです。

2 流行とは何か

　南は，「流行とはある社会集団の中で，一定数の人たちが，一定の期間，ある意図のもとで，同じような集団行動をとるように心理的に誘われることである」と定義しています。この定義に従うと，流行の及ぶ集団のメンバーには「範囲」があることを意味します。たとえば，若者のサブカルチャーなどはこの例として考えることができます。図39のティーン・エイジャーのファッションの変遷は，社会全体という集団規模でみた場合，下位集団を形成する若者集団におけるファッション行動の同調としてとらえることができるでしょう。また他方で流行は社会の側で作られることもあります。たとえば，上野によれば，メディアで頻繁に取り上げることにより，あたかも大流行しているかのような印象をもつことがあるというのです。

3 流行の受け手の心理とその過程

　「周りの人と同じでありたい。しかし，どこかで違っていたい。」こうした「同調性への欲求」と「独自性への欲求」という微妙な心の拮抗によって，流行は成立しているようです。この葛藤をすでに問いかけたジンメル（Simmel, G.）のように，私たちは自己をめぐる集団への同調（逸脱への恐れも含めた）と自分だけのものを表現したいという独自性への欲求とのバランスを保ちなが

▷1　箱井英寿　1999　ティーン・エイジャーとファッション　高木修監修・神山進（編）　被服行動の社会心理学　北大路書房　114-125.

▷2　柏尾眞津子・土肥伊都子・矢島誠人　1999　男性の女装化の心理　高木修（監修）・神山進（編）　被服行動の社会心理学　北大路書房　68-78.

▷3　南博　1957　体系社会心理学　光文社

▷4　上野行良　2000　流行の心理　松井豊（編著）　ファンとブームの社会心理　サイエンス社　217-219.

▷5　Simmel, G.　1904　Fashion International. Quarterly, 10, 130-155.（ジンメル，G. 円子修平・大久保健治（訳）1976　流行　ジンメル著書集7　白水社　31-61.）

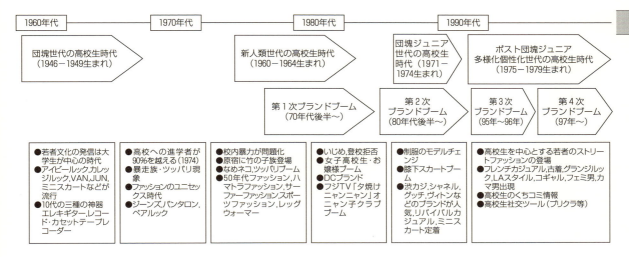

図39 ティーン・エイジャーのファッション動向

出所:『チャートでみる日本の流行年史』(岡部木綿子ら,1997),『ヘタウマ世代——長体ヘタウマ文字と90年代若者論』(アクロス編集室編,1994),『ファッション学のすべて』(鷲田清一編,1998),読売新聞(1999.7.5)等をもとに筆者が作成

ら流行受け入れにかんする意思決定を行っているといえるでしょう。そこには,個人差があることがわかっています。

たとえば,ロジャース(Rogers, E. M.)は流行をほかの人に比べてどれだけ早く取り入れるかを,「革新性」とよび,その革新性の度合により人を5つのタイプに分類しています。このタイプを革新性の高い順に並べると,つぎのようになります。①革新的採用者(イノベーター):もっとも早く取り入れる。②初期少数採用者:革新的採用者のつぎに取り入れる少数の人々。③前期多数採用者:平均的な人よりも早いが,慎重に取り入れる。④後期多数採用者:社会の大多数が取り入れ,仲間からの圧力で取り入れる。⑤採用遅滞者(ラガード):新しいものを最後に取り入れる人々。この中で最も早く流行を取り入れるのが,イノベーターです。流行を取り入れる動機について採用者カテゴリー間の比較を行った,川本は流行を取り入れるのが早い人ほど,「個性をしめしたいから」,遅く取り入れる人ほど,「まわりの人と同じようにしたいから」という理由をあげていることを明らかにしました。

また,辻は,ブランドや商品の値段を重視し,学業に加えアルバイトもしているものほど自分が流行に敏感であると認知していることを明らかにしています。ある一定の時期に流行するということは,人々の感性と商品が一致していることを示しているようです。自己意識が高まる青年期の中でかれらがどのように自己をとらえているかを知るためにはファッションや流行は重要な手がかりとなるでしょう。さらに,それらを通じてわたしたちは時代の流れを知ることもできるかもしれません。

(柏尾眞津子)

▷6 Rogers, E. M. 1983 *Diffusion of innovations,* 3rd ed. The Free Press.(ロジャーズ, E. M. 青池慎一・宇野善康(監訳)1990 イノベーション——普及学 産能大学出版部)
▷7 川本勝 1981 流行の社会心理 勁草書房
▷8 辻幸恵 2001 流行と日本人——若者の購買行動とファッション・マーケティング 白桃書房
▷9 辻 前掲書

参考文献

久世敏雄・齋藤耕二(監修) 福富讓・二宮克美・高木秀明・大野久・白井利明(編) 2000 青年心理学事典 福村出版
三宅邦建 1997 ルーズソックス,茶髪,ポケベル,流行現象の社会心理学的研究——採用者の性格,選考,情報収集,社会認知 比較文化, 3, 115-128.
鈴木裕久 1977 流行 池内一(編) 講座社会心理学 第3巻 集合現象 東京大学出版会

VIII 社会と政治

電子メールと携帯電話

▷1 総務省（編）情報通信白書——ICT白書 平成25年版 日経印刷
▷2 電子メール
インターネットをつうじてやりとりされる電子郵便（文書・音声・画像なども含まれる）のこと。電子メールの発信者は送信先の電子メール・アドレスをつけ送信する。
▷3 チャット
インターネットを介した，リアルタイムに文字によるメッセージをやりとりすること。
▷4 電子掲示板
インターネット上に設置された掲示板のこと。Bulletin Board System の頭文字から BBS ともいわれる。
▷5 宮田（1993）によると，CMC は FTF に比べ，非対面性，個別性，非言語的手がかりが伝達されない，距離的・時間的制約の解放などの特徴をもつ。

1 新しいメディアによるコミュニケーション

総務省によると，日本のインターネット（以下「ネット」）人口は2012年末の時点で，9652万人といわれ，人口普及率は79.5％にまでおよびます。いち早く最新の情報を知ることができ，遠く離れた家族や友人と気軽にメッセージのやりとりができるなど，その利便性・可能性は大きなものがあります。

ネット上でおこなわれる**電子メール**（以下「メール」）や**チャット**，**電子掲示板**（BBS）などは，コンピューターを介したコミュニケーション（Computer-Mediated Communication：CMC）とよばれ，これまでの対面的（Face-to-Face：FTF）コミュニケーションとは異なる新たなコミュニケーション方法として注目されています。

2 人間関係に対する影響

富田秀典は CMC に代表されるような新しいコミュニケーションが人間関係のあり方にも変化をもたらしたことを指摘しています。かつて私たちは，見慣れた人は「親密な関係（友人・知人）」，見慣れない人は「疎遠な関係（他人）」というとてもシンプルな人間関係の中にいました。しかし都市化がすすむにつれ，たとえば通勤電車の乗客どうしのように，顔はよく知っていても親しくはないといった人間関係が生じます。こうした相手のことを「ファミリア・ストレンジャー」といいます。さらにネット上では，顔もよく知らない人とメールやチャットなどで密なコミュニケーションが可能となりました。このような相手のことを「インティメイト・ストレンジャー」といいます。

以上の4つの人間関係を，「親密な関係—疎遠な関係」と「見慣れた—見慣れない」という2つの軸線で整理すると図40のようになります。

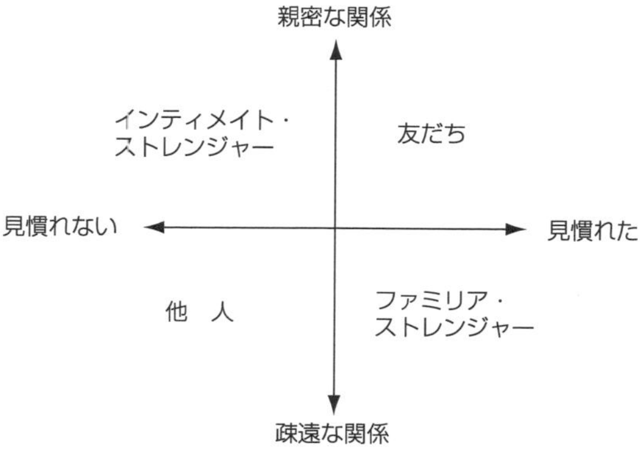

図40　4つの人間関係

出所：富田，2002

3 新しいメディアのあたえる影響

「インティメイト・ストレンジャー」に代表される新しい人間関係にかんしては様々な見方・意見があります。代表的なものとして，ネットを介した人間関係

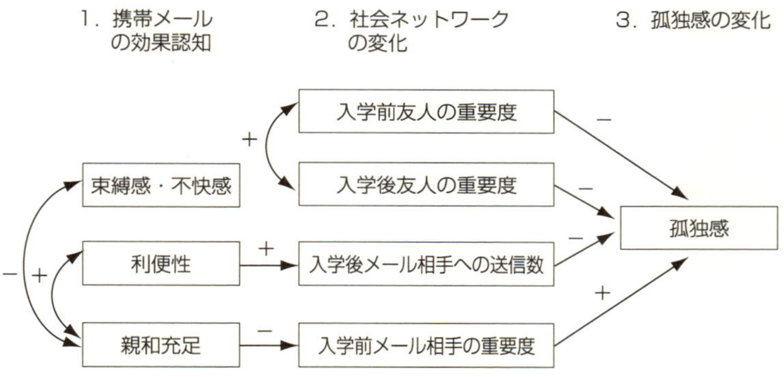

は，生身の人間関係にくらべると間接的で希薄なものだというとらえ方があります。こうしたとらえ方は，しばしば「インターネット・パラドクス」というキーワードとともに語られます。インターネット・パラドクスとは，ネット上の人間関係の規模の拡大や親密さが高まるにつれて，本来身近である家族や友人とのコミュニケーションが減少してしまう逆転現象のことです。クラウト（Kraut, R.）らの調査では，インターネット導入前後の比較において，家族とのコミュニケーション時間の減少や，孤独感・抑うつといった心理的不健康の度合いの高まりがみられました。

一方で，CMCのポジティブな側面についての研究報告もあります。

五十嵐祐と吉田俊和は，大学新入生を対象に，携帯メール利用と入学後の孤独感に与える影響について検討しました。図41は，分析結果を模式的に表現したもの（＝モデル）です。

まず入学以前からの友人との携帯メールの重要度が増すと，孤独感が高まることがわかりました。入学以前の友人とはなかなか会えませんから，その相手との関係性の重要度が高ければ高いほど，会えない不満も高くなります。よって孤独感も上昇することが考えられます。しかし，入学後に知り合った友人へのメール送信数が増えると，孤独感が低減することがわかりました。これは気軽にコミュニケーションできるという携帯メールの特徴が，知り合って間もない友人関係において重要な役割を果たしている可能性が考えられます。

④ 新しいメディアをとらえる視点

松田美佐は，メディア影響論の問題点として，その多くが技術的特性から発想されていることを指摘しています。たとえば，好きなときにコミュニケーションできる携帯電話の技術的特性から「自分勝手な人間関係」とか「常に連絡可能で個人を束縛するもの」といった異なるとらえ方を導きだすことができます。また CMC 研究の多くが，FTF コミュニケーションを基準に議論がなされることも問題がないとはいえません。新しいメディアによるコミュニケーションを冷静にとらえるためには，私たち自身偏った見方をしていないかどうか，十分自覚的になるべきでしょう。

（山口昌澄）

図41 携帯メール利用の孤独感への影響
出所：五十嵐・吉田，2003

▷6 富田秀典 2002 都市空間とケータイ 岡田朋之・松田美佐（編）ケータイ学入門 有斐閣選書 49-73.

▷7 Kraut, R., Patterson, M., Lundmark, V., Kiesler, S., Mukophadhyay, T., & Scherlis, W. 1998 Internet Paradox: A social technology that reduces social involvement and psychological well-being? *American Psychologist*, **53**, 1017-1031.

▷8 五十嵐祐・吉田俊和 2003 大学新入生の携帯メール利用が入学後の孤独感に与える影響 心理学研究, **74**, 379-385.

▷9 モデルのパス（矢印）上のプラス（＋）・マイナス（－）の符号は，影響関係の方向性を示している。

▷10 松田美佐 2002 ケータイ利用から見えるジェンダー 岡田朋之・松田美佐（編）ケータイ学入門 有斐閣選書 125-148.

参考文献
坂元章（編）2000 インターネットの心理学 学文社

宮田加久子 1993 電子メディア社会 誠信書房

VIII 社会と政治

 ボランティア活動

▷1 **中央教育審議会**
文部科学省に設置されている，教育・学術・文化に関する重要施策について調査・審議・建議をおこなう審議会のこと。

▷2 奉仕活動の義務化にかんしては，たとえば次の議論を参照のこと。特集 奉仕活動と学校教育——「義務化」が学校にもたらすものとは 学校経営，47，5-53．

▷3 玉木和歌子 2000 ボランティア活動の動機と成果 高木修（監修）・西川正之（編）援助とサポートの社会心理学——助けあう人間のこころと行動 82-93．

▷4 八ッ塚一郎・矢守克也 1997 阪神大震災における既成組織のボランティア活動 実験社会心理学研究，37（2），177-194．

▷5 **阪神・淡路大震災**
1995年1月17日午前5時46分に，兵庫県南部を震源地として起きたマグニチュード7.2の大地震。約6,200名の犠牲者，約35,000名の負傷者，約20万棟の家屋の倒壊，約7,000棟の家屋の焼失など，甚大な被害をもたらした。

▷6 先のボランティア活動を定義した玉木（2000）も，研究者が研究対象としてボランティア活動をとらえる場合に定義は必要であるが，実践現場においては，定義をこえた活動もありうると論じている。

① 「ボランティア活動とは何か」をめぐって

2002年7月29日に，**中央教育審議会**▷1は「青少年の奉仕活動・体験学習の推進方策等について」という答申を公表しました。これは青少年の社会性教育の一環として，奉仕活動（ボランティア活動も含まれる）を積極的に推進していこうという施策です。大きなねらいとして，「思いやりの心」や「豊かな人間関係」の獲得が掲げられています。ボランティア活動を教育実践へ導入することにかんしては賛同する声も多いのですが，活動が義務化したり評価の対象となったりすることについては否定的な意見もあります▷2。

こうした意見の対立がおきてしまうのは，ボランティア・イメージのズレに原因があるものと考えられます。例えばボランティア活動を「自分からおこなうこと」と考える人にとって「義務化され，やらされること」を簡単に受け入れることは難しいでしょう。

社会心理学者の玉木和歌子▷3は，ボランティア活動を次の3つの側面からとらえています。①自発性（強制されたり，頼まれたりしたからするのではなく，自分がやりたいからする），②無償性（営利を目的としたものではなく，報酬は受け取らない），③連帯性（仲間どうしや対象者との温かい交流）。以上のことからボランティア活動は，「営利目的ではなく，自発的におこなわれた，他者へのかかわりを強める他者援助活動」と定義されます。

② 「ボランティア」をこえるボランティア

ところが，八ッ塚一郎・矢守克也▷4は，ボランティア団体に対する聞き取り調査の結果から，従来のボランティア・イメージが変化してきたことを指摘しています。たとえば**阪神・淡路大震災**▷5では，「有償ボランティア」，「企業ボランティア」，「（パソコンなどを使った）情報ボランティア」などの震災ボランティアが活躍しました。これらは「奉仕」，「企業からの開放」，「人と人とのふれあい」といった今までのボランティア・イメージを超え出るような活動といえます▷6。

金子郁容▷7は，閉鎖的で魅力に乏しいボランティア・イメージが人々からボランティア活動を遠ざけてしまうと論じています。倉掛比呂美・大谷直史▷8の調査結果においても，ボランティア活動に参加していない学生は，参加している学

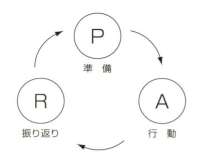

図42 ボランティア学習のPARサイクル

出所：長沼, 2003

表23 ボランティアによる活動成果

認識変化	個人ボランティア	集団ボランティア
人間に対する認識が変わった	67.1	72.7
社会に対する認識が変わった	62.4	75.0
自然に対する認識が変わった	46.3	63.6
自己変革		
共感性を得た	24.2	38.6
責任感を得た	15.4	18.2
忍耐力を得た	5.4	3.2

（注）数値は全体人数中の回答数のパーセンテージ（複数回答）。

出所：玉木, 2000

生に比べ，ボランティア活動について「人や社会のため」や「するのは偉い人」といったイメージを持っていることが明らかとなりました。これらは上記の金子の指摘を示唆する結果といえます。

3 ボランティア学習における「PARサイクル」

冒頭で教育実践におけるボランティア活動の導入についてふれました。教育場面では，ボランティア活動そのものとしてではなく，本格的な活動に入る準備学習として「ボランティア学習」に取り組む動きがあります。

長沼豊は，ボランティア学習を効果的におこなうための「PARサイクル」を提唱しています（図42）。Pは「Preparation（準備）」，Aは「Action（行動）」，Rは「Reflection（振り返り）」のことです。

中でも，「R」は次の活動への橋渡しとしての重要な役割を担います。これを怠ってしまうと，活動は単なる「義務」や「苦役」ととらえられてしまい，ボランティアぎらいを生んでしまいかねません。

たとえば，震災ボランティアにかんする高木修・玉木和歌子の調査によれば，ボランティア活動を長期継続する人たちが「人間に対する認識が変わった」や「共感性を得た」といったボランティア活動で得られた成果（表23）を強く感じていたことがわかっています。上記の「PARサイクル」で考えてみると，活動で得られたことを自分なりに評価し（＝R），次の活動への意思や準備をかため（＝P′），たとえ同じ活動を継続しても（＝A′），新しい出会いや自分自身の成長への気づき（＝R′）へとつながることが予想できます。

以上，従来の「ボランティア」イメージにとらわれない社会の動きがあることがわかりました。ですから，そうした時代や社会の変化にも対応した研究の枠組みも必要となることでしょう。また，「活動に参加しない人」についてや，「援助をされる側」のボランティア活動のとらえ方についてなど，活動を取りまく社会関係（＝ネットワーク）全体にも目を向けることが重要ではないかと思われます。

（山口昌澄）

▷7 金子郁容 1992 ボランティア――もうひとつの情報社会 岩波新書

▷8 倉掛比呂美・大谷直史 2004 大学生にとってのボランティア活動の意味 鳥取大学教育地域科学部紀要，5（2），209-227.

▷9 長沼豊 2003 市民教育とは何か ひつじ市民新書

▷10 高木修・玉木和歌子 1996 阪神・淡路大震災におけるボランティア――災害ボランティアの活動とその経験の影響 関西大学社会学部紀要，28（1），1-62.

VIII 社会と政治

 異文化体験

異文化体験の光と影

　最近では，若い人が海外に留学したり海外で仕事をしたりするのがごく当たり前になってきました。また国内で外国の人たちと接することも日常茶飯事です。急速に進行するグローバル化は，昔は限られた一部の人々の特殊体験であった異文化体験を，一般人の日常生活の中に取り込んでしまったのです。

　異文化体験は，私たちの視野を広げ，新たな出会いや知見を通して人生の転機となる可能性を秘めています。留学その他の異文化体験によってその後の人生に新たな方向づけを見出した青年は少なくないでしょう。同時に異文化体験は，これまで慣れ親しんだ環境とは異質の環境にさらされ，自分とは言語も行動様式も生活習慣も価値観も異なる人々との絶え間ない相互作用を余儀なくされる非常に心理的負担の重い体験でもあります。異文化環境において国内では考えられなかったさまざまなストレスや欲求不満状況にさらされることによって，自分がこれまで抱えてきた発達的，臨床的な問題が激しく発現し，ひどい不適応状態に陥ることも少なくありません。異文化体験には，飛躍ないし転機への可能性と，転落の危機という光と影の両側面があるのです。

2 カルチャーショック

　外国に渡航し，異質な社会環境，対人環境に接触した際，自分がこれまで身につけてきた知識，態度，スキル，行動様式，価値観などが通用しないことを思い知らされ，一時的に心理的な混乱あるいは不適応に陥ることをカルチャーショック（Culture Shock）といいます。カルチャーショックは文化人類学者のオバーグがはじめて用いた言葉で，異文化に対する不適応反応の総称です。

　カルチャーショックをどの程度体験するかについては，いくつかの要因が大きな影響を与えます。

　ウォード，ボクナーとファーナム（Ward, C., Bochner, S., & Furnham, A.）によれば，①どの国に渡航するか，②どのような立場で渡航するか（観光客，留学生，企業の駐在員，外交官，難民など），③どのくらいの期間滞在するか，④渡航者がどのようなパーソナリティをもっているか，⑤渡航者がどのような能力をもっているか（語学力，専門能力，趣味など）等の諸要因によって，渡航者のカルチャーショックの度合や異文化体験の質は大きく異なってきます。

▷1　Ward, C., Bochner, S., & Furnham, A. 2001 *The Psychology of Culture Shock*. London : Routledge.

3 異文化の移行体験

このような個人差と同時に，カルチャーショックには異文化環境に渡航する人が共通して経験する一定の経過パターンがあることが知られています。これを「異文化の移行体験」（transitional experience）と呼びます。アドラーによれば，異文化の移行経験は，一般に5段階の過程を経るとされます（Adler, 1975）：①異文化接触期，②自己崩壊期，③自己再統合期，④自律期，⑤独立期。おおまかにいえば，一般に外国など異文化環境に渡航した場合，最初はものめずらしさと新鮮な感動で幸せな気分に浸りますが（最初の1ヵ月程度），やがて自他の文化の相違に圧迫されて心理的安定を失い，不適応ないし危機の状態に陥ります（3〜6ヵ月）。しかしやがて異文化環境に次第に慣れてくるにつれて，文化的差異と共通性をバランスよく認知できるようになり，現地の人々とのつきあい方もわかってきて，文化的異質性を受容できるようになります（1年〜）。この移行プロセスを適応度の観点から見ると，最初は異文化への新鮮な感動から幸福感に満たされていたものが，いったん文化的葛藤と自己の危機という不適応に陥り，それが次第に克服されて異文化性の受容に基づく新たな適応状態に到達するというU字型の曲線を描いていることがわかります。そこで，異文化体験の移行プロセスを「Uカーブ仮説」と呼びます。

4 文化変容（アカルチュレーション）

そこでベリー（Berry, J. W.）は，逆に異文化体験における個人差の側面に焦点を当て，文化変容（acculturation）の理論を提唱しました。文化変容とは，異文化環境に適応するために，渡航者が自らの態度，行動，価値観，コミュニケーション様式などを変化させてゆくプロセスのことです。ベリーによれば，文化変容には，①同化（assimilation），②分離（separation），③境界化（marginalization），④統合（integration）の4パターンがあるとされます。「同化」は，完全に相手の文化に自分を合わせてしまうこと，「分離」は逆に自己の文化アイデンティティに固執し，相手の文化を拒否しつづけることを指します。「境界化」は自己の出身文化を捨て去り，しかし相手の文化にも受け入れられず，根無し草状態（アイデンティティ喪失）に陥ってしまうことです。「統合」は自己の文化アイデンティティを保持しつつ，相手の文化にも合わせ交わってゆくことのできる柔軟性と適応性を兼ね備えていることです。この中では「統合」が文化変容の最も望ましいパターンと考えられます。この「統合」としての異文化体験とそれを可能にするコミュニケーション能力を身につけることはグローバル化時代における重要な発達課題です。そのためには異文化を理解し（異文化リテラシー），異文化を受け容れる（異文化間トレランス）能力を育んでゆく異文化トレーニングが不可欠といえます。

（小林 亮）

▷ 2　Berry, J. W., Segall, M. H., & Kagitcibasi, C. (Eds.) 1997 Handbook of cross-cultural psychology. Vol. 3. *Social behavior and applications.* Boston: Allyn & Bacon.

▷ 3　文化変容のパターンについては，渡航者の出身文化とホスト国の文化との力関係を考慮することも大事である。世界的な主流文化である欧米に対し，日本は基本的にマイナー文化であり，この力関係が欧米諸国に留学や仕事で渡航した日本人の文化変容に大きな影を投げかけている。

参考文献

箕浦康子　2003　子供の異文化体験——人格形成過程の心理人類学的研究　新思索社

鍋倉健悦　2009　異文化間コミュニケーション入門　丸善

八代京子・町恵理子　2009　異文化トレーニング　三修社

VIII 社会と政治

 ## 疎 外 感

▷1 哲学的な（自己）疎外論に関しては，フリッツ・パッペンハイム 粟田賢三（訳）1995 近代人の疎外 岩波書店を参照のこと．

▷2 マルクス, K. 城塚登・田中吉六（訳）1964 経済学・哲学草稿 岩波文庫

▷3 Seeman, M. 1975 Alienation Studies. *Annual Review of Sociology*, **1**, 91-122.

▷4 海外の実証的な疎外感研究について，次のレビュー論文がある．宮下一博 1994 疎外感に関する測定及び人格心理学的研究の概観 青年心理学研究, **6**, 1-10.

▷5 宮下一博・小林利宣 1981 青年期における「疎外感」の発達と適応との関係 教育心理学研究, **29**, 11-18.

1 「自己疎外」からの長い道のり

「自分なんて何の力もないちっぽけな存在だと思う」，「世の中は複雑すぎてわけが分からない」……こうした悩みや不安は，誰しもふと頭に思い浮かべたことがあることでしょう．これらは，「疎外感」とよばれる感覚です．疎外感というと，「仲間はずれになってさびしい」といったイメージをもつ人も多いかもしれません．これは疎外感の中に含まれる「孤独感（社会的孤立感）」に相当する感覚です．

このように，疎外感は幅広い意味内容をもっています．それは「疎外」というものが哲学や社会学，心理学など，様々な学問分野で研究されてきたからです．

まず哲学の分野では，「自己疎外」というテーマで議論がなされました．「自己疎外」は，ヘーゲル（Hegel, G. W. F.），フォイエルバッハ（Feuerbach, L. A.），マルクス（Marx, K.）といった哲学者によって独特の意味をあたえられた概念です．自らおこなった活動がいつの間にか自己を離れ，よそよそしいものになってしまう過程のことを示します．なかでも，マルクスは，本来，人間に喜びや創造性をもたらすはずの労働が，賃金や生活のため苦痛に満ちた強制労働になってしまったことを「（自己）疎外された労働」と表現しました．そして，そのような人間のあり方や，「（自己）疎外された労働」を生み出す資本主義経済体制を批判的に論じました．

2 実証的な疎外感研究に向けて

このように，疎外は長く哲学の分野で思索され議論されてきました．しかし，社会（心理）学者のシーマン（Seeman, M.）は，哲学的疎外論だけではなく，実証的な研究も必要だと主張しました．そこで，従来の研究を参考にしながら，疎外感の意味内容を分類し整理しました（表24）．このシーマンによる分類・整理の影響もあり，ディーンやミドルトンなど多くの研究者が疎外

表24　疎外感における6つの類型

類型名称	内容
無力感	行動や活動の成果が，本人の望むようには決定できないという感覚
無意味感	社会的問題・事象の理解や見通しが不可能であるという感覚
無規範感	個人の行為を規制する規範の崩壊感覚
文化的孤立感	社会や文化（マスコミなど）などのトレンドに関心がもてないという感覚
自己疎隔（疎外）感	本質的でない活動（例：給料のためだけに働く）による人間らしさや誇りの喪失感
社会的孤立感	社会的接触や社会的適応における欠如の感覚

出所：Seeman, 1975より作成

感尺度を作成しました。そうして，主に社会学や社会心理学の分野で疎外感の実証的研究が本格的に着手されました。

3 わが国における疎外感研究

欧米から20～30年ほど遅れて，わが国においても疎外感の実証的研究がはじまりました。三島倫八や田崎篤郎などの研究が初期の代表的なものといえるでしょう。

その後，宮下一博と小林利宣は従来の研究を概観し，疎外感を「集団生活や社会生活の中で自分が他者から排除されている，あるいは，他者との間に距離感・異和感を感じ，どうしてもなじめない，溶け込めないという認知感情」と定義しました。そして「孤独感」・「自己嫌悪感」・「空虚感」・「圧迫拘束感」という下位尺度からなる全44項目の「疎外感尺度」を作成しました（表25）。表には，全44項目のうち20項目を例として抜粋し紹介しています。詳細については，宮下と小林によるオリジナルの研究を参照してください。

表25　疎外感尺度項目例

項　目　例
●孤独感 　「私は1人ぼっちである」と感ずることがよくある。 　うちとけて話ができる人は私には余りいないように思う。 　私のことを真剣に考えてくれる人もいるだろうと思う。 　＊他人から「仲間はずれにされている」と感ずることはまずない。 　みんなが冷たい眼で私を見ているようだ。
●空虚感 　何の目標もなく日々を暮らしている気がする。 　どうも日々の充実感に欠ける。 　＊私の毎日は実に「いきいき」しているように思う。 　毎日の生活は，単調で張りがないという気がする。 　＊「自分なりに一生けんめい生きていて満足だ」と思う。
●圧迫拘束感 　毎日が緊張の連続で息苦しさを感ずることもある。 　わけもなく疲労を感ずることがしばしばある。 　＊「何かに圧迫されている」という感じはあまりない。 　自分がしたくないことをさせられているとよく感ずる。 　何かに縛られ自由に動けないようだ。
●自己嫌悪感 　私は無用な人間だと思う。 　＊自分はかけがえのない大切な存在だと思う。 　＊私はやる気になれば何でもできるように思う。 　自分がどうなってもそう悲しむ人はいないだろう。 　自分は欠点だらけの人間だと思うことがある。

（注）＊がついている項目は逆転項目を示す。なお，この表には全44項目のうち，各下位尺度5項目ずつ，計20項目を掲載している。
出所：宮下・小林，1981より作成

疎外感得点の高さは自我同一性得点と負の関連を示すことや，教師への暴力などの問題行動がみられる学生は，そうではない学生に比べて疎外感得点が高いことなどがこの研究で明らかとなりました。この尺度はすぐれた尺度として，現在も多くの疎外感研究に利用されています。

4 社会関係的視点の導入

上記の疎外感の定義にもありますように，疎外感というのは個人の社会関係において生じる感覚といえます。例えば，古屋 健は，**ソーシャル・サポート**と疎外感の関連について検討しました。そして，友人との良好な関係や，家族からの暖かい情緒的サポートなどが疎外感を低減させるということを明らかにしました。

そのほかにも「政治」や「（大学の）学業活動」といった社会関係的な要素を取り入れた疎外感尺度も独自に作成されています。

これらは，疎外感の生じるメカニズムを明らかにするためにも非常に重要な研究といえます。しかし，多くの疎外感研究者が指摘するように，現在のところ十分におこなわれているとはいえません。社会関係的視点を導入した実証的な疎外感研究は今後いっそう求められるといえるでしょう。
　　　　　　　　　　　　　　　　　　　　　　　　　　（山口昌澄）

▷6　古屋健　1999　青年期における疎外感の対人的規定因について　群馬大学教育学部紀要　人文・社会科学編，48，383-407.

▷7　ソーシャル・サポート
個人が生活していくうえで，周囲から受ける様々な援助のこと。例えば，共感，信頼，評価，金銭・物品，情報など，様々な援助がある。

▷8　VI-4「学業的自己疎外感」を参照のこと。

研究例
現代人の自己疎外や疎外感を考えるうえで，以下の興味ぶかい著書がある。
　リースマン，D．加藤秀俊（訳）1964　孤独な群衆　みすず書房
　フロム，E．日高六郎（訳）1951　自由からの逃走　東京創元社

VIII 社会と政治

居場所

1 「居場所のなさ」を考える

　私たちは，ふだん「居場所がある」ということを特別に意識することはありません。人からたずねられたり，ふり返ってみたりして「ああ，自分には『居場所』があったのだなあ…」としみじみと思うといった感じではないでしょうか。逆に，「居場所がない」ことにかんしては敏感です。「居場所のなさ」や「居心地の悪さ」というのは，不安定な気持ちや生きづらさの感覚にもつながるからでしょう。精神科医の北山修は，居場所は，いつも失われてはじめて「ありがたさ」がわかるたぐいのものだと指摘しています。

　現在，行政や教育，臨床の現場など様々な分野で「居場所づくり」の重要性が喧伝されています。それだけ私たちの社会に不安や生きづらさの感覚が広がり，高まっていることをあらわしているのかもしれません。ですから，いまあらためて「居場所」を問うことはとても重要な意味をもっています。

▷1　北山修　1993　自分と居場所　岩崎学術出版社

2 「居場所」とはなにか

　藤竹暁によると「居場所」とは，個人にとって強い情緒的な結びつきや意味をともなった空間のことをあらわします。さらに居場所には，他の人に必要とされたり自分の資質や能力を社会的に発揮できたりする「社会的居場所」と，安らぎを覚え，ほっとしたり自分をとり戻したりできる「人間的居場所」の2つに大きく分類されます。

　小畑豊美と伊藤義美の調査結果では，高校・大学生の「心の居場所」として，友達・自分の部屋・家族などが多く挙げられています。上記の分類でいえば，友達は「社会的居場所」に，自分の部屋は「人間的居場所」に相当するといえます。そして家族はその両方の要素を含むといえるでしょう。居場所がどのような種類であるかは，そこでもたらされる社会関係や自分らしさの感覚に深くかかわることが考えられます。

▷2　藤竹暁　2000　居場所を考える　藤竹暁（編）現代のエスプリ別冊　生活文化シリーズ3　現代人の居場所　47-57．

▷3　小畑豊美・伊藤義美　2001　青年期の心の居場所の研究──自由記述に表れた心の居場所の分類　情報文化研究, 14, 59-73.

3 居場所における「安心感」

　またこの調査では，「心の居場所」にいるときに得られる感情やその意味についても検討しています。自由記述で最も多く挙げられたのが安心・安らぎ・気楽といった「安心感」でした（図43）。居場所の感覚は，個人と環境が適合

している感覚といえるので，当然の結果といえます。回答内容をさらに詳しく検討すると，この「安心感」は「頭や気をつかわない力の抜けた状態であり，自分が優しく温かく包まれている感覚」とまとめることができます。たとえば「自分の部屋」は「心の居場所」として比較的多く挙げられましたが，その背景には（頭や気をつかう）相手を避けたい気持ちや，ほっとできる「人間的居場所」を求める気持ちの高まりを考えることができます。

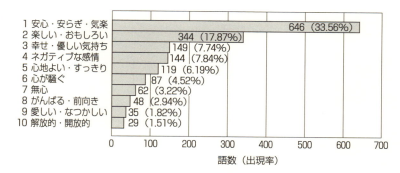

図43 心の居場所での感情（上位10位まで）

出所：小畑・伊藤，2001

④ 社会とのかかわりに向けて

個人のなかで「人間的居場所」への欲求が突出すると「社会的居場所」はまさに居場所を失くしていくことでしょう。それは他者との交流や社会意識に乏しい生活空間が世の中に広がっていくことにつながるかもしれません。たとえば「店や電車の入り口での座りこみ」や「電車やバスにおける携帯電話の使用」について「抵抗を感じない」・「あまり抵抗を感じない」と回答した若者が3割以上いたことは，こうした傾向を示唆しているといえます。生越達は，他者のいない空間に自分の居場所を見いだす考え方は，自分に敏感で他人に鈍感な自己中心的なあり方だと批判的に論じています。

社会からいったん退避し距離を置くことで安心感は得られるでしょう。しかし社会とのかかわりやつながりをともなう場（居場所）が私たちにはどうしても必要です。

⑤ 過去と現在をつなぐ「居場所」

冒頭で居場所は，「なくしてしまった」や「たしかにあった」という表現で語られると述べました。これは，個人の過去について語っていることです。私たちにとって居場所が重要だというのは，過去が現在の自分のあり方に少なからず影響を与えているということなのかもしれません。そう考えると，居場所は「アイデンティティ」や「時間的展望」など，より広いテーマにつながるものといえます。また，居場所は私的な生活文脈にもとづきますから「ここにあなたの『居場所』を用意しました」とまわりから与えることは難しいでしょう。外部からの配慮も「おしつけがましさ」となり，個人の居場所をうばう危険性があることも指摘されています。こうしたところに昨今の教育や行政がとり組む「居場所づくり」の難しさがあるように思われます。

（山口昌澄）

▷4 大久保智生 2004 新入生における大学環境への主観的適応に関するPAC（個人別態度構造）分析 パーソナリティ研究，13, 44-57.

▷5 木村好美 2003 高校生と高校教師の規範意識——教師・生徒の意識のずれ 友枝敏雄・鈴木護（編著）現代高校生の規範意識——規範の崩壊か，それとも変容か 九州大学出版会 11-36.

▷6 生越達 2003 場所の狭隘化と拡幅——居場所にとっての他者 茨城大学教育学部紀要，52, 367-386.

▷7 新谷周平 2004 序説——居場所・参画・社会つながり 子どもの参画情報センター（編）居場所づくりと社会つながり 萌文社 7-12.

▷8 生越達 2003 「生きられた空間」としての場所 茨城大学教育学部紀要，52, 349-365.

（研究例）

「居場所」を考えるにあたって参考になる，以下の研究例がある。小沢一仁 2000 自己理解・アイデンティティ・居場所 東京工業大学工学部紀要，23, 94-106.

VIII 社会と政治

社会意識

▷1 NHK放送文化研究所 2013 NHK中学生・高校生の生活と意識調査2012——失われた20年が生んだ"幸せ"な十代 日本放送出版協会
▷2 1982年調査では中学生92.3%・高校生89%, 1987年調査では中学生94.7%・高校生91.6%, 1992年調査では中学生92.4%・高校生90.4%, 2002年調査では中学生93.1%・高校生92.8%, 2012年調査では中学生93.6%・高校生96.5%であった。
▷3 久世敏雄・宮沢秀治・二宮克美・和田実・後藤宗理・浅野敬子・宗方比佐子・大野久・内山伊知郎・鄭暁斎 1987 現代青年の社会意識に関する研究 名古屋大学教育学部紀要, **34**, 25-39.
▷4 生命保険文化センター 2002 日本人の生活価値観——第5回・日本人の

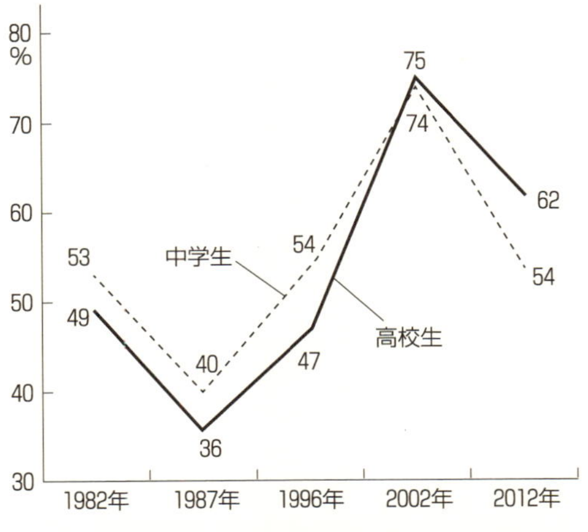

1 「良くない社会」と「幸せな私」

NHK放送文化研究所は,「中学生・高校生の生活と意識調査」において, 中高生の社会的態度や生活にかんするアンケート調査をおこなっています。図44は,「今の日本の社会は良い社会だ」という考えに「そうは思わない」と答えた割合の時代的変化をグラフ化したものです。これをみると, この10年でその割合は低下したものの, いぜんとして高い水準にあることがわかります。その背景には経済の低迷や政治家・官僚の汚職, 大きな自然災害など, さまざまな理由が考えられます。

ところが個人の生活にかんする回答結果に着目すると, 興味深い事実がわかります。「あなたは今, 幸せだと思っていますか」という質問(2012年)に対しては, 9割以上の中高生が「幸せ(「とても幸せだ」+「まあ幸せだ」)」と回答しています。この結果は, 現在どれほど「良くない社会」にいても, 自分の生活では「幸せ」と感じている若者が多いことをあらわしてします。つまり今の若者の意識においては「社会のあり方」と「個人の生活の充実」とがあまり関連のないものとして認識されているようです。

2 個人を重視する「私生活主義」

意識における「社会(のあり方)」と「個人(の生活)」の分裂は, 魅力にとぼしい社会にたいする関心の低下や個人生活の重視という態度のあらわれといえるかもしれません。この「公」より「私」生活を優先する生活意識は,「私生活主義」とよばれ, すでに30年ほど前から指摘されていました。

久世敏雄らの研究では, 上記「私生活主義」にかんする質問項目が作成されています。高校生337名・大学生437名を対象に実施した調査を分析した結果, 私生活主義は「自分が損をしてまで, 皆のためにつくすのはバカげたことだ」「結局, 人のことは自分とは関係のないことだ」といった項目にみられる「身近な事象への関心・社会的事象への無関心」という側面(次元)と「他の人に指図されたからではなく, 自分の意志で行動することが大切だ」「個人

図44 「今の社会は良い社会だと思わない」支持率

出所:NHK放送文化研究所, 2013

の自由は尊重するべきである」にみられる「自分の感覚や実感の重視」という側面（次元）からなることがわかりました。さらに高校生と大学生はともに「自分の感覚や実感の重視」の得点が高い傾向にあることもわかりました。

以上より、私生活主義が性質の異なる複数の側面（次元）から構成され、なかでも「自分の感覚や実感」という側面（次元）が重要な意味をもつことが示唆されおり興味ぶかい結果といえます。

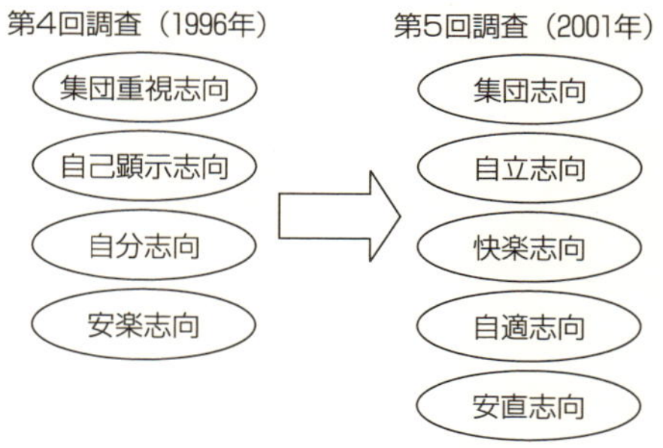

第4回調査（1996年）　第5回調査（2001年）
集団重視志向　　　　　集団志向
自己顕示志向　　　　　自立志向
自分志向　　　　　　　快楽志向
安楽志向　　　　　　　自適志向
　　　　　　　　　　　安直志向

図45　生活意識の多様化

出所：生命保険文化センター，2002より作成

③ 個人重視の意識の多様化と細分化

生命保険文化センターは、1976年から2001年にわたり大規模な意識調査をおこなっており、近年の若年層における生活意識の変化についてもふれています。

1996年の第4回調査では「集団重視志向」・「自己顕示志向」・「自分志向」・「安楽志向」という4つの生活意識が抽出されました。つづく2001年の第5回調査では「集団志向」・「自立志向」・「快楽志向」・「自適志向」・「安直志向」の5つが抽出されました。「集団重視志向」や「集団志向」以外は、個人の感覚や実感を重視した生活意識といえ、こうした個人重視の意識が多様化し、さらに細分化していることがうかがえます（図45）。また若年層では「安楽志向」・「快楽志向」・「安直志向」など、「快／不快」といった個人の感覚を重視し、社会意識に乏しい生活意識が他の年齢層より高い傾向にありました。これは先の「私生活主義」のあり方にもつうじる結果といえます。そして生活意識の多様化・細分化により、同じように個人を重視する生活意識をもっていても、考え方のギャップやコミュニケーションの不全が生じる可能性も考えられます。

④ 「個人」と「社会」は対立するものか

以上から「個人重視（個人主義）の考え方が高まった結果、社会意識の低下が起こった」とまとめることができるかもしれません。しかし「個人主義」に対立する概念の「集団主義」について考えてみると、もう少し細かな議論が必要と思われます。戦後わが国の個人主義的な意識は、集団主義的な人間関係や「和」といったものに対抗し反発するかたちで発展してきました。ここでいう「集団」とは、家族や仲間、会社の同僚など、比較的手の届くような集団です。しかし「社会」の方は、地域・教育・行政・経済・公共など、個人を取りまく環境やシステムをさします。両者を混同し、同一視した結果、冒頭でふれた「個人の生活」と「社会のあり方」との隔たりも生じてきたのかもしれません。ともかく、今の若者が、「社会のなかの個人」という実感をもちにくくなっていることは確かなようです。「個人と社会のかかわり」について私たちは今一度真剣に考えるべきなのかもしれません。

（山口昌澄）

生活価値観調査　（財）生命保険文化センター

▷5　第4回調査では、集団の和を重視する「集団重視志向」、他者の目を基準に自分を認めさせようとする「自己顕示志向」、主体的な物事の判断を重視する「自分志向」、他人との深いつきあいをさけ安直で受動的な「安楽志向」が抽出された。

▷6　第5回調査では、社会や家族に責任と自覚をもってかかわる「集団志向」、挑戦意識をもち独立を重視する「自立志向」、責任や努力を避け利己的な「快楽志向」、仲間と楽しく暮らそうとする「自適志向」、努力を避け他人に同調する「安直志向」が抽出された。

▷7　岩間夏樹　1995　戦後若者文化の光芒　日本経済新聞社

▷8　山口（2003）によれば、個人と集団の利益が対立するとき、集団の利益を優先させる傾向を「集団主義」とし、個人の権利や好みを重視し、それらが集団の利益に優先すると考えることを「個人主義」とよぶ。
山口勧　2003　個人主義と集団主義　山口勧（編）社会心理学――アジアからのアプローチ　東京大学出版会　29-40．

Ⅷ 社会と政治

政治行動

 若者の政治的意識は低いのか

「今の若い人は，政治に関心がなくて……」こんなことがテレビや新聞などでよくいわれます。みなさんの方も「あんまり興味ないなあ」とか「よくわからない」と思っているかもしれません。

NHK放送文化研究所は，5年ごとに大規模な意識調査を実施しています。その中には，政治参加意識についての質問も含まれており，次の3つの政治参加方法からひとつを選択するようになっています。それは，①選挙を通じてすぐれた政治家を選び，自分たちの代表として活躍してもらう（静観），②問題が起きたときは，支持する政治家に働きかけて，自分たちの意見を政治に反映させる（依頼），③ふだんから，支持する政党や団体をもりたてて活動を続け，自分たちの意向の実現をはかる（活動）の3つです。

若者（20～24歳）の政治意識における推移（図46）をみると，まず「静観」がずっとトップの座を占めていることがわかります。若者の政治意識の消極性があらわれているようにも思えますが，近年は減少傾向にあることがわかります（58%→38%）。

次に「依頼」にかんしてみてみましょう。73年では最も低かった（15%）のですが，近年は増加傾向にあるようです。2008年にはこれまでトップだった「静観」を抜いています（41%）。

▷1　NHK放送文化研究所（編）2010　現代日本人の意識構造［第7版］日本放送出版協会（なお，掲載データにかんしては，NHK世論調査部への照会をおこなった（私信））

最後に「活動」にかんしてはどうかというと，第2回目の78年以降ずっと最下位にあります。近年はさらに減少傾向にあるようです（15%程度）。

上記の結果をまとめると，現在の若者の政治意識は大きく「依頼」か「静観」かにわかれるようです。つまり，何か問題が生じた場合には一般市民の意見を政治に反映させよう，といった冷静かつ堅実な意識が高まっている一方で，選挙以外は政治家にまかせる，といった消極的な意識も強いということです。いずれにしましても，政治にたいするクールな態度がうかがえます。これは，ふだんから熱心に政治的な活動をする「活動」意識のいっそうの低下にもつ

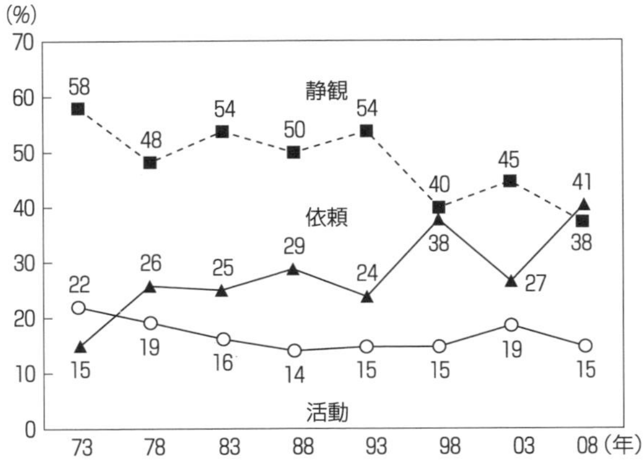

図46　若者（20～24）の政治意識における時代的変遷

出所：NHK世論調査部（2014；私信）

ながっていると思われます。

こうした最近の若者の政治にたいするクールな意識や態度が目につき，「今どきの若者は政治意識が低い」という印象が，世間一般ではもたれるのかもしれません。しかし近年の「依頼」の高まりにみられるように，今の若者が政治に全く無関心であることを結論づけることはできません。

表26　衆議院議員選挙（第40〜46回）の年齢別投票率

年　齢	第40回 1993・7・18	第41回 1996・10・20	第42回 2000・6・25	第43回 2003・11・9	第44回 2005・9・11	第45回 2009・8・30	第46回 2012・12・16
20〜29歳	47.46	36.42	38.35	35.62	46.20	49.45	37.89
30〜39歳	68.46	57.49	56.82	50.72	59.79	63.87	50.10
40〜49歳	74.48	65.46	68.13	64.72	71.94	72.63	59.38
50〜59歳	79.34	70.61	71.98	70.01	77.86	79.69	68.02
60〜69歳	83.38	77.25	79.23	77.89	83.08	84.15	74.93
70歳以上	71.61	66.88	69.28	67.78	69.48	71.06	63.30

出所：公益財団法人明るい選挙推進協会のHPより作成（www.akaruisenkyo.or.jp/07various/07/syugi/693/）

2　若者の政治参加は消極的なのか

こんどは，政治参加の点から検討してみましょう。ここでは，過去20年間の衆議院議員選挙の投票率の推移を参考にします（表26）。表中の四角で囲んである部分（20歳代の投票率）に注目すると，20年前に比べ，投票率が10％ほど下がっていることがわかります（47.46％→37.89％）。やはり，最近の若者は，政治行動面でも消極的といえるのでしょうか。

しかし年長世代（30歳以上）と比較すると，若年の投票率が低いということは以前から続いていることがわかります。さらによくみると，第44回（2005年）や第45回（2009年）では上昇しており，年長世代でも同様な投票率の増減がみられます。つまり「最近の若者」だけが特別に政治参加に消極的であるとはっきりと示すことはできないのです。

丸楠恭一・坂田顕一・山下利恵子は，「若者の政治ばなれ」という風評は，過去の調査をきちんと調べてみると，相当根拠があいまいであると論じています。また，こうした風評が「常識」として社会に認められてしまうことの危険性についても指摘しています。それは「若い人は政治に興味がないらしい。だから，自分も無関心でもおかしくない」と，自分の政治的関心・参加度の低さをもっともらしく理由づけてしまうことです。

3　若者の政治行動・政治参加をとらえる視点

たとえば現在，**インターンシップ制度**の導入により，若者にたいして政治現場の門戸を開いている政党や議員事務所が増えつつあります。そうした新しい政治参入のあり方にたいして若者はどのようにかかわっていくのでしょうか。あるいは行政の都市計画事業にたいし子どもや若者の意見を積極的に取り入れていこうとする「まちづくり活動」が各地の行政機関により熱心に取り組まれています。これも今後の若者の政治参加を考える，重要なとり組みといえます。

若者の政治行動にかんする研究においても，これまでとはちがった多様な観点が要求されることになると思われます。

（山口昌澄）

▷2　丸楠・坂田・山下（2004）では，さらに「青年期」の延長により，「青年」や「若者」が一体どの年代を指すのか曖昧になってきていることも指摘している。Ⅰ-2「青年期はいつか」も参照のこと。

▷3　丸楠恭一・坂田顕一・山下利恵子　2004　若者たちの《政治革命》——組織からネットワークへ　中公新書ラクレ

▷4　インターンシップ制度
学生に一定期間職業体験をさせる制度のこと。受け入れ先は企業・自治体・国際機関など多彩であり，学生にとっては，職業適性を見極める機会にもなるといわれている。

▷5　子どもの参画情報センター（編）　2004　居場所づくりと社会つながり　萌文社

研究例
さまざまな政治行動にかんする社会心理学的な研究集がある。高木修（監修）・池田謙一（編）　2001　政治行動の社会心理学　北大路書房

Ⅷ　社会と政治

9　青年期の社会参加をうながすポイント

1　「若者の自立」と「社会への責任ある参加」

　近年，ひきこもり，フリーター，**パラサイト・シングル**[1]や**ニート**[2]といった「社会に出て自立しない若者」が社会問題としてクローズアップされています。このような若者の自立，なかでも経済的自立にたいする関心や危機意識の高まりは，わが国だけではなく欧米社会においても熱心に議論されてきました。たとえば多くの若年失業者をかかえるイギリスでは，「**シティズンシップ**[3]」というキーワードをもとに教育的な施策が取り組まれています。2002年からイギリスの中等学校段階において導入された「シティズンシップ」科目では，青年の経済的自立という大きな目標とともに政治行動・ボランティア活動・行政や司法制度の理解・コンピューターメディアの活用などが身につけるべき知識や技術として掲げられています。[4]

　つまり，幅広い知識や技術をもち，社会への参加や責任ある行動をともなった「市民」となることこそ，「若者が自立する」ということなのです。

　エリクソン（Erikson, E. H.）は，青年期の職業選択が若者の心理的適応やその後の社会生活（＝生き方）にも大きな影響を与えるということを論じています。[5]このように「若者の自立」と「社会への参加」との深いつながりは心理学でも以前から議論されており，まさに「古くて新しい」テーマといえるでしょう。

2　プロセスとしての「社会参画」

　上記の「シティズンシップ教育」での取り組みでもわかるように「若者の自立」には，多様かつ積極的な社会参加（参画）が不可欠といえます。わが国の若者を対象とした社会参加（参画）の代表的な施策としては，フリースクールやフリースペースといった居場所・たまり場づくりがあげられます。あるいは，現在さかんに取り組まれているボランティア（学習）活動やまちづくり活動なども新しい社会参加（参画）として注目を集めています。新谷周平は，社会参加（参画）を考えるにあたって，「居場所」・「参画」・「社会つながり」という3つの側面からまとめています（図47）。[6]

▷1　パラサイト・シングル
学卒後も親と同居して基本的生活条件を依存し，リッチな生活を楽しむ未婚者のこと。まるで親を宿主として寄生（＝パラサイト）生活しているようにみえることから命名。山田昌弘　1999　パラサイトシングルの時代　ちくま新書

▷2　ニート
現在わが国にニートと思われる若者（15〜24歳）は，40万人存在する。玄田有史・曲沼美恵　2004　ニート──フリーターでもなく失業者でもなく　幻冬舎
⇒Ⅴ-2 参照。

▷3　シティズンシップ
シティズンシップとは，「社会への参入」や「（国家の）メンバーとしての地位」に関係する概念である。詳細は本書Ⅹ-6「シティズンシップ」を参照のこと。

▷4　「シティズンシップ」
教科のねらいは，民主主義

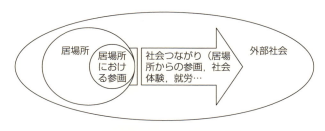

図47　「居場所」・「参画」・「社会つながり」

出所：新谷，2004

まず「居場所」は，外部社会からいったん退避し安心できる空間のことです。たとえばフリースクールやボランティアなどの民間活動の場や，児童館・公民館などの行政管轄の場所などもこれにあたります。[7]

次に「参画」ですが，2つの次元があります。

一つ目は「居場所における参画」で，若者が居場所の設置や運営など居場所にかかわる意思決定や実行過程に参加することです。

二つ目は「居場所からの参画」で，社会からの退避空間である居場所から外部社会へはたらきかけることです。たとえば自治体行政への提言やまちづくりへの参画などが含まれます。そのほかにもボランティア活動などの社会体験や，就労といった経済社会への参加もこれに含まれます。

そのようなさまざまな社会参加が総合され，最終的に「社会つながり」という大きな流れが形成されます。「社会参加（参画）」ときくと，私たちはどうしても外部社会への参画（「居場所からの参画」）という一点に着目しがちです。しかし新谷の考えからは，そこに到るまでのプロセスが重要であり，プロセス全体をサポートしていくことが必要であるとわかります。

3　社会参加における「きっかけ」の重要性

新谷は社会参加（参画）が本格的になると，その場にかかわる若者と大人との間に意見や利害の衝突・葛藤が必然的に生じてくると述べます。衝突や葛藤は，お互いの考えをより深いレベルで理解し，自分たちを取り囲む社会のあり方を見つめなおす良い「きっかけ」となります。しかしこういった衝突を未然に防ごうと，大人側が事前に若者にはたらきかけたり，若者側も葛藤を嫌って自分の居場所に引きこもったりすることが考えられます。「衝突」や「葛藤」は必ずしもマイナスなことではなく，そこからコミュニケーションをふかめて次のステップにつなげることこそ本質である，といった社会全体の認識や問題意識を変えていくことが若者の社会参加を支える条件となるでしょう。

また他者と出会い，外部社会へとかかわる「きっかけ」を若者自身がつかめてないという問題もあります。実はそのきっかけは，インターネット上のコミュニケーション，ボランティア活動，政治活動，学業活動などあらゆる活動に存在します。様々な研究でわかるのが，私たちのそうした活動に対する先入観が「自分には関係ないことだ」と「きっかけ」をつかむ邪魔をしているかもしれない[8]，ということです。

若者の社会参加をうながすには，行政・教育・研究活動などが連携しながら，参加することでその社会を変えていけるという実感や，参加することで具体的にどんなメリットがあるのか，などを若者に提示できることが必要であると思われます。

（山口昌澄）

を基盤とした市民型社会の一員としての素養を体得し，社会の担い手を育成することである。

▷5　エリクソン，E. H. 小此木啓吾（訳）1973　自我同一性──アイデンティティとライフサイクル　誠信書房

▷6　新谷周平　2004　序説──居場所・参画・社会つながり　子どもの参画情報センター（編）居場所づくりと社会つながり　萌文社　7-12.

▷7　ほかにも，家族や友人，学校といったものも「居場所」となりえるだろう。くわしくは，本書 VIII-6「居場所」を参照のこと。

▷8　本書 VIII-8「政治行動」を参照のこと。

（参考文献）
玄田有史・曲沼美恵　2004　ニート──フリーターでもなく失業者でもなく　幻冬舎
長沼豊　2003　市民教育とは何か　ひつじ市民新書
山田昌弘　1999　パラサイトシングルの時代　ちくま新書

IX 障害と臨床

不登校

1 不登校とは

　不登校は，1960年代から注目され始めた現象です。当初は，その数も少なく，学校に行くことや，学校そのものを怖がっているために起こると考えられていましたので，「学校恐怖症」と呼ばれ，医療の対象ととらえられていました。

　その後，時がたつにつれ，学校に行くことに困難を感じる子どもたちが増えてきました。「学校に行かないこと」への理解も進み，名称も「登校拒否」から「不登校」へと変化しました。増加の一途をたどる事態を重くみた文部科学省は，不登校はどんな子どもにでも起こりうるとの認識を明らかにした上で，不登校を，「何らかの心理的，情緒的，身体的，あるいは社会的要因・背景により，登校しないあるいはしたくともできない状況にあるために，年間30日以上欠席した者のうち，病気や経済的な理由による者を除いたもの」と定義しました。また，この問題に対処するため，スクールカウンセラーを学校に配置する，教師が不登校などへの理解を深めるための研修を受ける機会を増やすなどの政策もおこなわれています。

　文部科学省の定義を見てもわかるように，不登校は病気ではありません。不登校という言葉は，学校に行っていない状態を指しているにすぎないのです。

　目の前にいる，学校に行っていない子どもを本当の意味で理解するためには，その子にとっての不登校の意味を考えなければなりません。不登校にまで至るその背後にあるものは，個人によって千差万別です。**怠学傾向**から学校以外の世界に興味が向いてしまっている人もいれば，学校に行きたいのに行けないと悩んでいる人，精神病の**前駆症状**として引きこもってしまい，家から出られない人など，本当にさまざまです。どのような問題も同じですが，個人が抱えるメカニズムを知ろうとするところから，解決への取り組みは始まるのです。

2 不登校の現状

　平成25年度学校基本調査報告では，その数は減少傾向にあるものの，いまだ12万人ほどの子どもたちが学校に行っていないことが報告されています（表27）。小学生よりも中学生のほうが，人数ははるかに多く，約4〜5倍になります。なぜこんなに人数が違うのでしょうか？

　中学生は，ほぼ青年期の始まりにあたります。この時期には，第二次性徴が

▷1　文部科学省　2003　今後の不登校への対応のあり方について（報告）

▷2　怠学傾向
勉強やクラブ活動などに代表される学校生活全般に興味が持てず，登校しなくなるが，そのことに後ろめたさを感じない状態。こうなる背後には，長い間をかけて徐々に蓄積された無力感や，自己評価の低さ，自信の持てなさなどがあるといわれている。

▷3　前駆症状
精神病が発症する前に，その前段階として別の症状が現れること。

▷4　文部科学省　2013　平成25年度学校基本調査報告

表27 小学校，中学校の長期欠席児童生徒数（30日以上）

	小学校		中学校	
	計	不登校	計	不登校
2012年	53,952	21,243	121,509	91,249
2011年	54,340	22,622	122,053	94,637
2010年	52,594	22,463	124,544	97,255
2009年	52,437	22,327	128,210	99,923
2008年	55,674	22,652	135,804	103,985
2007年	60,236	23,927	138,882	105,197
2006年	61,095	23,825	135,472	102,957
2005年	59,053	22,709	128,596	99,578

出所：学校基本調査年次統計より一部抜粋 http://www.e-stat.go.jp/SG1/toukeidb/GH07010201Forward.do

始まったり，自立の問題に直面したりと，心身ともにさまざまな揺れ動きを体験します。小児科医でもあり，児童精神科医でもある中沢は，こういった青年期独特の変化に加えて，社会情勢や文化，その時代の風潮なども含めた「現在の環境因子」と「子どもの人格成熟の問題度」とが関係しあって，不登校が出現すると述べています。青年期は大きく飛躍する時ですが，それゆえに，不安定で，動揺しやすく，良くも悪くも周囲の影響を受けやすい側面があります。精神症状や不適応行動などが起きやすい時期であることからも，心身ともに危機的状況にあるといえるのです。

▷5 中沢たえ子 1992 子どもの心の臨床——心の問題の発生予防のために 岩崎学術出版社

３ 不登校への対応：「見守ること」と「見ていること」

不登校の子どもを持つ両親が，専門家に相談をした時，「見守りましょう」と言われることがあります。これを言われると，多くの人が，「いつまで見ていればいいのか」「このまま放っておくのか」と不安になるようです。しかし，「見守ること」と，「見ていること」はまったく違います。

「見守る」とは，「じっとしている」「変化がない」ように見えることの意義を再認識しようという考え方から出てきた，ある意味で能動的な関わりのあり方の１つです。周囲は，子どもの，簡単には見えなくなっている心の動きをできるだけ察知し，しっかり見つめつつ，彼らが自分の力で動き出すのを待ちます。この時，子どもから発せられる言葉だけでなく，仕草や表情，声のトーンなど，すべてが理解の手がかりとなります。もちろん，それで子どもが完全に理解できるわけではありませんが，少なくとも，「言わないからわからない」は通用しません。このことによって，周囲は，その子どもについて，いろいろと考える機会を得ることになります。また，手助けが必要な場面では，いつでもサポートできるように準備しておくことも大切です。

「見守ること」は，一見簡単そうに思えます。ですが，実際は，きめ細かい観察眼と根気のいる大変な仕事なのです。

（河野荘子）

IX 障害と臨床

 いじめ

▷1 小林剛 1996 子ども支援の臨床教育学 萌文社

▷2 Olweus, D. 1994 Bullying at school: Long-term outcomes for the victims and an effective school-based intervention program. In L. R. Huesmann (Ed.), *Aggressive behavior: Current perspectives.* New York, Plenum Press. 97-130.

1 いじめとは

ずいぶん前から，いじめの陰湿化が指摘されています。小林は，1970年代後半から，言葉や振る舞いなどが自分と違う者を徹底的に排除したり，集団で無視したり，長期間にわたって屈辱的な服従を強いたりといった「今日的いじめ」が表面化したと述べています。

いじめについて，現在広く受け入れられている定義に，オルウェウス(Olweus, D.)のものがあります。そこでは，「ある人が，繰り返し何度も，1人あるいはそれ以上の人間によるネガティブな行為にさらされる時，その人はいじめられている」とされています。クラーエ(Krahé, B.)は，いじめは強さと力の不均衡を内包していること，被害者はネガティブな行動から自分自身をうまく守ることができないままでおかれることなどを考慮に入れ，いじめとその被害者を特定するための項目をいくつか挙げています（表28）。

いじめの内容は，年齢や性差によって，違いがあります。年少の子どものいじめは主に身体的な攻撃行動ですが，年長の子どもになると，言語的・間接的な攻撃形態をとりやすくなるといわれています。また，男子は女子よりも，いじめの加害者にも被害者にもなりやすく，身体的攻撃を多く用いるようです。

表28 被害者と加害者の観点からみたいじめを示す項目

いじめの項目
- 弱い子どもをひどい目にあわせる。
- 他の子どもをからかうグループの一員である。
- 他の子どもたちを怖がらせるのが好きである。
- 自分がボスであることを他の子どもに見せつけるのが好きである。
- 泣き虫を脅かして楽しんでいる。
- 簡単に勝てるような相手と喧嘩するのが好きである。

被害者の項目
- 他の子どもから悪口を言われる。
- 何かする時，わざと仲間外れにされる。
- 他の子どもから目の敵にされている。
- 他の子どもからからかわれる。
- 小突かれたり，乱暴に扱われる

2 いじめの現状

平成24年の文部科学省の調査では，依然，約20,000件のいじめの発生報告があったことが示されています（表29）。いじめは，とらえ方によって，その質が大きく変化します。この調査では，いじめを「自分より弱いものに対して，一方的に，身体的・心理的な

表29 いじめの認知学校数・認知件数

区 分	学校総数(校)	認知学校数(校)	比 率(％)	認知件数(件)	1校あたり認知件数(件)
小 学 校	21,460	11,207	52.2	117,383	5.5
中 学 校	10,748	7,636	71.0	63,634	5.9
高 等 学 校	5,579	3,170	56.8	16,274	2.9
特別支援学校	1,059	259	24.5	817	0.8
計	38,846	22,272	57.3	198,108	5.1

（注） 1 国公私立学校を調査。
2 比率とは，認知学校数が学校総数に占める割合。

出所：文部科学省，2012より転記，文部科学省調べ

攻撃を継続的に加え，相手が深刻な苦痛を感じているもの。起こった場所は，学校の内外を問わない」としています。

③ いじめ問題の背後にあるもの

佐藤[6]は，いじめ問題は，家庭も学校も社会も病んでおり，攻撃性をうまく，適切に発散できる目的と手段を喪失している状態の時に深刻になると述べています。また鵜養[7]は，昨今のいじめの根底には，一人ひとりは臆病で無力であるにもかかわらず，集団になると強者の立場を取り，群れからはずれた者に攻撃を仕掛けていく構造があることを指摘しています。

いじめは，子どもの世界のみの問題ではありません。昨今は，セクシュアルハラスメントや職場内でのいじめなど，大人の世界でも，同様の出来事が起きています。中には，心的外傷後ストレス障害（PTSD）を発症し，職場に戻ることはおろか，家から出られなくなるケースさえあります。大人社会の矛盾や問題は，まず子どもの社会に顕在化します。まさに，いじめ問題は，子どもだけでなく，われわれ大人自身の問題としてとらえるべき事柄といえます。

④ いじめへの取り組み

いじめに取り組むためには，「誰が悪いか」といった悪者探しをしていても問題の本質には迫れません。先ほども述べたように，いじめられ体験がPTSDとなれば，子どもでも大人でも，人と会うのが怖くなったり，夜眠れなくなったりの特有の症状が出てきます。すると，不登校などの二次的な問題が起き，事態をさらに深刻化させることにもなります。それをできるだけ予防するためには，いじめられる側の心理的サポートと環境調整は絶対不可欠といえます。

一方，いじめを，「いじめられる人といじめる人の関係の中から起きてくる問題」ととらえると，いじめる側にも心理的サポートが必要であることがわかります。対人関係は双方向性のやり取りの中で発展するものなので，そこで発生する問題に対しても，一方のみへのアプローチで十分ということはありえません。いじめる側は，いじめられる対象に対して，何らかのイライラやムカツキを感じるのですが，それは実は，本来，いじめる側が心に持っていて，表現することも解消することもできないまま放置され，あることさえ意識化されていない怒りや不全感，自信のなさに結びつくものです。いじめる側の抱える問題を見据えつつ，叱るだけではない援助が望まれます。

いじめをはやしたてて面白がる「観衆」と見て見ぬふりをする「傍観者」も存在します。彼らは，直接は何もしていないにせよ，いじめの加害者といえます。彼らにいかに問題意識を持たせるかも大切な課題になります。

（河野荘子）

▷3　クラーエ，B．秦一士・湯川進太郎（編訳）2004　攻撃の心理学　北大路書房

▷4　文部科学省　2012　児童生徒の問題行動等生徒指導上の諸問題に関する調査

▷5　前掲（▷3）のクラーエは，いじめの対象になる期間の長さや，被害や加害を自己報告させるか他者報告させるか，操作的定義の広さなどによって，いじめの被害を体験する子どもの割合は，3％から90％近くまで差が出ることを示している。

▷6　佐藤喜一郎　1999　いじめと学校精神保健　山崎晃資（編）　子どもと暴力　金剛出版　182-200.

▷7　鵜養美昭　1992　中学校における適応障害　安香宏・小川捷之・空井健三（編）　臨床心理学大系10　適応障害の心理臨床　金子書房　30-46.

IX 障害と臨床

3 非 行

▷1 たとえば，瀬川（2001）は，殺人の罪で逮捕される少年は，1990年代以来，ほぼ100人前後で推移しており，これは，以前に比べると少年人口の減少を考慮しても減少傾向にあるとし，「殺人罪の増加を根拠として，（少年非行の）凶悪化のテーゼを肯定することは困難である」と述べている。
瀬川晃 2001 少年犯罪の「第4の波」と改正少年法 犯罪と非行, **127**, 5-32.

▷2 少年法の改正
審判手続きの変更や犯罪被害者への対策が盛り込まれると同時に，①刑事処分可能な年齢を14歳に引き下げる，②16歳以上の少年が故意の犯罪行為によって相手を死亡させた場合は，原則，検察官に逆送する，③18歳未満の少年であっても，無期懲役を科すことができる，と変更された。

▷3 葉梨康弘 1999 少年非行について考える──その今日的問題と少年警察の課題 立花書房

▷4 青少年の「キレ」
栃木県黒磯市で起こった男子中学生による教師刺殺事件を契機に，東京都は，「最近の思春期児童の行動に関する専門家会議」を招集し，報告書を作成した。

1 非行とは

近年，非行の低年齢化とともに，深刻化，悪質化が指摘されるようになりました。これに関しては，さまざまな議論があるものの，有効な対策を求める切実な声の高まりを受け，政府は，2000年11月，5年ごとに見直しをおこなうことを条件として，**少年法の改正**に踏みきりました。

非行は，社会がその行動を秩序を乱すものと判断して初めて成り立つ社会的概念です。何をもって非行と呼ぶかは，その時代の価値観や社会情勢，その行動を見る個人の評価基準などに大きく左右されます。現代の少年法の規定によれば，非行少年とは，犯罪少年・触法少年・ぐ犯少年のことを指します（表30）。

2 非行の現状

非行は，これまで3つのピークを示したといわれています。戦後の混乱期と復興期にあたる1951年を頂点とする第1のピーク，高度経済成長へと進んだ1964年を頂点とする第2のピーク，第一次オイルショック以降の経済の低成長期にあたる1983年を頂点とする第3のピークです。2006年頃，第4のピークの到来を危惧する声も聞かれましたが，現在は減少傾向にあります。

数年前は，薬物犯罪，特に覚醒剤や大麻などの使用に関する事犯で検挙される少年の人数が増加し，社会問題となっていましたが，現在は緩やかな減少傾向を示しています。一方，2006年ごろからは，廃屋に目的なくたむろしたり，正当な理由なく他者に危害を加えるような器具（刃物や鉄棒など）を所持したりなどの軽犯罪法違反による検挙人員が増加しています。また，警察が認知した家庭内暴力や校内暴力の件数，学校での暴力行為（対教師暴力，生徒間暴力，対人暴力，器物破損）の発生状況は，いずれも増加傾向にあります。

3 粗暴化傾向からみる現代青年の特徴

家庭内暴力にしても，校内暴力にしても，相手は身近な大人です。特に家庭内暴力では，その原因や動機に，しつけなどへの反発が挙げられています。葉梨は，非行の質的変化として，「いきなり型」非行，「遊ぶ金ほしさ」の非行，模倣犯の増加を指摘していますが，近年は，粗暴化に転じているのかもしれま

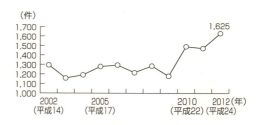

表30　非行少年の種類
①犯罪少年：14歳以上20歳未満で、罪を犯した少年
②触法少年：14歳未満で、刑罰法令に触れる行為をした児童
③ぐ犯少年：20歳未満で、一定の不良行為があり、かつ性格または環境に照らして、将来罪を犯し、または刑罰法令に触れる行為をなす恐れのある者

図48　家庭内暴力の認知件数
出所：平成25年版子ども若者白書

せん。昨今、**青少年の「キレ」**の問題が広くいわれ、現代の子どもたちを語る上で重要なキーワードとなったかに見えます。この種の犯罪の増加は、「キレ」に代表される、青少年全般の、自己統制能力や欲求不満耐性の低下、自己愛的な傷つきやすさ、対人関係上のスキルの欠如などに関連すると考えられるでしょう。

また、別の観点として、藤岡は、激しい暴力を爆発させる子どもは、必ずどこかで暴力にさらされている

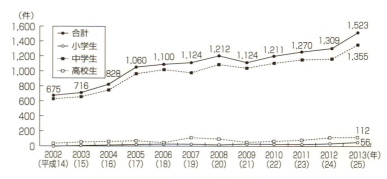

図49　警察が取り扱った校内暴力事件の推移
出所：平成24年版子ども若者白書（平成25年・26年警察白書をもとに筆者が一部加筆）

と述べています。上級生から下級生への暴力、家庭での暴力的なしつけなど、問題を起こす子どもの抱える心的外傷の問題も視野に入れておく必要があります。これは、実際に何らかの虐待を受けている場合だけのことではありません。親が自分たちにとって都合のいい子どもの姿しか見ようとせず、子どもはそんな親に受け入れてもらうために、本来の感情を押さえ込み、必死で意向に合わせているような親子関係が形成されている場合、虐待と類似の関係が形成され、「良い子が突然キレる」現象が現れると大河原は指摘しています。

❹ 非行を理解するために

一言で非行といっても、その内容や形態、個人にとっての心理的意味、推測される人格の病理水準など、千差万別です。河野は、非行を主訴として来談した高校生たちとの面接を通して、自分の非行行動や、そのことによって家族を傷つけ悲しませたことなどに関して、悩んだり落ち込んだりできる人ほど、非行からの立ち直りも早いことを指摘し、「抑うつに耐える能力」の重要性を強調しています。同様の観点から、生島は、思い通りにいかない現実を認め、向き合うことができるように働きかけることが、非行からの立ち直りには重要だと述べています。

（河野荘子）

その中で、この現象は「キレる子現象」と命名され、社会病理現象としての見方が示されることとなった。東京都（編）1999　キレる――親、教師、研究者、そして子どもたちの報告　ブレーン出版

▷5　藤岡淳子　2001　非行少年の加害と被害――非行臨床の現場から　誠信書房

▷6　大河原美以　2002　臨床心理の立場から――子どもの感情の発達という視点　生島浩（編）こころの科学**102**　非行臨床　日本評論社, 41-47.

▷7　河野荘子　2003　非行の語りと心理療法　ナカニシヤ出版

▷8　生島浩　1999　悩みを抱えられない少年たち　日本評論社

IX 障害と臨床

4 リスク行動（飲酒・喫煙・家出）

1 リスク行動とは

リスク行動とは，非行の範疇に含まれるほど重大な触法行為ではないけれども，法律で禁止されていたり，心身によくない影響を与えたり，社会的には認められていなかったりする未成年の行動全般をさします。子ども若者白書などの公刊されている統計上では，リスク行動を示す少年は，**不良行為少年**▶1 と分類されています。2012年は，約920,000人が警察に補導され，深夜徘徊や喫煙が多数を占めています（図50）。

リスク行動には，さまざまなものが含まれます。ただ，どの行動も，最初は単なる好奇心や気晴らしのつもりであっても，短期間のうちに心身に悪影響を及ぼしたり，犯罪の加害者や被害者になったり，重大な非行にエスカレートしたりする可能性を高めるものです。飲酒や喫煙は法律でも禁止されていますし，青年を取り巻く大人として，リスク行動は看過ごすべきではありません。

2 なぜリスク行動が出現するのか

リスク行動の背後に，青年期特有の心理状態が働いていることは見逃せません。青年期は自分づくりの時期だといわれています。白井は▶2，青年期のごく初期にあたる14歳頃に発達の節目があり，今までの自分を問い直したり，将来について考えたり，今までの関係を崩したり，人に頼らずに努力したりなど，未知の課題に取り組み始めると述べています。

こういった発達上の課題には，すべての人が直面するのですが，そのまっただ中にいる青年たちにとって，これを乗り越えていくことは，心身ともにかなりのエネルギーを必要とします。自分づくりの過程の中では，失敗もするでしょうし，周囲の大人や親との軋轢に悩むこともあるでしょう。自分がどこまで何をやれる人間なのかわからず，呆然としてしまうこともあるかもしれません。そういう時，周囲のモデルとなる大人の存在や，以前に培ってきた**自己信頼感**▶3や**自己効力感**▶4などが支えになります。

リスク行動を示す青年たちは，ここに至るまでの間に，さまざまな場面で傷つけられたり，自分のできなさを見せつけられたりした結果，自己効力感が低く，無力感や自信のなさを抱えている場合が少なくありません。適切なモデルも見つけられず，その後のケアも不十分なままになっているため，辛い状況を

▶1 **不良行為少年**
非行少年には該当しないが，飲酒・喫煙・家出などを行って，警察に補導された20歳未満の者をいう。

▶2 白井利明 1999 生活指導の心理学 勁草書房

▶3 **自己信頼感**
「自分は自分であって大丈夫だ」などといった，自分を大切にし，信頼する感覚のことをいう。

▶4 **自己効力感**
Bandura, A. が提唱した概念。自己概念と結びつき，「自分には価値がある，能力がある」という感覚のこと。

適応的に乗り越える方法がわからないことも多くあります。そこで、自分を守る1つの手段として、彼らは大人社会の作った規範を破る不良行為をし、自分が問題を自力で解決できるくらいの強い力を持っていることを誇示しようとします。たとえば、バイクによる暴走行為もそうです。須藤が、バイクのスピード感は、自分を能力以上のものに感じさせるという意味で、自我拡大の手段となっていると述べるように、暴走行為には、自分の力を実感し、確認するという心理的意味合いもあるのです。

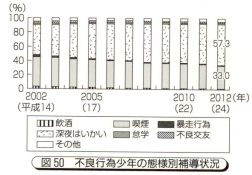

図50　不良行為少年の態様別補導状況

出所：平成25年版子ども若者白書

ただし、こういった行動は非現実的な力を一過性に体験させるにすぎませんから、その場面が終わってしまえば、すぐに「非力で自信のない自分」という本来の自己イメージがよみがえってきます。辛い現実に直面しないために、彼らはリスク行動を繰り返すと考えられます。

③ 飲酒・喫煙

白井は、青年にとってのタバコは、自分を束縛するすべてのものから抜け出すための、大きな矛盾をはらんだ突破口を与えると説明しています。規範を破るという側面もあり、自らの力の確認と関連のあるリスク行動といえます。また、飲酒も喫煙も、友人からの誘いがきっかけになることが多いとされます。自分づくりが課題となる時期、身近なモデルともなる友人との関係は、青年にとって重要な意味を持ちます。社会的には許されないことをともに行うことによって、お互いの関係を深め、存在を認め合う側面もあります。

青年期のみで問題行動が収まればまだ良いのですが、飲酒・喫煙が度重なり、そこに個人のもつ身体的・心理的負因が加わると、嗜癖化する場合があります。アルコール中毒やニコチン依存などがそれにあたります。昨今は、女性のアルコール中毒症者も増加しています。断酒会や自助グループなどさまざまな治療が積極的に試みられていますが、なかなか効果をあげていないのが現状です。

④ 家出

昨今、携帯電話の普及もあって、連絡は入れるが、長期間帰宅しないといった「プチ家出」といわれるものが社会問題化しました。家出をする青年たちは、一見あっけらかんと生活を楽しんでいるかのように見えますが、みな一様に、家にも学校にも自分の居場所がないこと、誰も自分の話を聴いてくれないこと、いつも誰かと一緒にいないと不安で寂しくてしかたないことを訴えます。家出の背後には、青年期特有の孤独感や不安と向き合うことのできない個人の心理的問題や、自立への葛藤、家族関係の問題が潜んでいると思われます。

（河野荘子）

▷5　須藤明　1998　精神分析的アプローチ――自己心理学の視点からの非行理解と援助　生島浩・村松励（編）　非行臨床の実践　金剛出版　84-97.

▷6　白井利明　2003　大人へのなりかた　新日本出版社

▷7　安川禎亮　1997　非行の要因について――中学校教育現場からの再考察　犯罪心理学研究, 35(2), 41-51.

▷8　幸地芳郎　2000　女性アルコール依存症者の特徴――特に中年, 既婚女性について　精神科治療学, 15(9), 943-949.

IX 障害と臨床

5 摂食障害

▷1 DSM-5
アメリカ精神医学会が2013年に作成した，精神疾患の分類と診断の手引き第5版。ICD-10とともに，精神症状を診断するときの指標として，世界中で広く用いられている。
アメリカ精神医学会　日本精神神経学会（日本語版用語監修）　髙橋三郎・大野裕（監訳）　2014　DSM

1 摂食障害とは

　摂食障害とは，何らかの心理的背景をもつ食行動の異常のことをいいます。DSM–5では，摂食制限などによって起きる体重減少を特徴とした神経性無食欲症と，過食のエピソードが見られる神経性大食症とに大別され，さらに，神経性無食欲症は，摂食制限型と過食・排出型に分類されます（表31）。摂食障害の長期的な転帰調査をおこなった中井らは，神経性無食欲症の過食・排出型の患者の転帰が，他の型と比較して良くないことを指摘しています。

　摂食障害は，思春期・青年期，もしくは若年の成人に起こりやすいとされています。また，その多くが女性であることも特徴の1つです。摂食障害が発生する理由として，パーマー（Palmer, R. L.）は，女性が痩せているのをよしとして，痩せと他の価値観（美しさや若さ，有能さなど）を結びつける文化の影響や，心理的葛藤の存在などをあげています。

　摂食障害は男性にも起こります。症状や経過は，女性とほとんど変わりませんが，状態像などから，加茂は，ジェンダーに関わる葛藤を抱えている可能性を示しています。

　一方，遺伝子や神経伝達物質などの生物学的要因との関連性をとりあげた研究も進められていますが，まだ一定の結論は得られていないのが現状です。

表31　DSM-5における摂食障害の診断基準（一部抜粋）

神経性やせ症／神経性無食欲症（Anorexia Nervosa）
A．必要量と比べてカロリー摂取を制限し，年齢，性別，成長曲線，身体的健康状態に対する有意に低い体重に至る。**有意に低い体重**とは，正常の下限を下回る体重で，子どもまたは青年の場合は，期待される最低体重を下回ると定義される。
B．有意に低い体重であるにもかかわらず，体重増加または肥満になることに対する強い恐怖，または体重増加を妨げる持続した行動がある。
C．自分の体重または体型の体験の仕方における障害，自己評価に対する体重や体型の不相応な影響，または現在の低体重の深刻さに対する認識の持続的欠如
　・摂食制限型：過去3カ月間，過食または排出行動（つまり，自己誘発性嘔吐，または緩下剤・利尿薬，または浣腸の乱用）の反復的なエピソードがないこと。この下位分類では，主にダイエット，断食，および／または過剰な運動によってもたらされる体重減少についての病態を記載している。
　・過食・排出型：過去3カ月間，過食または排出行動（つまり，自己誘発性嘔吐，または緩下剤・利尿薬，または浣腸の乱用）の反復的なエピソードがあること

神経性過食症／神経性大食症（Bulimia Nervosa）
A．反復する過食エピソード。過食エピソードは以下の両方によって特徴づけられる。
(1) 他とはっきり区別される時間帯に（例：任意の2時間の間の中で），ほとんどの人が同様の状況で同様の時間内に食べる量よりも明らかに多い食物を食べる。
(2) そのエピソードの間は，食べることを抑制できないという感覚（例：食べるのをやめることができない，または，食べる物の種類や量を抑制できないという感覚）。
B．体重の増加を防ぐための反復する不適切な代償行動。例えば，自己誘発性嘔吐；緩下剤，利尿薬，その他の医薬品の乱用；絶食；過剰な運動など
C．過食と不適切な代償行動がともに平均して3カ月間にわたって少なくとも週1回は起こっている。
D．自己評価が体型および体重の影響を過度に受けている。
E．その障害は，神経性やせ症のエピソードの期間にのみ起こるものではない。

出所：アメリカ精神医学会，2014, pp. 332, 338-339.

❷ 摂食障害の病理

摂食障害には，個人差はありますが，共通した心理的特徴があるといわれています。中沢は，①肥満になることに異常なまでの恐怖を示す，②自分の身体が現在どのようになっているかについての自覚が薄い（これを「身体像の障害」といいます），③性格特性は，几帳面で頑固，妥協できず，完璧主義である，④親，特に母親に対する抑圧された両価的心理をもつ，⑤反抗，抑うつ反応，盗みなどの行動上の問題が併発する，の5つをあげています。特に，⑤の行動上の問題は，摂食障害が悪化した時や，反対に軽快しはじめた頃などに深刻化しやすいといわれています。その他に，うつ病や不安障害，人格障害，物質乱用などとの合併率が高いことが報告されています。

❸ 摂食障害と家族

食行動の異常は，家族全体に大きな影響を及ぼします。無食欲の状態が続くと，家族は食べるように説得し，食べやすい状況を作ろうと努力し始めます。中には，本人の言うままに，経済的に多大な犠牲を払って，過食用の食べ物を用意したり，欲しがる物を買い与えていたりする場合さえあります。

下坂は，摂食障害者の両親は，互いに，顕在的あるいは潜在的に憎しみと不満を感じている場合が多いと述べています。そして，両親おのおのが，自分の**原家族**との関係の中で形成された人格の偏りを修正できず，子どもに対して好ましい男性像・女性像，父親像・母親像を提供できないまま，子どもの自我発達を長期にわたって停滞させている可能性が高いと言います。また西園は，家庭の中に，感情や意志の言語化に問題がある場合や，ある一定の価値観の中でしか子どもを認めない雰囲気が存在する場合があるとしています。

❹ 摂食障害の治療

摂食障害の治療において，心理的な側面への援助を念頭に置いたかかわりは，とても大切になります。もちろん，低栄養が極端で，生命が危機的状態にあるような場合は，それがある程度改善されるまで，栄養管理や薬物療法を含めた身体的なケアが最優先になります。しかしそうした場合であっても，関わる側は，身体的処置そのものの中に心理療法的な意味をこめる心構えをもち，心と身体の両側面から治療をおこなう必要があるのです。

心理的な問題へのアプローチの方法は，個人が抱える不安や葛藤などに焦点を当てた心理療法や，家族の力動を調整することも視野に入れた家族療法が一般的です。他に，青木の提唱する認知－行動療法や，集団療法を中心とした入院治療も試みられています。

（河野荘子）

-5 精神疾患の診断・統計マニュアル　医学書院

▷2　転帰調査
その症状もしくは病気がどのような経過を示したかを調査したもの。

▷3　中井義勝・成尾鉄朗・鈴木健二・石川俊男・瀧井正人・西園マーハ文・高木洲一郎　2004 摂食障害の転帰調査　精神医学，46（5），481-486．

▷4　パーマー，R.L. 佐藤裕史（訳）2002 摂食障害者への援助──見立てと治療の手引き　金剛出版

▷5　加茂登志子　2000 男性摂食障害の病態の特徴と治療　精神科治療学，15（9），937-942．

▷6　太田垣洋子・斎藤浩・米澤治文・澤井麻好　2004 摂食障害の生物学的要因　精神神経学雑誌，106（6），703-711．

▷7　中沢たえ子　1992 子どもの心の臨床──心の問題の発生予防のために　岩崎学術出版社

▷8　下坂幸三　2001 摂食障害治療のこつ　金剛出版

▷9　原家族
現在の配偶者と結婚する前に属していた家族集団

▷10　西園マーハ文　2004 思春期の摂食障害と家族　精神神経学雑誌，106（5），617-621．

▷11　青木宏之　2004 摂食障害の治療と認知──行動療法の活用　精神療法，30（6），623-630．

▷12　鈴木健二・武田綾・竹村道夫・村山昌暢・樋田洋子　2004 過食症に対する集団療法を中心とした入院治療　精神医学，46（7），715-721．

IX 障害と臨床

6 ひきこもり

1 ひきこもりとは

昨今，青年のひきこもり現象が，注目を集めています。その数は，全国で数十万人とも120万人ともいわれますが，徐々に高年齢化してきており，問題が長期化している例も多いことがうかがわれます。

2001年に厚生労働省が出したガイドラインによると，ひきこもりは，医学的な診断ではなく，「さまざまな要因によって社会的な参加の場面がせばまり，自宅以外での生活の場が長期にわたって失われている状態」と定義されています。男性に多く，統合失調症やうつ病，摂食障害，強迫症状などの影響を背景にもつ場合と，そのような症状は顕著ではなく，ひきこもりそのものが主な特徴となっている場合の2つがあります。今日，問題となっているひきこもりは，後者の場合を指し，特に「社会的ひきこもり」と命名されています。鍋田は，現代社会にみられるひきこもりを，図51のように位置づけています。

2 ひきこもりの精神病理

衣笠は，社会的ひきこもりの背景には，分裂病質的人格障害，回避性人格障害，自己愛性人格障害などがみられると述べています。ひきこもりの大部分が分裂病質的人格障害を持つといい，中心症状は，自室にこもって家族との接触を極力避け，無気力や空虚感をともなうことです。回避性人格障害は，無気力だけでなく，他者に対する漠然とした不安や緊張感，自信欠乏感，自分に対する自信のなさを抱えています。これらに対して，自己愛性人格障害を持つ者は，誇大で尊大な自己像を傷つけるような社会的場面を避け，家族に対して，退行した自己中心的な依存欲求を満たすよう欲求する傾向が強いといわれます。この過程の中で，家庭内暴力が起こることもあります。自己愛性人格障害を背景に持つ社会的ひきこもりは，自分が傷つけられないと感じる場面（趣味に関する

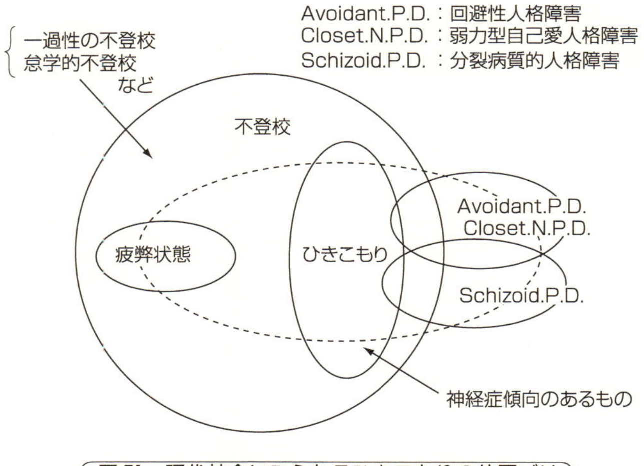

▷1　厚生労働省　2001　10代，20代を中心とした「社会的ひきこもり」をめぐる地域精神保健活動のガイドライン（暫定版）

▷2　鍋田恭孝　2001　ひきこもりの心理　教職研修，7月増刊号，170-182．

▷3　衣笠隆幸　1998　ヤングアダルトのひきこもり　臨床精神医学，増刊号，147-152．

▷4　たとえば，親に高額な金品を頻繁にねだったり，時間や都合を問わず食べ物や飲み物を買いにいかせたりするなど。

図51　現代社会にみられるひきこもりの位置づけ

出所：鍋田．2001より転記

会合など）には出かけていくこともあり，衣笠は，社会的ひきこもりの中でも特異な群と位置づけています。

❸ ひきこもりと家族特性

数多くの社会的ひきこもりの治療を手がけている近藤は，ひきこもりケースにみられる特徴的な家族文化や家族状況について次のようにまとめています。
①家族同士が他の家族成員の内面に踏み込み，情緒に触れることを危険，あるいは迷惑と感じている。
②両親のどちらか，あるいは両者に強迫的，スキゾイド的，あるいは自己愛的な傾向がみられる。
③このような家族文化には明瞭な世代間伝達が見られることが多い。
④母親（まれに父親）は，子どもとの分離に対する不安感が強い。
⑤治療・援助の過程で，子どもが建設的な行動をとろうとすると，親の分離不安などが喚起され，行動を抑制しようとする動きが起こることがある。
⑥両親は，子どもの，特に怒りや恨み，悲哀，自信喪失といったネガティブな情緒に対する感受性が低い。
⑦こうなる背景に，解消されないまま存在し続ける喪失体験のエピソードが隠されている場合がある。

両親の未解決の心理的問題が，子どもの社会的ひきこもりの発生に何らかの影響を及ぼしていることが明らかな場合，親自身への支持的あるいは洞察的な心理療法がおこなわれることもあります。

❹ ひきこもりへの援助

社会的ひきこもりに対する心理面接・援助は大変重要です。個人心理療法のほか，集団心理療法的アプローチ，自宅へ出向く訪問治療，心理的問題への介入と，共感し支持的具体的な対応を提示することとを2人の治療者で役割分担しておこなう double therapists approach などさまざまな方法が実践されています。しかし，本人が直接専門機関に来談することは非常に稀です。そのため，多くは，家族へのアプローチが中心となります。

主な方法としては，家族支援の立場からの，両親もしくはどちらかの親に対する心理面接や，家族療法などがあげられます。楢林は，家族へのアプローチは，①症状形成に関与する家族内相互交流のパターンの変化，②ひきこもりに付随する問題や家族とのトラブルの軽減，③家族の抱える抑うつ感や自責感，無力感，疲労感などの軽減に有効だと述べています。その他，家族が孤立することを防ぐために，心理教育的アプローチに基づく家族教室が開催されたり，自助グループが設立されたりなどの動きもみられ，家族に対する援助体制の一つのあり方として，その有用性が検証されつつあります。　（河野荘子）

▷5　衣笠隆幸　2000　自己愛とひきこもり——精神保健福祉センターの相談状況　精神療法, **26**（6），586-594.

▷6　近藤直司　2000　ひきこもりケースの家族特性とひきこもり文化　狩野力八郎・近藤直司（編著）青年のひきこもり——心理社会的背景・病理・治療援助　岩崎学術出版社　39-46.

▷7　蔵本信比古　2000　本人グループ支援　狩野力八郎・近藤直司（編著）青年のひきこもり——心理社会的背景・病理・治療援助　岩崎学術出版社　209-217.

▷8　塚本千秋　1994　ひきこもりと強迫症状を呈する青年期Cl.への訪問治療　精神神経学雑誌, **96**（8），587-608.

▷9　堀江姿帆・鍋田恭孝　2002　社会的ひきこもり青年へ導入した double therapists approach の考察　青年期精神療法, **2**（1），18-25.

▷10　楢林理一郎　2000　「ひきこもり」を抱える家族の援助　狩野力八郎・近藤直司（編著）青年のひきこもり——心理社会的背景・病理・治療援助　岩崎学術出版社　151-160.

▷11　たとえば，以下のような研究がある。畑哲信・前田香・阿蘇ゆう・廣山祐治　2004　社会的ひきこもりの家族支援——家族教室の結果から　精神医学, **46**（7），691-699.

【参考文献】
岡本祐子・宮下一博（編著）2003　ひきこもる青少年の心　北大路書房

IX 障害と臨床

無気力

1 無気力とは

　無気力とは，積極的に物事に取り組む意欲に欠けた状態をさします。この状態がある一定期間続くと，それはさまざまな社会的不適応行動となって現れ，身体的不調と結びつくこともあります。

　例えば，統合失調症やうつ病，摂食障害，社会的ひきこもり，不登校などの症状の一つとして無気力状態が見られることもありますし，本人が「何もやる気が起きない」など直接訴えることもあります。昨今注目されているフリーターや**ニート**▷1の若者の一部に慢性的な無気力状態を抱えている者がいるともいわれます。また，度重なる留年や，明確な方向性や目標のない退学・転職，怠学傾向，**燃えつき症候群**▷2の背後にも無気力が隠されています。もちろん，無気力になることは，親子関係や家庭環境の問題，価値観の多様化や経済的問題などの社会状況とも無関係とはいえません。ちなみに，栄養学では，甘いものの過剰摂取などの偏った食事の影響で，**低血糖症**▷3が起き，脳の機能が低下した結果，イライラや無気力が起こると説明されています。

2 無気力になるメカニズム

　人は，コントロール不能な状況を何度も経験すると，無気力状態に陥ることがわかっています。セリグマンとマイヤー（Seligman, M. E. P., & Maier, S. F.）▷4は，逃げることのできない状況で電気ショックを与えられ続けた犬が，その後に逃げることが可能な電気ショックを与えられた時にも，それを回避しようとしなくなることを見出しました。この，コントロール不能な状況を経験することによって，犬が学習した無気力状態を，セリグマンは学習性無力感（learned helplessness）と名づけました。その後の研究によって，人間にも同様の反応が起こることが確かめられています。鎌原らは▷5，自分の行動とは関係なく成功する経験も，それが何度も繰り返されれば，無気力状態に陥ると述べています。学習性無力感とは，結果をコントロールできないという期待によって生じる動機づけの低下，認知のゆがみ，情緒の障害なのです。

　もう一つ，大切な視点として，原因帰属の問題があります。たとえば，同じように入試に不合格になったとしても，「自分に能力がないからだ」と考える人もいれば，「運が悪かっただけだ」と考える人もいることでしょう。おそら

▷1　ニート
平成25年版子ども若者白書によれば，2012年現在，日本には63万人いると言われている。
⇒Ⅴ-2 参照。

▷2　燃えつき症候群
それまで人一倍精力的に仕事をこなしていた人が，急に意欲を失って働かなくなる状態をいう。そのまま離職や転職をしてしまうことも少なくない。

▷3　低血糖症
菓子類などに含まれる糖分によって血糖値が上がると，それを調節するために，すい臓からインシュリンが分泌される。過剰に糖分を摂取していると，すい臓の機能が衰え，うまく血糖値をコントロールできなくなるため，低血糖症が起こる。

▷4　Seligman, M. E. P., & Maier, S. F. 1967 Failure to escape traumatic shock. *Journal of Experimental Psychology*, **74**, 1-9.

▷5　鎌原雅彦・亀谷秀樹・樋口一辰 1983 人間の学習性無力感（learned helplessness）に関する研究　教育心理学研究，**31**（1），80-95.

▷6　Abramson, L. Y., Seligman, M. E. P., & Teasdala, J. D. 1978 Learned helplessness in humans: Critique and reformulation. *Journal of Abnormal Psychology*, **87**, 49-74.

く後者のほうが，学習性無力感に陥る可能性は低いのではないでしょうか。そこで，アブラムソンら（Abramson, L.Y. et al.）は，学習性無力感の改訂モデルを作成し，「内的－外的」「永続的－一時的」「全体的－特異的」という原因帰属の3つの次元が影響を与えると考えました（表32）。

③ 無気力と青年期の発達

芝は，うつ状態は，**役割同一性**が肥大化し，相対的に**自我同一性**が弱体化したときに発生すると説明しています。本来，次元が異なるものなので，役割同一性がどんなに増えても，自我同一性は消滅しませんし，役割同一性が増えたからといって，自我同一性が確固としたものになるわけでもありません。うつは，そのバランスが崩れた状態と考えられますが，これは青年期における無気力にもあてはまります。中身（自我同一性）がないがゆえに，鎧（役割同一性：この場合「良い子ども」であったり「優秀な学生」であったりもします）を幾重にもまといますが，それは所詮，表向きでしか社会や人と関わっていないのですから，本当の意味での満足感や充実感を得ることは少なくなります。これが長期化すると，「自分は何なのか」がわからなくなり，心理的混乱を引き起こします。その現れの1つが無気力といえます。この状態は，当事者にとって非常に辛いものであるため，「厳しい実像」よりも「優しい虚像」を求め，テレビやパソコンなどのバーチャルの世界に入り込むこともあります。生き生きと生きるということは，ある程度確立された自我同一性に役割同一性が付加されていくというプロセスの上に成り立つといえるでしょう。

④ 無気力へのアプローチ

無気力は，さまざまな現象や症状に付随して起きてくるため，無気力状態のみに焦点を当てたアプローチはあまり見当たりません。その中で，松原は，無気力，無意欲，無目的な児童・生徒などを対象に，現在の生活や行動を詳細に分析・反省し，計画表などの作成を通して，意欲的・目的的な生活ができるように援助する，生活分析的カウンセリングを提唱しています。残念ながら，すべての人に適用できるわけではありませんが，学校を卒業する意欲はあるものの，無気力状態に陥っているタイプには，効果があるとされています。　　　（河野荘子）

▷7　芝伸太郎　2000　タテ社会の崩壊とうつ病　精神科治療学，**15**(11), 1145-1149.

▷8　役割同一性
「大学生」「アルバイト」「子ども」「日本人」など，社会や他者との間で規定される自分のこと。

▷9　自我同一性
エリクソンが提唱した概念。「自分が自分である」という一貫した感覚のこと。状況や人間関係などでは容易に変化しない。

▷10　笠原敏彦　1996　青少年の心理的発達に影響を与える社会的要因について　精神神経学雑誌，**98**(4), 213-221.

▷11　松原達哉　2001　無気力・無意欲の児童・生徒のための生活分析的カウンセリング　教職研修，5月増刊号，186-200.

参考文献
内山喜久雄・山口正二（編著）　1999　実践 生徒指導・教育相談　ナカニシヤ出版

表32　試験で悪い成績を取った子どもの原因帰属の具体例

	内的		外的	
	永続的	一時的	永続的	一時的
全体的	自分には能力がない 自分は怠慢である	その時疲れていた	テストは不公平だ 誰でもテストではうまくいかないものだ	今日は13日の金曜日だからだ
特異的	自分には数学の能力がない	数学の問題には飽き飽きしてしまった	数学のテストは不公平だ 誰でも数学のテストはうまくいかないものだ	数学のテストは印刷が悪かった

出所：内山・山口，1999

IX 障害と臨床

被虐待児の青年期

児童虐待とは

　昨今，子どもが被害者となる痛ましい事件がマスコミなどで頻繁に取り上げられ，児童虐待は大きな社会問題となっています。加害者となるのは，実父母や養父母が大部分で，子どもが低年齢であるほど虐待にあいやすく，逃げることや抵抗することができないために生命の危機にさらされやすくなります。

　児童虐待は，家庭や施設などの閉鎖空間でおこなわれるため，その正確な実態を把握するのは非常に困難であるといわれています。ここに，全国の児童相談所が処理した児童虐待に関する相談件数の推移とその内容（図52）を紹介します。さまざまな法律が整備された影響もあり，どちらも，経年によって急激な増加傾向にあることがわかりますが，暗数も含めると，実際の発生数はこの10倍ともいわれています。

　また，児童虐待は，その被害の質によって，身体的虐待，性的虐待，養育の放棄／怠慢（ネグレクト），心理的虐待の4種類に分けられます（表33）。ただ，現実には，1人の子どもが，日常的に言葉による暴力（心理的虐待）にさらされ，適切な世話も受けられないままに（ネグレクト），殴られたり叩かれたり（身体的虐待）しているといった場合が多く，それぞれは重複していると考えられます。

▷1　たとえば，2000年に，議員立法により，「児童虐待の防止等に関する法律」が成立施行された。

▷2　西澤哲　1994　子どもの虐待——子どもと家族への治療的アプローチ　誠信書房

2 児童虐待の影響

　児童虐待を受けた子どもを「被虐待児」と呼びます。被虐待児は，低体重や低身長，言葉や知的な発達の遅れ，表情や社会的スキルに乏しいなどの特徴があります。西澤[2]は，育児放棄や身体的虐待を受けて育った子どもに共通して認められる人格的な特徴として，①過

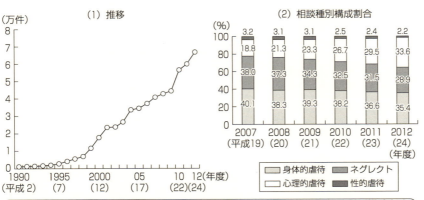

図52　児童相談所における児童虐待に関する相談対応件数の推移と相談種別構成割合
出所：平成26年版子ども若者白書

度な攻撃性，②貧困な**自己概念**，③他者を信頼する能力の欠如，④人間関係における逸脱行動，⑤不適切な**愛着行動**をあげています。また，今川・山下は，身体的虐待とネグレクトの被害を受けた子どもを対象に，彼らのパーソナルスペースを測定し，2つの虐待が及ぼす影響の違いについて検討しました。そして，身体的虐待を受けた子どもは，加害者である親とのパーソナルスペースは接近したままであること，それに比べてネグレクトを受けた子どもは，誰とも親密な関係を築くことが難しいケースや，母親や同性とは遠くても，異性との距離は極端に近いケースが見られたことを報告しています。

表33　児童虐待の種類と内容

種類	内容
身体的虐待	子どもの身体に外傷ができる，またはできるおそれのある暴行を加えること。例：首をしめる，殴る，蹴る
性的虐待	子どもにわいせつな行為をすること，またはわいせつな行為をさせること。例：性器露出，子どもの裸の写真を撮る
養育の放棄・怠慢（ネグレクト）	子どもの心身の正常な発達を妨げるような著しい減食又は長時間の放置その他の保護者としての監護を著しく怠ること。例：家に閉じ込める，適切な食事を与えない
心理的虐待	子どもに著しい心理的外傷を与える言動を行うこと。例：言葉による脅かし，無視，自尊心を傷つけるような言動

3　被虐待児の青年期

　上述したように，虐待を受けた子どもは，心身両面でさまざまな問題を呈します。最も信頼し，愛されるべき人々からひどい扱いを受けるわけですから，その心の傷が深いことは容易に想像がつきます。その上，青年期は，人間関係を広げ，家族以外の他者の中で，さまざまなことを学び，安心感や有能感を体験することがとても大切な発達上の課題になります。しかし，被虐待児は，安定した人間関係を形成することにおいて大きな課題を背負っていますので，青年期に入って大変な苦悩と直面する可能性が高く，家出や性的逸脱行動，学校からのドロップアウトなどの問題行動が現れやすくなります。

　橋本は，虐待が非行へと進んでいくプロセスについて論じ，①虐待回避型非行，②暴力粗暴型非行，③薬物依存型非行，④性的逸脱型非行の4つに分類しました。①は，比較的早期に出現するタイプのものですが，その後も①のままでいるのか，②③④のどれかに移行するのか，または重複した様相を呈するのかは，その人の性格や環境，性別，年齢などによって違ってくるといいます。その上，子どもの非行が親の虐待をますますエスカレートさせ，それがさらに子どもの非行を深刻化させるといった悪循環が起こるため，問題は加速度的に複雑化し，本人や家族への援助は非常に困難なものになるといわれています。

　虐待は，幼少期に起こりやすい問題であるがゆえに，その子どもの心理的，身体的発達のみならず，人生そのものに非常に大きな影響を及ぼします。社会全体で，この問題に真摯に取り組むべき時がきているのです。

（河野荘子）

▷3　**自己概念**
人が自分について抱いている考えのこと。自分が自分のことをどのようにみているかの内容で，自己像ともいう。

▷4　**愛着行動**
ボウルヴィの考え。子どもと親の間で起こる情緒的な結びつきを確認し，満足感を得ようとする行動のこと。安定した関係が維持されると，子どもは親への愛着を強化し，親への信頼感を形成していく。

▷5　今川峰子・山下友之　2003　パーソナルスペースからみた被虐待児の家族関係　岐阜聖徳学園大学紀要，**42**，73-90．

▷6　橋本和明　2004　虐待と非行臨床　創元社

IX　障害と臨床

神経発達障害群と青年期

1　神経発達障害群とは

　神経発達障害群は，脳の先天的な機能的問題が原因で生じます。神経発達障害群という言葉は，いくつかの障害の総称として用いられる上位概念であり，代表的なものとして，知的能力障害（Intellectual Disability）・コミュニケーション障害群（Communication Disorders）・自閉症スペクトラム障害（Autism Spectrum Disorder）・注意欠如・多動性障害（Attention-Deficit/Hyperactivity Disorder）・限局性学習障害（Specific Learning Disorder）などがあげられます。これらの障害を持つと，部分的・全体的に，通常とは違う過程をたどって発達していきます。高橋は，彼らを発達的マイノリティととらえ，その特性と発達経過をよく認識し，彼らが健やかに成長し，自己実現を図ることができるよう支援することが，現代社会に求められる誠意ある対応だと述べています。

　最近よく耳にする言葉に，**自閉症スペクトラム**というものがあります。1943年に，カナー（Kanner, L.）が自閉症について論じて以来，その知見は徐々に積み重ねられ，さらに1990年代からは，アスペルガー症候群に関する研究が精力的におこなわれました。自閉症スペクトラムは，その結果できた概念で，社会性・コミュニケーション・イマジネーションの3つで定義され，自閉症を中核群として，アスペルガー症候群と高機能自閉症をその連続線上にあると見なしたものです。ただし，これは，DSM-5の自閉症スペクトラム障害とは内容が異なります。DSM-5は，従来の自閉症スペクトラムという概念のあいまいさを整理し，より的確な診断ができるよう改定されたものです。

2　各神経発達障害群の特徴

　知的能力障害とは，知的側面のみならず，認知・言語・社会的技能などを含めた能力全般が，その年齢にみあった水準に達していない状態をいいます。このため，感情の統制や表出，意志の疎通，他者の感情の理解などが難しくなりがちで，対人関係上の問題が発生する可能性もあります。DSM-5では，概念的領域（学習技能や抽象的思考，実行機能など），社会的領域（コミュニケーション能力や会話など），実用的領域（日常生活を送る上で必要不可欠な技能）での自立の度合いによって，障害の程度（重症度）を軽度・中等度・重度・最重度の4段階に特定することになっています。コミュニケーション障害群は，場面や

▷1　アメリカ精神医学会 日本精神神経学会（日本語版用語監修）髙橋三郎・大野裕（監訳）2014　DSM-5 精神疾患の診断・統計マニュアル　医学書院

▷2　高橋脩　2004　アスペルガー症候群・高機能自閉症──思春期以降における問題行動と対応　精神科治療学，**19**(9), 1077-1083.

▷3　自閉症スペクトラム　ウィング（Wing, L.）が，提案した概念。詳しくは，久保紘明・佐々木正美・清水康夫（監訳）1998　自閉症スペクトル──親と専門家のためのガイドブック　東京書籍。

▷4　Kanner, L. 1943 Autistic disturbances of affective contact. *Nervous Child*, **2**, 217-250.（カナー，L. 十亀史郎・斉藤聡明・岩本憲（訳）1995　幼児自閉症の研究　黎明書房　所収）

相手に合わせて話し方を変えたり，ユーモアや比喩を理解したりといった，社会的場面での言語的・非言語的コミュニケーションの使用に問題がある場合をいいます。ここにさらに，こだわりの強さ（興味の限局，ある一定のパターンへの固執など）が加わると，自閉症スペクトラム障害となります。社会性やコミュニケーションの問題とこだわり行動は，発達の早期から存在します。特にコミュニケーションに関わる事柄は，人間関係上のトラブルを引き起こすきっかけとなりやすく，思春期などに二次的な問題が表面化することもあります。注意欠如・多動性障害は，注意散漫で，落ち着きがなく，思いついたらすぐに行動に移してしまうという特徴が，発達の早期から見られる場合をいいます。適切な投薬によって症状が軽減する場合も多く，的確な診断が不可欠です。限局性学習障害は，知的には標準かそれ以上ですが，読み・書き・計算など一部分だけができないといった学力の著しい偏りがみられる障害です。注意散漫や落ち着きのなさといった状態を併存させていることもあります。

③ 神経発達障害群とさまざまな不適応の発生

神経発達障害群は，幼少期に発症するものではありますが，その特徴が顕著ではない場合，周囲が子どもの抱える困難さを正確に理解できず，適切な援助やケアが先送りされてしまうことがあります。特に，コミュニケーション障害群や自閉症スペクトラム障害，注意欠如・多動性障害，限局性学習障害などは，「独特な子」「しつけのなっていない子」「わがままな子」「怠け癖のある子」などと評され，教師や周囲の大人から叱責される機会が増えた結果，不信感を募らせたり，孤独にさいなまれたり，自己評価や自尊心が低くなったりするケースもないわけではありません。こういった経験の積み重ねは，不登校，いじめ，非行，ひきこもり，友達や学校に馴染めないなどの二次的問題の発生の引き金になります。内山・江場は[5]，特に，社会性の障害ゆえの場違いな発言や相手の気持ちを無視したような行動が，いじめの対象となりやすいと述べていますし，吉川・本城も[6]，ひどいいじめを受けているケースがあることを報告しています。

④ 神経発達障害群と就労支援

さまざまな**障害者雇用支援制度**[7]はあるものの，不況の影響もあり，神経発達障害群のみならず，ハンディキャップを持つ人々の職業的自立は厳しい状況にあります。しかし，梅永は[8]，彼らが就職し，地域で暮らすことによって，人として充実した人生を全うできるだけでなく，地域社会に，障害が必ずしもハンディキャップとなるとは限らないことを伝え，理解を深めるきっかけを与えることができるといいます。そのためにも，施設や学校における就労支援サービスや就労先でのサポート体制の充実，障害の特徴を理解した上での就労内容の決定，スキルアップ制度など，継続的な援助が必要であるとしています。（河野荘子）

▷5 内山登紀夫・江場加奈子 2004 アスペルガー症候群——思春期における症状の変容 精神科治療学, 19（9），1085-1092．

▷6 吉川徹・本城秀次 2004 アスペルガー症候群——思春期以降例における症候と診断 精神科治療学, 19（9），1055-1062．

▷7 障害者雇用支援制度 就労にまつわる事業主への助言指導や，職場適応援助者（ジョブコーチ）の派遣支援，助成金制度などがある。

▷8 梅永雄二 2004 就労支援 佐々木正美（監修）青年期自閉症へのサポート——青年・成人期のTEACCH実践 岩崎学術出版社 1-32．

IX 障害と臨床

10 青年期のカウンセリングのポイント

1 カウンセリングとは

　カウンセリングとは，基本的には，「カウンセリングしてもらう人（クライエント）」と，「カウンセリングする人（カウンセラー）」の二者が話す（あるいは聴く）状況をいいます。そこでの活動は，話すこと，それをカウンセラーに聴いてもらうことを通して，クライエントが徐々に，今まで考えないようにしていた葛藤や不安などに気づき，先送りしていた自分の問題を自分で解決しようと動き始めることを狙いとしています。その際，カウンセラーは，自分の考えを強く主張したり，アドバイスしたり，クライエントを従わせようとしたり，非難したりといったことは行いません。比較的スムーズにカウンセリングを進めていく大前提として，カウンセラーは，聴くことの意味や重要性を熟知し，何よりもまずクライエントの話に耳を傾けることに集中せねばならないのです。いうなれば，クライエントにとってのカウンセラーは，自己探求の道のりを共に歩く者，あるいは杖といった位置づけになるでしょうか。

　もちろん，ただ聴いているだけで問題が解決するかというと，そうではありません。きちんと聴けるようになるためには，カウンセラーは，綿密にプログラムされた長い訓練期間を経ることと，たゆまない自己研鑽を続けることが必要ですし，クライエントの辛さや大変さに寄り添うために最大限の努力をすると同時に，目の前のクライエントが話す言葉の意味や，その奥に隠された思い，心理的メカニズムなどを考える姿勢も持たねばなりません。これができるためには，心理学の各種理論はもちろんのこと，法律や福祉，倫理など，人間を取り巻くさまざまな事象を知っておく必要もあります。河合は，本来複雑であるはずの人間にまつわる事象を単純に割り切って考えてしまうと失敗することが多いこと，カウンセリングにおける二律背反性を実際にカウンセラー自身が必死になって体験していくことが，カウンセリングをより深いものに変化させることを強調しています。カウンセリング場面での人間関係は，現実生活における友達関係や親子関係とはまったく異なるものなのです。

2 発達を視野に入れた理解

　青年期は心身ともに大きく変化する時期です。そして，この時期特有の，依存欲求と自立欲求の間をめまぐるしく揺れ動くという心の動きを持っています。

▷1　以下の手引書は，初心者にも大変理解しやすい内容となっている。鑪幹八郎・名島潤慈（編著）　2000　新版　心理臨床家の手引　誠信書房

▷2　河合隼雄　1970　カウンセリングの実際問題　誠信書房

そのため，周囲の大人たちは，今までのやり方が通用しなくなり，関わり方に苦慮することがあります。佐治らは，こうなる理由として，①変化の個人差が大きいため，ある子どもについての洞察が他の子どもに通用する場合が少ないこと，②自分の内面の気持ちや考えを大人に知られたくない気持ちがことのほか強いこと，③彼ら自身にすら自分の気持ちがよくわからないこと，④乳幼児期に匹敵するほどの速さでさまざまな変化が起こること，の4つをあげています。これらはすべて，子どもが自立した大人へと成長していく過程の中で起こるべくして起こる変化です。青年に対してカウンセリングをおこなう場合，こういった心理発達的特徴を理解しておくことはとても重要になります。

また，よく言われる青年期の発達課題として，「アイデンティティの確立」があります。確立に至るまでのプロセスには，失敗や成功を繰り返し，試行錯誤しながらも，少し先の将来を見通して，現在の方向性をある程度定めていく地道な作業の積み重ねが必要なのですが，これがもっとも端的な形で問われるのが，進学・就職問題ではないでしょうか。進路が決められないことをきっかけとして相談室を訪れ，悩みを話すうちに，実は自分がどうしたいのかがまったくつかめておらず，激しい不安と葛藤と焦りの中で，心理的混乱状態に陥っていることがはっきりする場合も少なくはないのです。白井は，進路を切り開くことは自己を実現させることであり，歴史を切り開くことでもあると述べています。進学・就職相談は，行き先が決まればそれで終わりというものではなく，一人ひとりの生き方や自己実現の問題にもつながる重要なトピックスと心得ておきたいものです。

③ より病理の重いクライエントのカウンセリング

青年期は，その不安定さゆえに，不適応行動や精神症状が現れやすい時期でもあります。また，ある程度の人格の成熟も認められますので，以前よりは精神疾患の診断もしやすくなります。その一つが**パーソナリティ障害**です。

パーソナリティ障害のカウンセリングは，長期化し，困難を極めることが多いといわれています。境界性パーソナリティ障害の研究を精力的におこなったカーンバーグ（Kernberg, O. F.）は，揺らがない治療構造を作ることの重要性を指摘すると同時に，カウンセリングを行う際の基本技法として，明確化（clarification）・直面化（confrontation）・解釈（interpretation）の3つをあげています。

一方，統合失調症やうつ病といった精神疾患も，青年期に顕在化することがあります。治療は医師による薬物療法が中心となりますが，不安や焦燥，イライラなどの不適応感が強い場合や，病気と折り合いをつけながら就業や社会適応を果たすための一つのステップとして，個別の支持的カウンセリングや，絵画などを用いた集団療法，ソーシャルスキルトレーニングなどが並行しておこなわれることもあります。

（河野荘子）

▷3 佐治守夫（監修）・岡村達也・加藤美智子・八巻甲一（編著）1995 思春期の心理臨床——学校現場に学ぶ「居場所」つくり 日本評論社

▷4 白井利明 1999 生活指導の心理学 勁草書房

▷5 パーソナリティ障害
DSM-5によると，パーソナリティ障害は，「その人が属する文化から期待されるものから著しく偏り，広範でかつ柔軟性がなく，青年期または成人期早期に始まり，長期にわたって苦痛または障害をひきおこす内的体験および行動の持続的様式」と定義される。境界性パーソナリティ障害，演技性パーソナリティ障害，強迫性パーソナリティ障害などがある。
アメリカ精神医学会 日本精神神経学会（日本語版用語監修）髙橋三郎・大野裕（監訳）2014 DSM-5精神疾患の診断・統計マニュアル 医学書院

▷6 カーンバーグ, O. F.・セルツァー, M. A.・ケニスバーグ, H. W.・カー, A. C.・アペルバウム, A. H. 松浪克文・福本修（訳）1993 境界例の力動的精神療法 金剛出版

X 大人になること

 大人になるには

1 大人の条件

◯大人になること

　大人になるとは，第1に，大人としての社会的な権利を獲得し，義務を果たし，第2に，親から精神的・経済的に自立することです。あるいは，性的に成熟すること，人を愛することができること，自分の興味や能力を自覚して職業を選択すること，人生観を育むこと，社会常識を身につけることともいえます。

　青年のなかには，大人は「本音と建前が違う」「夢がなくなる」「型にはまる」といった否定的な見方があり，大人になることへの**両面感情**があります。しかし，大人になるにつれて，「感情がすぐに出ないよう抑える」「何でもできるという幻想ではなく，現実を踏まえる」「相手も自分も生かすことを考える」「良くないと思う習慣であっても，それなりの理由がある」「してもらうだけでなく，みんなのために何かできる人間になりたい」と考えるようになります。

◯心理的離乳

　西平直喜は，大人になることを第3次心理的離乳と関連づけています。第1次心理的離乳は小学校高学年から中学生くらいの独立の欲求からくる否定・破壊・離反のことで，これは依存の欲求からくる内面的な葛藤や悩みの現れです。第2次心理的離乳とは，それらが自分の甘えだったことに気づき，本物の独立の欲求が現れることです。これは親子関係を改善します。第3次心理的離乳とは，意識的・自覚的に生き，両親を乗り越えようとすることです。ただし，これは誰でも経験するわけではありません。

◯生成する大人像

　無藤清子は，大人になるとは，何かを達成するというよりは，社会文化的環境のなかで生涯にわたって柔軟性をもって主体として取り組み，自分のありかたを見出し続けて生きていく自分をイメージすることだと提案しています。漠然とした万能感と無力感の揺らぎから脱却して，限界があることを承知しつつ，そのなかで生成し続ける存在としての自分を感じ取ること，つまり達成・獲得とは異なる大人観が必要だと考えています。

◯人間的自立

　折出健二は，人間らしく生きる権利としての自立が必要だとします。誰かと一緒に，誰かの力に支えられて，自分でできることが自立です。

▷1　両面感情
同じ対象にプラスとマイナスの両方の感情を向けること。

▷2　西平直喜　1990　成人になること——生育史心理学から　東京大学出版会

▷3　無藤清子　2004　生涯発達の中で大人になること——大人になることとジェンダー　準備委員会シンポジウム　現代社会における大人へのなりかた　教育心理学年報，**43**, 16-17

▷4　折出健二　2003　市民社会の教育——関係性と方法　創風社

▷5　Merser, C. 1987 *Grown-ups : A generation in search of adulthood.* New York: G. P. Putnam's.（Cited by Côte, J. 2000）

② 大人になることをめぐる問題

○「大人」の誕生

歴史的に見ると、「大人」という概念は、昔からあったのではありません。メルサー（Merser, C.）によれば、オックスフォード英語辞典に adult（大人）が最初に出てくるのは、1656年であり、adulthood（成人期）が最初に出てくるのは、1870年でした。アメリカ・ニューイングランド時代の初期では、夫・妻・子・召使いの役割と義務があるだけで、大人という呼称はなかったといいます。大人になるとは、一人前の男性（a man）になるか、一人前の女性（a woman）になるかのどちらかでした。歴史的に見ると、そのどちらでもない「大人」になるということは個人の自己実現に一歩近づいた姿なのです。

○一人前の基準

かつての日本には、「一人前」と呼ばれる基準がありました。男子なら、バンモチと呼ばれる力石五斗目（約75キログラム）を肩担ぎできること、一日一反歩（約千平方メートル）の田切りができること、女子なら、米一俵（約60キログラム）を背負えること、一日一反歩の田植えができることなどです。今と比べると、成人になるための基準が明確であり、労働に根ざしたものでした。

○成人性の基準の違い

古市裕一は、一人前の男性の成人の条件を調べたところ、図53に示されるように、青年も成人も老人も同様に「親から自立していること」を最も必要だと考えました。しかし、「社会常識にしたがった生活をしていること」については、青年は成人や老人ほどは必要だとは考えていませんでした。大人になるとは、青年にとっては内面的な出来事であり、先行世代からすると社会的な出来事だと考えられていました。

○今日の大人になる困難さの社会的原因

第1に、旧来の家族制度がくずれてきたが、新しい家族のありかたを支える社会のシステムがないため、子どもの親離れと親の子離れの難しさが増しています。

第2に、青年の不安定就労が増加し、現代社会では大人になるすじみちが見えなくなりました。アメリカの社会心理学者のコテ（Côte, J.）は「ライフコース構造の破壊」と呼んでいます。

第3に、青年が多様な大人と出会ったり、大人からサポートを得る機会が減りました。
　　　　　　　　　　　　（白井利明）

▷6 古市裕一 1984 成人性基準に関する心理学的研究 岡山大学教育学部研究集録, **65**, 17-25.
▷7 寺出浩司 2003 ライフサイクルの今昔 日本生活学会（編）生活学第27冊 家庭生活の一〇〇年 ドメス出版 194-212.
▷8 Côte, J. 2000 *Arrested adulthood: The changing nature of maturity and identity*. New York: New York University Press.

研究例
20代前半と後半で成人性の基準が変化するとした研究として、白井利明 1988 成人性の基準における次元の問題(2)——20歳代の未婚有職者の調査から 大阪教育大学紀要（第Ⅳ部門）, **37**(2), 151-161

参考文献
西平直喜 1990 成人になること——生育史心理学から 東京大学出版会
白井利明 2003 大人へのなりかた——青年心理学の視点から 新日本出版社
柏木惠子 2013 おとなが育つ条件——発達心理学から考える 岩波書店

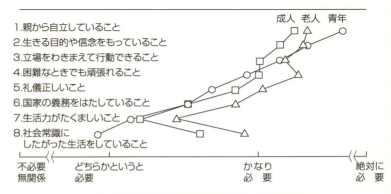

図53 「一人前の男性の成人」の必要条件

（注）青年は18〜21歳、成人は36〜45歳、老人は65〜75歳の者をさす。各項目（因子）の命名は変更されている。
出所：古市, 1984

X 大人になること

青年期の延長

1 青年期の歴史的変化

○引き延ばされた青年期

社会学によると，1950年代半ば以降の高度産業社会により，30歳半ばまで「引き延ばされた青年期（extended youth）」になったとする見方があります。反対に，青年期が工業化社会で成立したため，今は脱工業化社会となって，青年期は消滅したとする見方もあります。工業化社会における青年期の中心的な課題は国家による人材の養成と配分にありました。今はそうした国家による統制が重要でなくなったというのです。このように青年期への評価は分かれるのですが，青年期が当初考えられたものとは変わってきているという認識では共通しています。

○青年期の終焉

これまでは，青年期は精神的に不安定なため，社会から逸脱する者を社会に適応させる時期とみなされていました。1960年代になると，学生運動など青年自身による社会への異議申し立てが起こります。また大衆文化の普及により今日の成人文化の基礎ができます。性の自由化の動きはそれ以前の家父長制の衰退をもたらしました。中産階級の結婚年齢が早まり，労働者階級との差も縮まりました。今の青年は，かつての青年のような精神的な動揺を示さず，15，16歳までに安定感を身につけています。以上のように述べて，社会史研究者のギリス（Gillis, J. R.）は，青年期は曖昧化し終焉したとしています。▷1

○成人形成期

心理学では，アーネット（Arnett, J. J.）▷2は，結婚年齢が25歳前後であることから，選挙権の与えられる18歳から25歳頃までを，青年期の延長によって生じた，青年期でも成人期でもない新しい時期であるとし，これを「成人形成期」と名づけました。この時期での**探究**▷3は，青年期のものとは違って，職業を実際に試行錯誤しながら現実的な探求を行うことです。そのことで，成人期への移行が多様化し，自分なりのライフコースを多様な選択肢のなかから柔軟に選び取る可能性が高まったとしています。

○子ども時代の消滅

ウィン（Winn, M.）▷4は，子どもの性的成熟と同時に性行動を開始したり，親の離婚や再婚のなかで人間関係の葛藤に巻き込まれており，大人と子どもの境

▷1 ギリス, J. R. 北本正章（訳）1985 ＜若者＞の社会史——ヨーロッパにおける家族と年齢集団の変貌 新曜社

▷2 Arnett, J. J. 2000 Emerging adulthood: A theory of development from the late teens through the twenties. *American Psychologist*, 55, 469-480.

▷3 探究
探求とは，自分の興味や能力を自覚するために，さまざまな役割を試してみることをいう。

▷4 ウィン, M. 平賀悦子（訳）1984 子ども時代を失った子どもたち——何が起こっているか サイマル出版会

界がなくなってきていると指摘しています。エルカインド（Elkind, D.）も親の高い期待のなかで子どもも青年もストレスを感じているといいます。早く大人になることを急かされて育った青年は，その場その場をやりすごすだけの「パッチワークセルフ」（つぎはぎだらけの自己）しかもてないためにストレスに弱いと指摘されています。

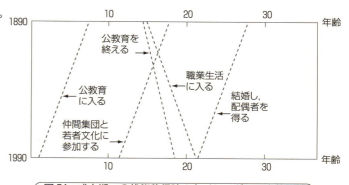

図54　成人期への状態移行時のタイミングの歴史的比較
出所：Chisholm & Hurrelmann, 1995

2 今日の青年期

◯ 移行事象のタイミングの変化

今日の青年期はかつての青年期とは変わってきています。ドイツの青年心理学者チザム（Chisholm, L.）らは，この100年間の青年期の変化を図54のように示しました。学校に在学する期間は長期化し，入職期は高年齢化しています。他方で，若者文化に触れる機会や結婚は低年齢化しています。その結果，青年期は短くなり，成人期が早くなっています。

◯ 移行の可能性とリスク

チザムらは，高度産業社会になって，青年期から成人期への移行のパターンが伝統的な規範的なモデルとは違ってきていることを重視します。図55に示されるように，成人期への移行の時期は課題ごとに違っています。青年はそれぞれの課題ごとに自律性と責任性を獲得していかなければなりませんが，課題ごとに要請される内容が違うばかりか，その内容が矛盾することもあるため，青年はリスク（危険）も負うとしています。有能かつ**社会的資源**のある青年にとっては，選択や挑戦の幅が広がるのですが，そうでない青年にとっては失敗する割合が高いのです。

（白井利明）

▷5　エルカインド，D. 戸根由紀恵（訳）2002　急がされる子どもたち——現代社会がもたらす発達の歪み　紀伊國屋書店

▷6　Chisholm, L., & Hurrelmann, K. 1995 Adolescence in modern Europe: Pluralized transition patterns and their implications for personal and social risks. *Journal of Adolescence*, 18, 129-158.

▷7　日本では晩婚化している。

▷8　社会的資源
社会階層が高く経済的にも人間関係にも恵まれていること。

参考文献
溝上慎一・松下佳代（編）2014　高校・大学から仕事へのトランジション——変容する能力・アイデンティティと教育　ナカニシヤ出版
村澤和多里・山尾貴則・村澤真保呂　2012　ポストモラトリアム時代の若者たち——社会的排除を超えて　世界思想社

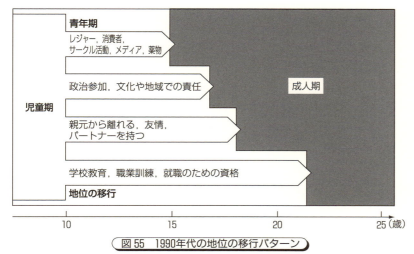

図55　1990年代の地位の移行パターン

出所：Chisholm & Hurrelmann, 1995

X 大人になること

 結 婚

1 結婚への過程

　安定した恋愛関係をもち結婚に至るにはどのような心理過程が影響するのでしょうか。エリクソン（Erikson, E. H.）は、親密性（intimacy）の獲得を重視します。親密性とは、意義ある犠牲や妥協を要求することもある具体的な関係のなかに自分を投入する能力です。これを獲得するためには青年期のアイデンティティの達成が前提となります。

　結婚相手を選び結婚を決意する過程である配偶者選択はどのように行われるのでしょうか。アダムズ（Adams, B. N.）によると、結婚それ自体にひかれ、結婚願望を表明するところから出発します。周囲の好意的な反応や自己開示、**ラポール**などにより関係が持続し、さらに相互に価値観・容姿・性格などが類似することがわかると、「私にふさわしいひとだ」「私のできる最善の結婚だ」と考えて、結婚に至るのです。

　結婚は自分の人生の転機であり、それを利用することもあります。セギナー（Seginer, R.）は、若い女性は家族の承認を得たいために文化的に望ましいライフコースをとるのですが、他方で自分の望むライフコースとのギャップを縮めていくために結婚を使うことがあると指摘しています。たとえば、アラブの女性は、高等教育を受けたいために、早めに結婚するという戦術を使うそうです。高学歴の夫を持てば、婚約期に大学に行かせてもらえるかもしれないし、自分が高等教育を受ければそれだけ子どもを立派に育てる母親になれるかもしれないと、説得することができます。

2 結婚をめぐる現代的問題

○未婚化

　今日の日本の女性は結婚し子どもをもつという生き方までは変わっていませんが、高学歴化し、職業を持ち、「無理に結婚しなくてもよい」「結婚するかしないかは個人の自由」と考え始めました。家族に精神的な拠り所を求めたい一方で、根強い性別分業だけでなく、家族が現代社会の競争にさらされており（子どもの進学競争や労働における競争など）、家庭も子育ても地域の中で孤立しているという実態があります。こうした現実を前に結婚を望んでも躊躇する傾向も生じていると考えられます。

▷1　Erikson, E. H., & Erikson, J. M. 1997 *The life cycle completed* (*extended version*). New York: W.W.Norton.

▷2　Adams, B. N. 1979 Mate selection in the United States: A theoretical summarization. In W. R. Burr, R. Hill, F. I. Nye & I. L. Reiss (Eds.), *Contemporary theories about the family* (Vol.1). New York: Free Press, 259-267.

▷3　ラポール
あたたかい人間関係があることをいう。

▷4　Seginer, R. 2005 Adolescent future orientation: Intergenerational transmission and intertwining tactics in cultural and family settings. In W. Friedlmeier, P. Chakkarath & B. Schwarz (Eds.), *Culture and human development: The importance of cross-cultural research for the social sciences*. Hove, UK: Psychology Press, 231-251.

▷5　坂西友秀　1999　ジェンダーと「家」文化　社会評論社

X-3 結婚

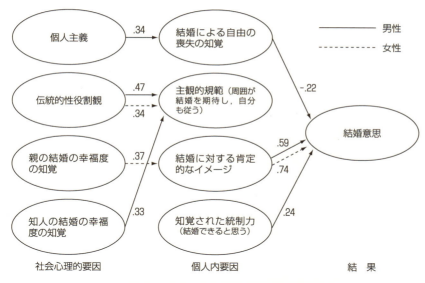

図56 20代後半における結婚意思への影響の与えかた

（注）数値はパス係数。
出所：伊東, 1997をまとめた

また，農山村では，「長男だから家を継ぐ」「長女だから親のそばにいる」といった「家」文化が生きていることもあって，結婚難が深刻になっています。

伊東は，どんな社会心理的要因が個人内要因を経て結婚意思に影響を与えるのかを検討しました。平均年齢27.3歳の未婚男女に調査した結果，図56に示されるように，男性では，個人主義的な価値観がある人は，結婚によって自由が喪失する怖れから結婚意思が減少していました。また，結婚できると思うかどうかが結婚意思に影響していました。このことは，裏返せば，男性は結婚できないと思うと諦めてしまうのです。女性では，自分の親が幸せそうに見えると，結婚に対する良いイメージを抱き，結婚意思が増大していました。裏返すと，女性は親が幸せそうに見えないために，結婚のイメージが悪くなり，結婚意思を低めていました。

○離婚

20代の離婚を身近で聞くようになりました。厚生労働省の人口動態統計によると5年未満の離婚が最も多く（2012年では170,738組のうちの54,414組），そのうち35歳未満は男性で33.5％，女性で42.6％です。

ヤング（Young, A. M.）らの研究によれば，20代で離婚した女性は，離婚が苦悩の時期であり，離婚により将来計画が劇的に再編成されたと述べました。20代が個人としての発達という観点から話したのに対し，30代で離婚した女性は，夫婦の関係性に焦点を当て，夫婦の衝突や敵意が述べられました。40代で離婚した女性は，離婚により自分が失った機会を追い求めることができたことを強調しました。年代によって離婚の意味が違っているのです。（白井利明）

▷6 伊東秀章 1997 未婚化に影響する心理学的諸要因——計画行動理論を用いて 社会心理学研究, 12, 163-171.

▷7 Young, A. M., Stewart, A. J., & Miner-Rubino, K. 2001 Women's understandings of their own divorces: A developmental perspective. In D. P. McAdams, R. Josselson & A. Lieblich (Eds.), Turns in the road: Narrative studies of lives in transition. Washington, DC: American Psychological Association, 203-226.

参考文献
柏木惠子（編）2010 よくわかる家族心理学 ミネルヴァ書房
木田淳子 1994 家族論の地平を拓く——競争社会・性別分業・「母性」あゆみ出版

X 大人になること

親になること

▷1 鹿島達哉 1991 親への移行に関する日本の研究 山本多喜司・ワップナー，S．（編）人生移行の発達心理学 北大路書房 265-275．

▷2 小野寺敦子・柏木惠子 1997 親意識の形成過程に関する縦断研究 発達研究，12，59-78．

▷3 これを投影的同一化という。

▷4 矢澤澄子・天童睦子 2004 子どもの社会化と親子関係——子どもの価値とケアラーとしての父親 有賀美和子・篠目清美・東京女子大学女性学研究所（編） 親子関係のゆくえ 勁草書房 68-106．

▷5 山田昌弘 2004 パラサイト社会のゆくえ——データで読み解く日本の家族 筑摩書房

▷6 山田昌弘によれば，15年前は「生まれてくる子がかわいそう」と妊娠中絶を選んでいたが，今は「未婚で産むのはかわいそう」と出産が選択されるようになったという。

▷7 永久ひさ子 2004 近代家族のなかの育児葛藤 有賀美和子・篠目清美・東京女子大学女性学研究所（編） 親子関係のゆくえ 勁草書房 39-67．

1 妊娠・出産による移行 ◁1

◯女性の移行
妊娠初期は身体的変化に戸惑うこともありますが，それが安定し胎動が感じられる時期になると母親意識が芽生えます。出産後は，笑い返してくれたり，「オイチー」といった言葉を聞くなど，子どもとのやりとりのなかで，子どもが親を育ててくれるのです。

◯男性の移行
妊娠を知ることは喜びですが，女性と違って不安はあまりありません。女性の腹部の膨らみで父親になったことを感じる人が多いようです。出産は子育てへの期待を高めますが，子育ての不安は女性ほどはありません。誕生後は，夫が妻を独占できなくなり，性生活が不安定になって，夫婦関係が変化したり，経済的負担が増大するなど，子ども中心の生活スタイルへと移行します。男性はこれらの移行を受け入れ，調整していくことが課題となります。

◯子育てをとおしての親の成長
女性も男性も親になることにより成長します。小さなことにこだわらずタフになったり，自分のほしいものも我慢し他人の気持ちを汲み取るようになったり，社会や将来のことを考えるようになったり，運命やしきたりにも関心が出てきたり，生きがいや存在感が増したり，自分の考えを主張するようになります。また，自分が小さかった頃にしてほしかったことをわが子にすることで，そのことにこだわっていた自分が癒されることもあります。◁3

2 妊娠・出産・子育てへの支援

◯女性への支援
望まない出産で不安が大きい場合には，早い段階での支援が求められます。妊娠時の女性は傷つきやすい状態にあり，退職や家族関係の変化も重なるため，もっている力が十分に発揮しにくい状態にあります。育児に専念する負担感や犠牲感，社会から取り残される焦燥感も不安を増大させます。子育ての悩みやストレスへの対処を支援するだけではなく，女性としての生き方を見つめたり，新しい友人をつくる援助も求められます。夫婦関係や祖父母との関係を含んだ家族関係の調整も必要です。

○ 男性への支援

男性は仕事上のつきあいよりも「稼ぎ手である自分」や家族を重視しているのですが，実際には子どもとふれあう時間がもてず，それがもとでストレスを感じています。男性が子育てに参加するための家族の調整と社会の方策が求められます。

③ 親になることの今日的な問題

○「できちゃった婚」

「できちゃった婚」とは妊娠がきっかけとなって結婚することをいい，2000年11月に，木村拓哉と工藤静香の結婚で注目されました。2009年度の「結婚期間が妊娠期間よりも短い出生」の割合は25.3％なので，「できちゃった婚」もそのくらいではないかと推測されています。図57に示されるように，10代で増加しています。「できちゃった婚」は，独身中に避妊しないでセックスをしており，妊娠しても人工中絶をせず，妊娠したら籍を入れることが前提となります。外国では籍を入れないので婚外子が多いのです。

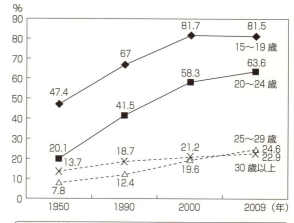

図57 結婚期間が妊娠期間より短い出生の動向（年齢は母親）
出所：厚生労働省「人口動態統計特殊報告」2010

○ 高学歴女性の育児葛藤

少子化といわれながらも，2002年の夫婦の子どもの理想数は2.56でした。ただし，実際の予定数は2.13でした。これは高学歴化により個の生き方を希求する態度が強まっているからです。有職女性には仕事との両立問題からくる育児葛藤をもたらします。無職女性は子育てに専念するために無職を選んでいるので，「よりよい子育て」を希求しています。その結果，「お受験」（有名学校に入学させるために幼い時期から受験競争に入れる）を目指したり，あるいは子育ての手抜きがしにくくなるといった育児葛藤も生じています。

○ 10代の出産と子育て

性交の早期化やパートナーの複数化，避妊を言えないことなどによる若年妊娠が問題になっていますが，女性は生めば何とかなると考え大人にいわない傾向があるといわれます。10代の女性の出産や子育ては精神的にも社会的にも職業的にも十分には成熟していないと否定的に見られてきました。しかし，イギリスの研究によれば，10代に妊娠する女性は共通して貧困を経験しており，しかも非常に困難な状況で最善のことをしようとしているといわれています。10代の父親は社会における自分の位置がまだ不確実なために，多くの障壁があります。まず夫婦関係が長続きしません。子どもを産む問題，パートナーとの対立，そして家族の態度が影響するからです。それに，失業や職業訓練中といった経済的な要因もからんできます。父親への支援も重要です。

（白井利明）

▷8 長池博子 2001 若年妊娠支援 清水凡生（編）総合思春期学 診断と治療社 290-296.

▷9 コールマン，J.・ヘンドリー，L. 白井利明・若松養亮・杉村和美・小林亮・柏尾眞津子（訳）2003 青年期の本質 ミネルヴァ書房

▷10 杉山春 2004 ネグレクト 育児放棄——真奈ちゃんはなぜ死んだか 小学館 児童虐待事件のルポルタージュであり，若年夫婦を直接問題にしたものではないが，参考になる。

研究例
女性が親になることの意味を明らかにした研究として，徳田治子 2004 ナラティヴから捉える子育て期女性の意味づけ——生涯発達の視点から 発達心理学研究，15, 13-26.

参考文献
氏家達夫・高濱裕子（編）2011 親子関係の生涯発達心理学 風間書房

氏家達夫 1996 親になるプロセス 金子書房

X 大人になること

 世代間関係

▷1 斎藤耕二 1996 異文化体験の心理学——青年文化から異文化体験まで 川島書店

▷2 徳田安俊 1980 世代差の構造(III)——父と子,大人と若者一般の場合 福島大学教育学部論集,32(3),49-56.

▷3 堀田美保 2000 性役割観に関する若者世代意見と親世代意見の分布 認知心理学研究,**70**,503-509.

▷4 Hamilton, S. F., & Hamilton, M. A. 2004 Contexts for mentoring: Adolescent-adult relationships in workplaces and communities. In R. M. Lerner & L. Steinberg (Eds.), *Handbook of adolescent psychology.* Hoboken, NJ: John Wiley & Sons, 395-428.

▷5 Darling, N., Hamilton, S., Toyokawa, T., & Matsuda, S. 2002 Naturally-occurring mentoring in Japan and the United States: Social roles and correlates. *American Journal of Community Psychology,* **30**, 245-270. 松田惺・若井邦夫・小嶋秀夫 1994 発達における重要な他者(メンター)との関わりの分析——(1)日米大学生

1 世代と世代差

　世代とは,なんらかの共通な歴史的体験を基礎として,共通な精神構造と類似した社会行動の様式をもつ同時代に生きる人々の集団のことです。いい換えますと,生い立ちで同じ時代を生きてきた人のまとまりのことです。

　大人はいつの時代でも「今どきの若者は……」と嘆くといわれますが,世代差にかんする調査結果をよく見ると,若い人よりも先行世代のほうが寛容で理解を示す場合もあります。あるいは,実際の世代差よりも,大人が青年を見る目と青年が大人を見る目の違い(つまり,認知した世代差)のほうが大きいこともあります。堀田美保は,下の世代のほうが世代差を過大視しがちだとしながらも,それは上の世代との対立・競合関係のある話題に限られるとしています。たとえば,性役割観では世代差よりも男女差のほうが顕著でした。

2 メンターとしての大人

○メンターの機能

　ハミルトン(Hamilton, S. F.)らは,青年がだんだんと複雑なスキルや課題を習熟していくように導くことで青年の性格や能力を発達させるよう努める年長で熟練した人のことをメンター(mentor)と定義しました。メンターは青年と一緒に活動し,一人ひとりの青年の能力に近接する課題から始めて,徐々に能力を獲得させて有能感をもたせていく人です。大人との結びつきのなかから生まれた愛着が青年の性格も変えたり,場合によっては,メンターは親代わりとなって,青年の傷ついた幼少期からの回復を促すこともあります。メンターは,友人や職場の上司,あるいは学校の教師に青年を結びつける役割も果たします。それにメンターは青年にとって「こんな人になりたい」というモデルにもなります。

○日本の青年のメンター

　日米の大学生のメンターを比較した結果が図58と図59です。これはメンターのもつ8つの機能のうち,青年がいくつ感じているかを示したものです。8つのメンター機能とは,基本的な機能として「後押ししてくれる」「建設的な批判をしてくれる」,肯定的な感情として「一緒にいて楽しい」「励ましてくれる」,否定的な感情として「対抗する」「けんかしている」,関係の中での自律性として「一緒に何かをするときには私がリードする」「自分でするように押

し出してくれる」です。アメリカでも日本でも身近な大人にメンター機能が多くなっています。同性どうしが多いことも共通していました。日米で比較してみると，日本の青年にメンター機能が全般的に低いことが気になります。また，アメリカに比べて，日本の青年は父親のメンター機能が少ないことや日本の女性が親戚で少ないことも気になります。

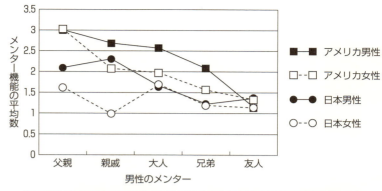

図58　大学生に対して男性のメンターがもつメンター機能の平均数

（注）　大人は父親と親戚以外の大人をいう。
出所：Darling, Hamilton, Toyokawa & Matsuda, 2002

3 世代と世代を結ぶ

○相互性

エリクソン（Erikson, E. H.）は，歴史的につながり，互いの発達段階が重なり合い，一方が動くと他方も動く歯車のようにかみあいながら，ともに発達しあい，生きている世代間の関係のことを相互性と呼びました。I-7の図5での青年期の「誠実」は先行世代を求め，中年期の「世話」は若い世代を必要とします。誠実とは，選んだ価値観に矛盾があるとしても，自分で選んだものには誇りと確信をもつことをいいます。青年に価値ある対象を求めさせるのは大人の役目です。中年期の世話は，自分の生み出したものを伝え，そして自分が乗り越えられていくことです。歴史的な若い世代と先行世代が相互行為の中で自我の営みが互いに支えられており，しかも時間的展望を共有することで未来に向かってともに成長するという共同性が必要です。この感覚によって，若い世代も先行世代も活力を得ることができるし，世代と世代を結び，社会を統合するのです。

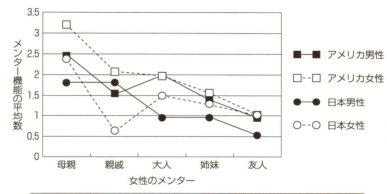

図59　大学生に対して女性のメンターがもつメンター機能の平均数

（注）　大人は母親と親戚以外の大人をいう。
出所：Darling, Hamilton, Toyokawa & Matsuda, 2002

○親子の世代関係

親子では親の中年期の発達と子どもの青年期の発達が重なります。青年はこれからの人生を考えていく青年期のまっただなかにおり，親は自分の生き方を肯定し人生の後半を考えていく中年期のまっただなかにいます。青年にとっての就職・結婚・家を出るという自立の課題は，親にとっては子どもとの分離や初老期の準備（たとえば，夫婦が向き合うこと）といった課題への直面を意味します。

（白井利明）

の比較研究　愛知教育大学研究報告，43，105-118.

▷6　叔父と甥あるいは叔母と姪にあたるような関係を「斜めの関係」という。笠原嘉　1977　青年期──精神病理学から　中央公論社

▷7　エリクソン，E. H. 鑪幹八郎（訳）1971　洞察と責任──精神分析の臨床と倫理　誠信書房

▷8　柳沢昌一　2004　アイデンティティ・相互性の視点　日本社会教育学会50周年記念講座刊行委員会（編）講座　現代社会教育の理論III　成人の学習と生涯学習の組織化　東洋館出版社　44-60.

X 大人になること

シティズンシップ

▷1 ジョーンズ, G.・ウォーレス, C. 宮本みち子(監訳) 鈴木宏(訳) 2002 若者はなぜ大人になれないのか——家族・国家・シティズンシップ［第2版］新評論

▷2 宮島喬 2004 ヨーロッパ市民の誕生——開かれたシティズンシップへ 岩波書店

▷3 新保守主義
新保守主義は, 市場経済を重視する保守主義のことで, 個人の自助努力や自立を強調する。

▷4 新自由主義
新自由主義は, ルールのある自由競争を重視する考え方で, 政府の規制を撤廃することにより国際競争力が高められると考える。

▷5 ジョーンズほか 前掲書

▷6 乾彰夫 2010 〈学校から仕事へ〉の変容と若者たち——個人化・アイデンティティ・コミュニティ 青木書店

1 イギリスにおける動向

○シティズンシップとは

私たちが一つの社会のなかに生き, その社会の平等なフルメンバーとして認められ, 自らもそう感じていて, 定められた権利を正当に行使でき, 定められた義務を果たさなければならないとき, シティズンシップが成立します。シティズンシップは, 市民としての権利（個人の自由権, 財産権, 国家からの保護）, 政治への権利（普通選挙権をはじめとする政治参加権）, 社会への権利（教育, 住宅, 保健, 福祉）からなります。

○国家の青年政策

国家は, 青年が経済的に自立し親の依存から離れられるように, 労働・教育・住宅などさまざまな側面で支援してきました。たとえば, 1960年代, 学生には生活補助金が支払われ, キャンパスのある大学が増加し, 学生は親元から離れて自由に役割実験できるようになりました。

1979年に登場した保守党政府は, 公共支出の削減と労働市場の規制緩和を目指し, 賃金委員会の廃止, 雇用保護の撤廃, 青年失業者の増加, 青年賃金の削減, 見習い制度の消滅, パートタイム労働と臨時雇い労働の増加, 訓練計画の導入を行いました。

たとえば学生には, 1990年に, 学生自身で返済しなければならない補給ローンが導入され, 大学生活の費用の半分以上は国家ではなく, 親・雇い主・自分で負担しなければならなくなりました。そのため, 学生は親元に依存するようになり, アルバイトをするようになりました。

○新保守主義と新自由主義によるシティズンシップ論

新保守主義の考え方によると, 十代の出産や非行・暴力の増加, 十代の飲酒や薬物の服用は, 親の権威の失墜により, これまで守られていた伝統的価値が崩壊し, 道徳的堕落が生じたと考えます。そこで, 伝統的な価値を擁護し, 家庭の崩壊を防ぎ, 親の権威と家族の義務を維持するための政策が必要だとしました。ここでのシティズンシップとは, 社会に参画する権利ではなく, 男性労働者が自分と家族を養う義務のことです。

新自由主義は, シティズンシップはサービスを選択する権利だと定義しました。たとえば, 青年が低賃金労働を選んだとすれば, それは青年に自己選択権

があるからで，その結果については青年が自己責任を果たすべきだとされました。そのため，教育や訓練の機会を拡大できる青年が増加する一方で，失業・ホームレス・貧困に苦しみ，食べ物・衣服・住宅に対する基本的人権を失っていく青年も増加しました。

政策がもたらした結果と課題

1979年に誕生した保守党政府は，法と秩序を守り，社会保障関連経費を削減するために，親に青年の扶養義務を負わせました。青年に対して直接，給付することを止め，青年を扶養家族にしたのです。給付の打ち切りにより青年の経済的自立が奪われ，親に依存する状態が長期化し，家庭の経済的な負担も増大しました。青年の雇用も正規雇用からアルバイトやパートに変わりました。青年の訓練と教育の期間は延長されましたが，他方で社会保障の権利は縮小されたため，国家が青年の訓練と教育する介入の程度は高まりました。

このように，新自由主義は国家の統制を青年の生活から取り除くことを主張するものの，家族関係と青年に対する国家統制を強め，青年に対する親の圧力は強まっています。経済的に自立し親の統制から自由になろうとする青年の努力を，国家の政策がくじいているといえるのです。

それでは，どうしたらよいのでしょうか。政治学者のジョーンズ（Jones, G.）らは，年齢で青年のニーズを査定するのではなく，雇用と所得の機会の有無やアクセスの不平等も考える統合的な青年政策が必要だとしています。

2 日本における動向

教育学者の乾彰夫は，1960年代から1970年代初頭の高度経済成長期に成立した青年期を戦後的青年期と名づけました。それは，他国に例を見ない教育水準のめざましい上昇と大衆的規模での拡大，学校から雇用へのスムースな移行体制の確立，**新規学卒採用**の一般化，終身雇用制企業社会への帰属でした。

このように青年が学校社会からスムースに企業社会へと移行するシステムがあったため，国家との関係で青年が大人になる権利をもつことや青年の発達に対する社会の支援の必要性が認識されてきませんでした。図60のように家庭が大きな負担を背負っていたところに，さらに公共支出の削減と労働市場の規制緩和の政策が実行され，青年の格差が拡大しています。

日本が欧米と異なることのひとつとして，これまでは学校から企業への移行はスムーズで，職業訓練も企業が担っていたため，学校と家庭以外に青年を支援する第三の領域が発達してきませんでした。これからは，学校でも家庭でも企業でもない社会の領域での青年支援が求められます。

（白井利明）

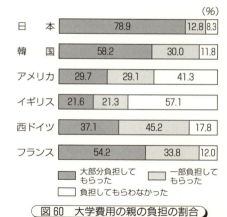

図60 大学費用の親の負担の割合

資料：総理府青少年対策本部『青少年と家庭に関する国際比較調査報告書』1982
出所：宮本，2002

▷7　新規学卒採用
今すぐ働ける者の採用を一般採用というが，卒業見込み者の場合は卒業するまで働けない。卒業見込み者の採用を新規学卒採用という。

▷8　宮本みち子　2002　ポスト産業社会の若者のゆくえ――現代日本の若者をどうとらえるか　ジョーンズ，G.・ウォーレス，C.　宮本みち子（監訳）　鈴木宏（訳）　若者はなぜ大人になれないのか――家族・国家・シティズンシップ［第2版］　新評論　267-296.

研究例
白井利明・安達智子・若松養亮・下村英雄・川﨑友嗣　2009　青年期から成人期にかけての社会への移行における社会的信頼の効果――シティズンシップの観点から　発達心理学研究，20(3)，224-233.

参考文献
白井利明　2014　社会への出かた――就職・学び・自分さがし　新日本出版社

X 大人になること

 青年の社会的支援のポイント

▷1　ニート
厚生労働省によれば，2004年の日本のニートは52万人に上った。
⇒ V-2 参照。

▷2　玄田有史・曲沼美恵　2004　ニート——フリーターでもなく失業者でもなく　幻冬舎

▷3　高垣忠一郎　2001　セルフヘルプ・グループとしての「親の会」の意義　高垣忠一郎・春日井敏之（編）　不登校支援ネットワーク　かもがわ出版　10-19.

▷4　自己肯定感
自分が自分であって大丈夫だという感覚のこと。

▷5　エンパワメント
もともともっている能力を引き出し，社会的な権限を与えること。

▷6　Benson, P. L. 2003 Developmental assets and asset-building community: Conceptual and empirical foundations. In R. M. Lerner & P. L. Benson (Eds.), *Developmental assets and asset-building communities: Implications for research, policy, and practice.* New York: Kluwer Academic, 19-43.

▷7　家族に対する地域支援
たとえば，生徒の問題というと学校が中心になりがちだが，近隣社会が家族を支援していく必要がある。

1　青年とその家族を責めない

　青年に問題があると，「意欲がない」などと本人の責任にされたり，「家族が甘やかすからだ」と家族の問題にされてしまう傾向も見られます。一人ひとりの青年の生活実態が見えにくくなってきており，社会的不利が社会階層やジェンダー，マイノリティー，ハンディキャップなどに応じて不平等に現れることが見えにくいのです。

　青年とその家族を責めたところで，問題は解決しません。たとえば，玄田有史は，**ニート**◁1は「働かない」のではなく「働けない」のだ，ニートは自分の力を信じられないために働くための一歩が踏み出せないのだと指摘しています◁2。青年が仲間のなかで自らの力で立ち直っていけるよう支援することが求められています。

　家族が専門家の力を借りながら共同の力で立ち直ろうとする試みもあります。たとえば，不登校問題のセルフヘルプ・グループがその一つです。セルフヘルプ・グループとは，当事者である自分たちで支えあうグループをいいます。高垣忠一郎は，これまでは不登校の親は「ダメな子」を育てた「ダメな親」と見られがちだったが，「親の会」をとおして同じ悩みで苦しむ仲間として対等な関係を築くなかで，「同じ問題を抱えているからこそ，かゆいところに手が届く援助ができる」と発想を転換できたと指摘しています。一方的に助けられる立場ではなく，自分も仲間を支援できる立場に立つと，能動性や自信が高められ，その経験が子どもと向き合うときにも生かされるのです◁3。

　困難をかかえた青年と家族は自信をなくし，社会からの疎外感を味わい，立ち直りへの焦燥感をもっています。そうした彼らに必要なことは**自己肯定感**◁4を高めることなのです。

2　すべての青年を対象に促進的支援を行う

　困難をかかえた青年に問題を減少させるために行う介入的支援だけでなく，あるいは社会的不利をかかえた青年に対する予防的支援だけでもなく，すべての青年の肯定面を伸ばす促進的支援（青年の**エンパワメント**◁5・有能感・アイデンティティの達成など）が必要です。ベンソン（Benson, P. L.）は，**家族に対する地域支援**◁7を唱えるなかで，表34に示されるように，一部の青年の問題を減少さ

表34 子どもと青年の健康と幸福を前進させるための二つの考え方

	欠損減少モデル	資産増進モデル
目　標	欠損，リスク，健康を損なう行動を減少させる	発達的な資産を増進させる
対　象	傷つきやすい子どもや青年	すべての子どもや青年
やりかた	社会的サービスや処遇システムの拡大，早期の介入，リスクの高い行動を狙った予防計画	全ての市民と社会化のためのシステムが肯定的な人間発達の見直しを共有し，そのために行動する
担い手	専門家が主導し，市民が協力する	市民が主導し，専門家が援助する

出所：Benson, 2003

せる支援から，すべての青年の**発達的資産**を増進させる支援へと転換する必要があるといいます。こうした支援では，市民が主導し，専門家がバックアップします。地域で青年の発達の見通しを共有し，そのために活動します。身近な大人が決定的に重要です。親も自分の子どもに対しても他の青年に対しても**メンター**の役割を引き受けます。青年自身も支援のために活動します。青年が地域のために活動すればするほど地域が活性化し，地域が活性化するほど青年が育っていくという好循環を生みます。

❸ 青年が社会に参加する権利を保障する

すべての青年が経済的に自立し，親に依存しなくても生活に責任がもてるよう保障する必要があります。青年に対する支援は国家の要請のみに基づくのではなく，青年の発達的要求に焦点化され構造化されていなければなりません。また，社会的支援のプロセスの決定に青年が参加できることも必要です。

子どもの権利条約は子ども（青年を含む）を権利行使の主体と位置づけ，市民として積極的な社会参加を保障するべきだとしています。子どもの社会参加は単に大人になるための学習の手段ではなく，子どもも大人と同様に社会を構成する対等なパートナーとみなし，共同の関係を作ることだと考えています。

増山均によると，「市民としての子ども」の社会参加は，意見表明権（自治体による子ども会議や政府による子ども国会など），結社・集会の自由権（高校生の平和学習・平和ゼミの活動など），文化権（子ども博物館での参加体験型の活動など），参加権（杉並区児童青少年センター「ゆう杉並」では中高校生が運営にも参加しています）として具体化されています。これを拡充し，教育・労働・住宅など生活のあらゆる領域に青年が意見を述べ，その運営に参加できるようにします。その際，行政は青年に任せて手を引いてしまうのではなく，バックアップするようにします。自治体の合併をめぐる住民投票で，15歳や18歳の青年に投票権を与える自治体がありました。社会の決定への参加をとおして，社会への効力感を青年に育てていくことも求められます。

（白井利明）

▷8　発達的資産
青年の肯定的発達を促す個人・家庭・地域の資源のことをいう。

▷9　メンター
手を取って援助する身近な人をいう。

▷10　子どもの権利条約
子どもの権利条約は1989年に国連総会で採択され，1994年に日本は158番目の批准国となった。

▷11　増山均　2004　子どもの権利と社会教育——子どもの権利条約が提起する課題　日本社会教育学会50周年記念講座刊行委員会（編）　講座　現代社会教育の理論Ⅱ　現代的人権と社会教育の価値　東洋館出版社　275-291.

（研究例）
子ども・青年の人生イメージと地域のつながりの調査研究として，北海道大学大学院教育学研究科教育臨床心理学グループ　2001　特集　現代の子どもと「人生イメージ」——桧山・上ノ国町の地域調査報告　教育臨床心理学研究（北海道大学大学院教育学研究科教育臨床心理学研究紀要），3. ある一家の生涯発達を支えた心理臨床家のコミュニティケア実践の研究として，間宮正幸　2003　子どもの医療と生涯発達の支援　田畑治・森田美弥子・金井篤子（編）　臨床の知——実践してきたこの私　ナカニシヤ出版　27-38.

（参考文献）
白井利明（編）　2005　迷走する若者のアイデンティティ——フリーター，パラサイト・シングル，ニート，ひきこもり　ゆまに書房

さくいん

あ行

アーネット 4
愛 50, 53
愛他的行動 27
愛着 77, 79, 178
愛着行動 165
アイデンティティ 2, 31-33, 44, 55, 59, 66, 74, 79, 83, 86, 91, 100, 121, 143
アイデンティティ抵抗 91
アイデンティティの拡散 59
アイデンティティの確立 169
アイデンティティの危機 15, 43, 59, 74
アイデンティティの生涯発達 67
アイデンティティの達成 174, 182
愛の三角理論 50
青木誠四郎 13
アクションリサーチ 19
アプレ・ゲール 10
甘え 68
アリエス 6
アルバイト 115, 118, 126, 181
安心感 142, 165
アンビヴァレント 37
家出 165
家を出る 179
医学 3
怒り 34
生きがい 38, 176
生き方 41, 169
育児葛藤 177
意見表明権 183
意思決定 116
いじめ 10, 29, 152, 167
異性 65, 91
異性関係 27, 100
依存と自立の葛藤 76
依存欲求 168, 170
一次的自己愛 64
一人前 121, 171
一卵性母娘 78
伊藤美奈子 97

か行

乾彰夫 181
居場所 97, 108, 142, 143, 148, 157
居場所づくり 142
異文化体験 138
異文化の移行体験 139
インターネット 51, 134
インターネット・パラドクス 135
インターンシップ 115, 118, 147
インティメイト・ストレンジャー 134
ウィン 172
ウェリングス 53
うつ病 159, 160, 162, 169
恨み 35
エリクソン 14, 15, 32, 47, 59, 66, 91, 148, 174, 179
エルカインド 28, 173
援助交際 53
援助行動 27
エンパワメント 182
横断的方法 16
大野久 19
小此木啓吾 64, 91
恐れ 34
「男は仕事」「女は家庭」 49, 54
男らしさ 48, 101
オバーグ 138
思いやり 26, 28, 136
親 65
親子関係 15, 76-78, 82, 162, 168, 170
親のしつけ 99
親の養育態度 81
親離れ 77, 78
オルソン 82
女らしさ 47, 48, 101, 105

か行

階層 9
回避性人格障害 160
カウンセラー 27
カウンセリング 19, 168
学業的自己疎外感 102
学業的自己疎外感尺度 102, 103

学際的な研究 3
学習意欲 9, 100
学習性無力感 162
学習態度 99
学習目標 98
学生運動 172
覚せい剤事犯 154
獲得と喪失 5
笠原嘉 5, 74
仮説演繹的思考 22
家族 15, 53, 159
家族関係 157, 176, 181
家族システム論 82
家族に対する地域支援 182
家族療法 82, 159
価値 24, 40, 128
価値観 32, 40, 71, 76, 85, 115, 128, 130, 138, 139, 154, 158, 174
価値観の多様化 162
学校 2, 15, 20, 27, 44
学校から企業への移行 181
学校恐怖症 150
学校でも家庭でも企業でもない社会の領域 181
葛藤 13, 15, 23, 29, 74, 76, 79, 108, 149, 159, 170
家庭 2, 4, 20, 44
家庭裁判所 20
家庭内暴力 10, 160
家父長制 6
家父長制の衰退 172
カルチャーショック 138
観察法 18
慣習 25
感情制御 35
完璧主義 159
管理主義 106
危機 12, 13, 78, 108
企業社会 104
傷つきやすさ 65, 155
機能性（流動性）知能 22
希望 29, 30, 31, 105
客我 58

キャリア・カウンセラー　20
キャリア発達　114
教育学　3
境界化　139
境界人　4
境界性パーソナリティ障害　91, 169
共感性　26, 29, 89
共感性発達理論　26
教師　20, 109
競争　48, 101, 104
競争場面　98, 105
競争への忌避感　105
きょうだい　20
きょうだい関係　77, 82
協同　104
ギリス　6, 172
近隣社会　20
久世敏雄　11, 16, 21, 81, 144
組み合わせ思考　22
クライエント　27, 168
経済学　3, 21
経済的自立　181
形式操作　22
軽躁的関係　87
携帯電話　143
啓発的経験　119
結婚　6, 50, 55, 173, 174, 179
結婚意思　175
欠席願望　96
ケニストン　10
権威ある親の態度　80
権威主義的な態度　80
原因帰属　162
原家族　159
限局性学習障害　166, 167
現実自己　32, 60, 85, 87
現代青年　65
玄田有史　182
元服　8
権利主体　17
恋人　105
工業化社会　7, 172
攻撃行動　34, 35
攻撃性　165
高校進学　97
高校中退　11, 97
高度産業社会　173
後青年期　5

好発する青年期精神病理像　5
コーピング　108
コーホート分析　17
コールバーグ　24, 25
コールマン　43, 53
「個」―「関係」の葛藤　74
コギャル現象　132
国際理解　73
国民教育　6
個人主義　33, 73, 95, 104, 105, 145, 175
個人的自尊感情　33
国家の青年政策　180
孤独感　89, 90, 140, 157
子ども時代の消滅　172
子どもの権利　7
子どもの権利条約　183
子離れ　78
個別性　16, 89
コミュニケーション　21, 77, 82, 121, 134, 139, 149, 166
コミュニケーション障害群　166, 167
コミュニケーションの不全　145
コントロール可能性　108
コンピュータを介在した教材　110

さ行

罪悪感　36
サブカルチャー　132
「参加型」の授業　110
参加観察　18
産業カウンセラー　20
産業革命　6
サントロック　79
サンプリング　3
自意識過剰　28
ジェームズ　32, 58, 70
ジェネレーションギャップ　79
ジェンダー　46, 56, 158, 182
ジェンダー・アイデンティティ　46
ジェンダー・スキーマ　48, 49
ジェンダー教育　57
自我　58
自我同一性　30, 55, 66, 163
自我理想　85
自我を打ち破る勇気　51
時間的展望　30, 39, 143, 179

自己　58, 71, 72, 74
自己愛　64
自己愛型対象選択　85
自己愛性パーソナリティ（人格）障害　65, 160
思考の自己中心性　23
自己開示　51, 88, 174
自己概念　32, 44, 49, 61, 72, 101, 114, 165
自己観　72
自己形成　60, 62, 63, 74
自己形成の主体　2
自己決定権　57
自己肯定感　182
自己効力感　156
自己指針　61
自己実現　38, 169, 171
自己主張　15, 49, 77, 83, 93
自己受容　45, 62
自己信頼感　156
自己責任　181
自己疎外　140
自己探求　168
自己呈示　51
仕事　4
自己内省力　28
自己の発見　44
自己評価　85, 101, 167
自己不全感　33
自己理論　70
自殺　9
支持的カウンセリング　169
思春期　5, 42, 44, 53, 101, 167
私生活中心主義　11, 144
自尊感情　32, 35, 37, 105
自尊感情の多次元性　33
自尊心　32, 167
七五三問題　124
視聴覚に訴える授業　111
失業　177, 181
実験法　18
質的分析　19
質的方法　16
疾風怒濤　79
質問項目　19
質問紙による調査　18
実用性（結晶性）知能　22
シティズンシップ　148, 180
シティズンシップ教育　148

さくいん

私的自己意識　89
視点取得　28
視点取得能力　28, 35, 83
指導観察的アプローチ　17
児童虐待　164
児童相談所　20
自分らしさ　75, 86
自閉症スペクトラム　166
自閉症スペクトラム障害　166, 167
市民としての子ども　183
シャイン　129
社会意識　143, 145
社会階層　182
社会学　3, 21
社会教育主事　20
社会参加　149, 183
社会心理学　2
社会性　29
社会的資源　173
社会的スキル　27, 29, 84, 92, 164
社会的認知　34
社会的比較　101
社会的ひきこもり　10, 49, 160, 162
社会的不利　182
社会的文脈　13
社会的迷惑行為　29
社会的役割と自己の不一致　75
社会認識の発達　23
社会福祉の施策　7
社会文化的文脈　68
社会歴史的文脈　22
若年妊娠　177
醜形恐怖　44
集合的自尊感情　33
充実感　19, 38
就職　179
就職活動　120, 121
就職恐定　120
終身雇用制　104
縦断研究　13
集団主義　73, 145
縦断的方法　16, 17
集団療法　159, 169
重要な他者　61
主我　58
出産　55, 176
シュプランガー　12, 40

障害者雇用支援制度　167
生涯発達　13, 30
少子化　177
少子高齢　55
状態の自尊感情　33
焦点理論　108
少年院　20
少年鑑別所　20
少年法　154
情報化社会　51, 107
情報処理能力　22
将来展望　31, 99
職業訓練　6, 181
職業選択　6, 116, 148
職場　2, 15, 27
職場体験学習　115, 119
女性性　49
自律　2, 4, 5, 13, 77, 98, 100, 108
自立　4, 77, 78, 179
自立への葛藤　157
自立欲求　168
資料法　18
進学競争　9, 11, 104, 174
進学動機　97
神経症　69
神経性大食症　158
神経性無食欲症　158
神経発達障害群　166, 167
新自由主義　180
人生観　41, 170
心的外傷後ストレス障害　153
新保守主義　180
親密さ　53, 91, 93
親密性　47, 77, 79, 91, 174
ジンメル　132
親友　89, 105
信頼関係　106, 113
信頼性　18
心理・社会的な性　46
心理教育的アプローチ　161
心理教育プログラム　29
心理-社会的危機　14, 59, 91
心理の虐待　164
心理の自立　76
心理の離乳　76, 170
心理の両性具有性　49
心理療法　27, 60
進路　5
進路指導　115, 130, 131

進路選択　128
進路未決定　122
スーパー　114
スクールカウンセラー　20, 150
漸成理論　14
スタンバーグ　50
ストレス　44, 108
ストレッサー　108
スパート　42
性意識　52
生活意識　145
生活空間　30, 143
生活現実　3
性交渉　53
性行動　52, 172
成功不安　105
政治意識　146
政治学　21
政治行動　147
誠実　179
青少年の「キレ」の問題　155
精神医学　36
成人感　4
成人期　171
成人期前期　5
成人期の始まり　4
成人形成期　172
成人性の基準　171
精神の健康　89, 93
生成する大人像　170
成績目標　98, 101
性体験の低年齢化　52
性的逸脱型行為　165
性的ステレオタイプ　101
性の成熟　42
性同一性障害　47
生徒指導　112
青年期危機　79
青年期的心性　5
青年期の課題　2
青年期の終焉　172
青年期の誕生　7
青年期の発見　6
青年支援　181
青年心理学　2, 12, 13, 18
青年性　16
青年団　8, 95
青年の異議申し立て　10, 13
青年問題　2

さくいん

性の受容　47
性の二重基準　53
生物学的な性　46, 53
生物的性別　56
性別分業　55, 174
性別分業意識　54
性別役割分業社会　54
性ボーダレス化現象　132
性役割　46, 48, 55
性役割意識　48, 49
性役割観　178
性役割期待　53
西洋社会　25
西洋文化　37
世界保健機関　47
セクシュアリティ　53
世代　178
世代性　16
摂食障害　44, 47, 49, 158, 160, 162
セルフ・エスティーム　32, 45, 53
セルフ・ディスクレパンシー理論　61
セルプヘルプ・グループ　182
セルマン　28, 29
世話　179
選挙権　4, 6, 172
戦後的青年期　181
全生活空間　2, 19
前青年期　5
相互協調的自己観　72, 74
相互性　77, 83, 179
相互独立的自己観　72
喪失体験　161
早熟　43
想像上の観衆　28
想像上の聴衆　23
相続　6
ソーシャル・サポート　109, 141
ソーシャルスキル　92
ソーシャルスキルトレーニング　169
疎外　10
疎外感　140
疎外感尺度　141
促進的支援　182

た行

第2反抗期　76, 78
怠学傾向　150
大学進学　97
大学生固有の文脈　71
大学生の学力低下　102
対人葛藤　29
対人関係　26, 41
対人恐怖　44
対人恐怖的心性　74
代理の情緒反応　26
対話的自己　70
対話的自己の理論　71
多次元自我同一性尺度　67
他者　71, 72
他者のまなざし　51, 104
多重役割　55
脱工業化社会　172
達成　48
脱青年期　5
妥当性　18
谷冬彦　66
探求　2
探究　172
男女共同参画社会　54, 56, 121
男女雇用機会均等法　57, 121
男性性　49
地域　2, 7, 15, 20, 183
父親　52, 53, 109
父親不在　11
知的能力障害　166
チャット　134
注意欠如・多動性障害　166, 167
中年期　30, 31, 49, 179
調査法　18
追指導　131
通過儀礼　8
DSM-5　65, 91, 158, 166, 169
低血糖症　162
DV　55, 57
適合性　13, 108
できちゃった婚　10, 177
哲学　36
伝記　18
典型論　17
転校　101
電子掲示板　134
電子メール　134
伝統的な価値　180
土居健郎　68, 73

当為自己　61
同一化　47, 71
同一性　66
ドヴェック　98
同化　139
動機づけ　31, 37, 50, 101
統計的分析　19
統合　139
登校拒否　49, 150
統合失調症　160, 162, 169
道徳性　24, 35, 36
道徳的価値　36
道徳的葛藤　25
道徳的自律性　24
道徳判断　24
導入教育　101
投票率　147
独自性　83
特性的自尊感情　33
徒弟制度　6
友達関係　168
トライやるウィーク　119

な行

中川作一　3, 10
ナラティブ分析　19
二次性徴　5, 42, 44
ニート　10, 78, 126, 131, 148, 162, 182
西平直喜　2, 10, 16, 18, 76, 85, 170, 171
二次的自己愛　64
日本人論　73
日本青年心理学会　13
日本文化　37
人間関係の希薄化　11
人間の自立　170
妊娠　176
認知−行動療法　159
認知心理学　3
認知能力　26, 27
認知の歪み　44
認知発達　3, 22
ネグレクト　164
能力主義　9
ノート作りの指導　111
望まない出産　176

さくいん

は行

恥 36, 73
パーソナリティ障害 169
ハーマンス 70, 71
バーンアウト 109
バウムリンド 80
働く青年 9
発達心理学 2
発達段階－環境適合理論 100
発達的資産 21, 183
発達的不適合理論 13
発達的文脈主義 15
発達的要求 183
パッチワークセルフ 173
母親 53, 68, 109
母親意識 176
バフチン 70
パラサイト・シングル 10, 78, 148
バリント 64
反抗 2, 12, 77, 79, 159
半構造化された面接 18
晩熟 43
ハンディキャップ 182
ピアジェ 22, 24, 25
PM理論 95
ひきこもり 148, 160, 167
引き延ばされた青年期 172
ヒギンズ 61
非行 10, 112, 154, 165, 167, 180
一人一社制 117
肥満 159
病院 20
貧困 177
ファッション 132
ファミリア・ストレンジャー 134
VLFプログラム 29
夫婦関係 77, 82, 176
フェミ男 132
復讐 35
藤原喜悦 17
二つの青年期 9
不適合 100
不登校 11, 150, 162, 167, 182
不平等 9
不本意入学 97
フランクル 39
ブランド志向 116
フリーター 10, 78, 126, 128, 131, 148, 162
不良行為少年 156
フロイト 64
プロジェクト・アドヴェンチャー 95
ブロス 85
文化アイデンティティ 139
文学 36
文化人類学 21, 36
文化的自己観 72
文化変容 139
分離 68, 77, 83, 139, 161, 179
分裂病質的人格障害 160
ベネディクト 37, 73
ベム 48
ベリー 139
弁証法的操作 23
ベンソン 21, 182
変容確認法 17
暴走行為 157
暴力 29, 35, 180
ホーナー 105
ホームレス 181
ホール 12, 13
ポジション 70
保存的態度 17
ボディ・イメージ 44
ホフマン 26, 76
ボランティア 10, 19, 38, 148
ボランティア・イメージ 136
ボランティア学習 137
ボランティア活動 27, 136, 149
ホリングワース 76
ホワイト 77

ま行

マイノリティー 182
マズロー 38
待つ教育 107
ミード 12
未婚化 174
宮川知彰 13
民主的リーダーシップ 106
無気力 160, 162
無藤清子 170
命題的思考 22
メタ認知 22
面接による調査 18
メンター 178, 183
燃えつき症候群 90, 162
モラトリアム 38
モリス 41
問題行動 108, 112, 165

や行

薬物依存 29
役割実験 7, 180
役割取得能力 27
役割同一性 163
優しい虚像 163
やさしさ 86
痩せ願望 44
ヤングアダルト期 5
Uカーブ仮説 139
友情 50, 96
友人関係 5, 27, 45, 53, 84, 86, 89, 93, 94, 96, 105, 113
ユースワーカー 21
有能感 165, 182
養育態度 98
容姿 45
抑うつに耐える能力 155
依田新 13
ヨバイ 8
嫁盗み 8

ら行

ラーナー 15
ライフ・パターン 55
ライフコース 172, 174
ライフコース構造の破壊 171
ライフサイクル 14, 32
ライフスタイル 2
ラポール 174
リアリティ 3, 16
リアリティ・ショック 129
リーダーシップ 95
離婚 172, 175
リスク行動 156
理想 85
理想自己 32, 60, 85, 87
理想自己像 84
立身出世主義 9
了解 12
量的方法 16
両面感情 170
臨床心理学 3, 27, 36
ルイス 36
ルソー 7
レヴィン 4, 30
歴史学 3, 21

さくいん

- 歴史性　3
- 劣等感　33
- 恋愛　50
- 恋愛関係　51, 174
- 労働市場　104, 114, 181
- ローゼンバーグ　33

- ロジャーズ　27, 60

わ行

- 若者組　8
- 若者の政治ばなれ　147
- 若者文化　173
- 若者宿　8
- わかる授業　110
- 渡辺弥生　28

執筆者紹介 （氏名／よみがな／生年／現職／主著／青年心理学を学ぶ読者へのメッセージ）　＊執筆担当は本文末に明記

白井利明（しらい　としあき/1956年生まれ/編者）
大阪教育大学教授
『よくわかる卒論の書き方　第2版』（共著，ミネルヴァ書房，2013年）『社会への出かた——就職・学び・自分さがし』（単著，新日本出版社，2014年）
私が青年期に関心があるのは，自分の青年期にこだわりがあったからです。今では，大学教員として，いろいろな面から考えています。

岡田努（おかだ　つとむ/1960年生まれ）
金沢大学人文学類教授
『社会・情動発達とその支援』（共著，ミネルヴァ書房，2002年）『さまよえる青少年の心——アイデンティティの病理』（共著，北大路書房，2004年）『青年期の友人関係と自己——現代青年の友人認知と自己の発達』（単著，世界思想社，2010年）
本書を通して，青年期を知ることの面白さ，心理学の研究としての青年期が伝えられれば嬉しく思います。

柏尾眞津子（かしお　まつこ）
大阪人間科学大学人間科学部特任教授
『心理学からみた人間行動と社会——人の心とは何か』（単著，小林出版，2000年）『青年期の本質』（共訳，ミネルヴァ書房，2003年）
青年期や子ども時代を奪われた多くの人々も共に生きていることにおもいを馳せる知の力を育ててください。

河野荘子（こうの　しょうこ/1971年生まれ）
名古屋大学教育発達科学研究科教授
『犯罪者の立ち直りと犯罪者処遇のパラダイムシフト』（共著，現代人文社，2011年）『コンパクト犯罪心理学——初歩から卒論・修論作成のヒントまで』（共編著，北大路書房，2013年）『犯罪からの離脱と「人生のやり直し」——元犯罪者のナラティブから学ぶ』（共監訳，明石書店，2013年）
この本との出会いが，青年心理学や臨床心理学への興味につながれば，こんなに嬉しいことはありません。

小林亮（こばやし　まこと/1962年生まれ）
玉川大学教育学部教授
『ユネスコスクール——地球市民教育の理念と実践』（単著，明石書店，2014年）『世界を変えるSDGs』（監修，あかね書房，2020年）
グローバル化の進んだ現在の多文化共生社会においてSDGsの提唱する「文化の多様性」を尊重できる青年をいかに育ててゆくかが，教育の大きな課題といえます。「地球市民」としての青年のために。

谷冬彦（たに　ふゆひこ/1964年生まれ）
神戸大学大学院人間発達環境学研究科准教授
『さまよえる青少年の心——アイデンティティの病理』（共編著，北大路書房，2004年）『自我同一性の人格発達心理学』（単著，ナカニシヤ出版，2008年）『アイデンティティ研究ハンドブック』（共編著，ナカニシヤ出版，2014年）
青年期に関する心理学は，理論的にも実証的にも，今後，発展してゆくべき領域だと思います。

平石賢二（ひらいし　けんじ/1962年生まれ）
名古屋大学大学院教育発達科学研究科教授
『改訂版　思春期・青年期のこころ——かかわりの中での発達』（編著，北樹出版，2011年）『青年期の親子間コミュニケーション』（単著，ナカニシヤ出版，2007年）『シリーズ生涯発達心理学④エピソードでつかむ青年心理学』（共著，ミネルヴァ書房，2010年）
青年期はその後の人生を大きく方向づける出会いがあり，重要な意思決定がなされる時期だと考えています。

山口昌澄（やまぐち　まさずみ/1973年生まれ）
高田短期大学教授
『新・青年心理学ハンドブック』（共著，福村出版，2014年）『学士力を支える学習支援の方法論』（共著，ナカニシヤ出版，2012年）『パーソナリティ心理学へのアプローチ』（共著，金子書房，2008年）
青年は，社会のありようとつながっているようで切り離されているような……大変興味深い存在です。

執筆者紹介（氏名／よみがな／生年／現職／主著／青年心理学を学ぶ読者へのメッセージ）　＊執筆担当は本文末に明記

山野　晃（やまの　あきら／1947年生まれ）
元・関西大学第一中学校・高等学校教諭
元・大阪国際大学教職課程教授
元・武庫川女子大学文学部非常勤講師
『人の成長をひきだすものさまたげるもの』（共著，ミネルヴァ書房，1982年）
『教えと育ちの心理学』（共著，ミネルヴァ書房，1989年）
自分を大切にするということは，目標を持って行動し，自分を鍛えること，ということがわかってもらえたら……

若松養亮（わかまつ　ようすけ／1963年生まれ）

滋賀大学教育学部教授
『大学生におけるキャリア選択の遅延——そのメカニズムと支援』（単著，風間書房，2012年）『詳解　大学生のキャリアガイダンス』（編著，金子書房，2012年）
青年期は変わりゆく心身と大切なライフイベントが出逢います。是非，本書をその水先案内にしてください。

やわらかアカデミズム・〈わかる〉シリーズ
よくわかる青年心理学［第2版］

2006年 1 月15日　初　版第1刷発行	〈検印省略〉
2012年11月10日　初　版第8刷発行	
2015年 3 月31日　第2版第1刷発行	定価はカバーに
2022年 1 月20日　第2版第4刷発行	表示しています

編　者　　白　井　利　明
発行者　　杉　田　啓　三
印刷者　　田　中　雅　博

発行所　株式会社　ミネルヴァ書房
〒607-8494 京都市山科区日ノ岡堤谷町1
電話代表　(075) 581-5191
振替口座　01020-0-8076

©白井利明他，2006　　創栄図書印刷・新生製本

ISBN978-4-623-07249-1
Printed in Japan

やわらかアカデミズム・〈わかる〉シリーズ

教育・保育

よくわかる学びの技法
　田中共子編　本体 2200円

よくわかる卒論の書き方
　白井利明・高橋一郎著　本体 2500円

よくわかる教育評価
　田中耕治編　本体 2600円

よくわかる授業論
　田中耕治編　本体 2600円

よくわかる教育課程
　田中耕治編　本体 2600円

よくわかる教育原理
　汐見稔幸・伊東 毅・髙田文子
　東　宏行・増田修治編著　本体 2800円

よくわかる教育学原論
　安彦忠彦・児島邦宏・藤井千春・田中博之編著　本体 2600円

よくわかる生徒指導・キャリア教育
　小泉令三編著　本体 2400円

よくわかる教育相談
　春日井敏之・伊藤美奈子編　本体 2400円

よくわかる障害児教育
　石部元雄・上田征三・高橋 実・柳本雄次編　本体 2400円

よくわかる特別支援教育
　湯浅恭正編　本体 2500円

よくわかる肢体不自由教育
　安藤隆男・藤田継道編著　本体 2500円

よくわかる障害児保育
　尾崎康子・小林 真・水内豊和・阿部美穂子編　本体 2500円

よくわかる保育原理
　子どもと保育総合研究所
　森上史朗・大豆生田啓友編　本体 2200円

よくわかる家庭支援論
　橋本真紀・山縣文治編　本体 2400円

よくわかる子育て支援・家庭支援論
　大豆生田啓友・太田光洋・森上史朗編　本体 2400円

よくわかる社会的養護
　山縣文治・林　浩康編　本体 2500円

よくわかる社会的養護内容
　小木曽宏・宮本秀樹・鈴木崇之編　本体 2400円

よくわかる小児栄養
　大谷貴美子編　本体 2400円

よくわかる子どもの保健
　竹内義博・大矢紀昭編　本体 2600円

よくわかる発達障害
　小野次朗・上野一彦・藤田継道編　本体 2200円

よくわかる子どもの精神保健
　本城秀次編　本体 2400円

よくわかる環境教育
　水山光春編著　本体 2800円

福祉

よくわかる社会保障
　坂口正之・岡田忠克編　本体 2500円

よくわかる社会福祉
　山縣文治・岡田忠克編　本体 2500円

よくわかる社会福祉運営管理
　小松理佐子編　本体 2500円

よくわかる社会福祉と法
　西村健一郎・品田充儀編著　本体 2600円

よくわかる社会福祉の歴史
　清水教惠・朴　光駿編著　本体 2600円

新版　よくわかる子ども家庭福祉
　吉田幸恵・山縣文治編著　本体 2400円

よくわかる地域福祉
　上野谷加代子・松端克文・山縣文治編　本体 2200円

よくわかる家族福祉
　畠中宗一編　本体 2200円

よくわかるスクールソーシャルワーク
　山野則子・野田正人・半羽利美佳編著　本体 2800円

よくわかる高齢者福祉
　直井道子・中野いく子編　本体 2500円

よくわかる障害者福祉
　小澤　温編　本体 2200円

よくわかる医療福祉
　小西加保留・田中千枝子編　本体 2500円

よくわかる司法福祉
　村尾泰弘・廣井亮一編　本体 2500円

よくわかるリハビリテーション
　江藤文夫編　本体 2500円

よくわかる障害学
　小川喜道・杉野昭博編著　本体 2400円

心理

よくわかる心理学実験実習
　村上香奈・山崎浩一編著　本体 2400円

よくわかる心理学
　無藤　隆・森　敏昭・池上知子・福丸由佳編　本体 3000円

よくわかる心理統計
　山田剛史・村井潤一郎著　本体 2800円

よくわかる保育心理学
　鯨岡　峻・鯨岡和子著　本体 2400円

よくわかる臨床心理学　改訂新版
　下山晴彦編　本体 3000円

よくわかる心理臨床
　皆藤　章編　本体 2200円

よくわかる臨床発達心理学
　麻生　武・浜田寿美男編　本体 2800円

よくわかるコミュニティ心理学
　植村勝彦・高畠克子・箕口雅博
　原　裕視・久田　満編　本体 2500円

よくわかる発達心理学
　無藤　隆・岡本祐子・大坪治彦編　本体 2500円

よくわかる乳幼児心理学
　内田伸子編　本体 2400円

よくわかる青年心理学
　白井利明編　本体 2500円

よくわかる高齢者心理学
　佐藤眞一・権藤恭之編著　本体 2500円

よくわかる教育心理学
　中澤　潤編　本体 2500円

よくわかる学校教育心理学
　森　敏昭・青木多寿子・淵上克義編　本体 2600円

よくわかる学校心理学
　水野治久・石隈利紀・田村節子
　田村修一・飯田順子編著　本体 2400円

よくわかる社会心理学
　山田一成・北村英哉・結城雅樹編著　本体 2500円

よくわかる家族心理学
　柏木惠子編著　本体 2600円

よくわかる言語発達　改訂新版
　岩立志津夫・小椋たみ子編　本体 2400円

よくわかる認知科学
　乾　敏郎・吉川左紀子・川口　潤編　本体 2500円

よくわかる認知発達とその支援
　子安増生編　本体 2400円

よくわかる情動発達
　遠藤利彦・石井佑可子・佐久間路子編著　本体 2500円

よくわかるスポーツ心理学
　中込四郎・伊藤豊彦・山本裕二編著　本体 2400円

よくわかる健康心理学
　森　和代・石川利江・茂木俊彦編　本体 2400円

ミネルヴァ書房
https://www.minervashobo.co.jp/